2022 개정교육과정에 따른

꿈을 키우는 초등학교

진로독서
가이드북

초등학교 진로독서 가이드북
CONTENTS

이 책의 특징과 활용 방법

사회변화가 복잡하고 빨라지면서 직업 세계의 변동 또한 하루가 다르게 심화되고 있다. 이에 따라 진로교육의 중요성은 더욱 강조되고 있으며, 사회적으로 공감대를 얻고 있다. 학교 교육에서도 이러한 사회변화에 부응하여 진로교육을 강화하였고 2011년부터 〈진로와 직업〉 과목이 중고등학교에 개설되어 운영되고 있다.

『진로독서 가이드북』은 〈진로와 직업〉 과목과 자유학기제 등 진로교육을 제대로 지도하기 위해 마련한 책이다. 초등학교 159권, 중학교 142권, 고등학교 162권 등 모두 463권의 도서를 진로 주제 및 영역별로 나누어 진로독서 대상 도서를 선정하였다. 선정한 도서로 교과 정보, 진로 정보를 분석하여 실었고, 진로 탐색, 진로 토론, 진로독서 활동 내용을 설계하여 약식 지도안 형태로 제시하였다.

독서기반 진로교육을 올바르게 진행하고자 하는 선생님께서는 이 책에 수록된 진로 계열별 도서와 진로 정보, 다양한 진로독서 활동들을 참고하여 학생들을 지도하면 좋겠다. 학부모님께서도 자녀들이 책을 통해 직업 세계에 대한 다양한 진로접근 기회를 얻고, 목표하는 진로에 이를 수 있는 귀한 정보를 얻을 수 있을 것이다. 학생들은 직업에 대한 올바른 가치관으로 진로에 대한 다양하고 꼭 필요한 정보를 이 책을 통해 얻을 수 있을 것이다.

1. 집필 방향

(1) 진로와 교과별 단원학습에 알맞은 도서를 엄선하여 도서목록으로 선정하였고, 실제 진로 지도와 교과수업에서 활용이 가능하도록 집필하였다.

(2) 다양한 교과와 진로에 알맞게 선정된 도서로 〈진로독서 수업지도안〉을 개발하여, 실제 학교 현장에서 진로와 교과를 연계하여 독서교육을 실시할 수 있도록 집필하였다.

(3) 〈진로독서 수업지도안〉은 '한국표준직업분류'의 진로 정보와 2022 개정교육과정의 교과 정보를 제시하고, 선정도서를 소개한 뒤에, '진로 탐색', '진로 활동' 등 세 부분으로 구분하여 수업의 실제에 활용할 수 있도록 집필하였다.

(4) 진로독서 대상 도서 중에서 진로(주제) 영역별 대표도서를 선정하여 상세한 〈진로독서 수업지도안〉을 설계하여 3단계로 제시하였다. 1단계는 '책 이야기', 2단계는 '질문하고 토론하고', 3단계는 '진로 이야기'로 구성하여 진로독서 활동을 풍부하게 할 수 있도록 설계하였다.

2. 대상 도서 선정 범위

대상 도서는 학생들의 진로 관심 직종과 시중의 도서 분포 상황을 고려하고 '진로 정보[한국표준직업분류(KSCO)]'의 소분류를 기준으로 진로 관련 160여 권의 도서를 선정하였다.

(1) 각 출판사별 추천도서 중에서 진로 정보를 제공할 수 있는 도서를 중심으로 전체 목록을 정리한 후, 진로교육을 효율적으로 지도할 수 있는 도서를 선정하였다.

(2) 전국 초/중/고교에 근무하는 교사를 중심으로 도서선정위원을 위촉하여 전공 교과와 관련된 도서를 선정하였고, 이를 진로 및 교육과정과 연계하도록 한 후, 검토위원의 검토를 거쳐 양질의 도서를 선별하여 추천도서 목록을 완성하였다.

(3) 독서 수준 및 지적 수준이 낮은 어린이들과 독서 능력이 우수한 어린이들을 모두 고려하여 선정하였기에 각 학년에 비해 수준이 다소 높거나 낮은 도서도 포함되었으며, 원칙적으로 각급 학교 및 직업별 중복을 피하여 선정하였다.

(4) 진로와 직업 등에 대해 직접적으로 정보를 제공하는 도서가 비교적 많은 부분을 차지하고 있지만, 문학 작품은 그 속에 등장하는 인물의 직업 또는 가치관과 관련지어 독자의 미래를 탐색할 수 있는 책은 대상 도서로 선정하였다.

3. 대상 도서 선정 기준

초등학교는 자기이해, 관계적응, 교육, 문학, 인문, 사회, 과학수학, 공학, 환경, 의약학, 예체능 등 11개의 주제 영역으로 구분하여 대상 도서를 선정하였다. 중학교는 교육, 문학인문, 사회, 과학, 공학, 의약학, 예체능 등 7개 진로 영역으로 구분하였고, 고등학교는 교육, 인문, 사회, 자연, 공학, 의학, 예체능, 등 7개 진로 영역으로 구분하여 아래와 같은 선정 기준으로 대상 도서를 선정하였다.

(1) 한국표준직업분류의 대/중/소/세분류를 제시할 수 있는 도서

(2) 2022 개정교육과정에 따른 교과 학습과 관련된 도서

(3) 학생들의 자아실현 및 소질 계발에 도움을 주는 도서

(4) 꿈과 희망을 주는 내용이나 성장의 이야기가 담긴 도서

(5) 지식 습득 및 정서 함양, 건전한 윤리관 적립에 도움이 되는 도서

(6) 교과 수행평가 및 체험학습에 활용될 수 있는 도서

(7) 사회와 소통하여 새로운 문화를 창조할 수 있는 도서

(8) 토의와 토론이 가능한 도서

(9) 문학, 인문, 사회, 과학, 예술, 철학 등 다양한 분야의 책을 선정하여 폭 넓고 깊이 있는 사고를 할 수 있는 도서

(10) 고대, 중세, 근대 등 선인들의 지혜를 배우고 현대인과 현대 문화에 대한 성찰이 이루어질 수 있도록 시대별로 의미 있는 도서

(11) 세계에 대한 인식의 폭을 넓힐 수 있도록 다양한 문화의 특성이 반영되어 있는 도서

4. 편집 및 제작 과정

이 책은 지난 2013년에 연구 개발 출판한 〈진로독서 가이드북〉의 연구 결과를 이어 11년 만에 개편하여 출판하게 된 책이다. 사실 이 책의 연구 출판은 지난 2002년 교육인적자원부의 '학교도서관 활성화 종합 방안' 사업에서 비롯되었다. 교육인적자원부(현 교육부)에서는 학교 독서교육을 정착하기 위해 학교도서관 활성화가 필요하다고 판단하였고 학교도서관에 넣을 교과별 추천도서목록 개발 사업을 우리 법인에 위탁하였다. 우린 이 연구 결과물을 바탕으로 2003년에 『초/중/고 교과별 추천도서목록』을 개발하여 각각 1권씩 3권을 출판하였다. 그 후 2009년과 2010년에는 연구 결과를 확대하여 『독서토론 가이드북』을 출판하였고, 2013년엔 『진로독서 가이드북』을 출판하였으며, 금년에 다시 그동안의 연구 결과를 반영한 2024년 진로독서 가이드북 출판하게 되었다.

이 『진로독서 가이드북』은 각급 학교 도서관에 양질의 도서 구입을 위한 정보를 제공하고, 학교 현장에서 진로, 교과와 연계한 독서교육과 실제적인 진로교육을 실시할 수 있도록 하기 위해 기획하였다. 이를 위해 먼저 한국 표준직업분류와 2022 개정교육과정을 분석하고 진로, 교과 단원 학습에 적절한 도서를 선정하였다. 그 후 진로별 도서 일람표를 만들고, 선정된 도서의 진로독서 수업지도안을 만들어 선생님들이 학교 현장에서 실제 진로교육을 할 수 있도록 집필하였다. 진로독서 수업지도안은 독서-매체-토론-논술 및 기타 활동 등을 통해 체계적인 진로 지도가 가능하도록 하였으며, 특히 학교 현장에서 진로독서 지도를 실시할 수 있도록 개발하였다.

도서는 직업 분류를 기준으로 하여 '대분류 · 중분류 · 소분류 · 세분류'로 나눈 뒤 '세분류'를 중심으로 분류한 후, 진로(주제) 영역별 도서로 나열하였다.

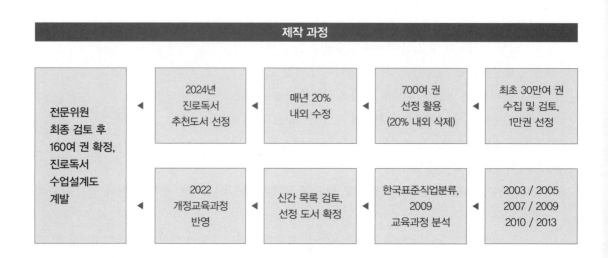

제작 과정

전문위원 최종 검토 후 160여 권 확정, 진로독서 수업설계도 계발 ◄ 2024년 진로독서 추천도서 선정 ◄ 매년 20% 내외 수정 ◄ 700여 권 선정 활용 (20% 내외 삭제) ◄ 최초 30만여 권 수집 및 검토, 1만권 선정

2022 개정교육과정 반영 ◄ 신간 목록 검토, 선정 도서 확정 ◄ 한국표준직업분류, 2009 교육과정 분석 ◄ 2003 / 2005 2007 / 2009 2010 / 2013

5. 활용 방법 및 기타 참고사항

(1) 도서 정보

☞ 순서 : 지은이 / 출판사 / 출판년도 / 쪽수 / 가격(원)

☞ 예시 : 독서토론 이야기 / 박이정 / 2019년 / 336쪽 / 16,000원

① 저자명(역자명)은 번역서일 경우 역자명을 밝혔으며 저자나 역자가 다수인 경우는 '○○○ 외'로 표기하였다.

② 출판 연도는 재판, 삼판 등으로 출판 연도가 다른 경우 가장 최근의 출판일을 명기하였다.

③ 전집물은 각각의 목록을 모두 제시하지 않고 묶어서(예: 태백산맥1-10) 표기하였으며, 출판년도, 쪽수, 가격은 제1권을 기준으로 작성하였다.

④ 같은 전집이라도 내용이 다른 경우는 각각의 목록을 제시하였다.

[예: 한국생활사 박물관 1) 선사생활관, 한국생활사 박물관 2) 고조선 생활관]

⑤ 쪽수와 가격은 매년 변동이 클 것으로 예상되나, 학교에서 도서 구입 예산 책정에 도움이 될 수 있도록 본 도서목록의 편집일(2023. 12)을 기준으로 기록하였다. 따라서 현장에서 도서 구입을 위해 목록을 작성하는 경우에 가격 변동을 꼭 확인해 보아야 한다.

⑥ 도서 이해를 위해 표지 이미지를 실었으며, 편집 사정으로 실물 이미지를 그대로 살리지 못하고 모두 같은 크기로 실었다.

(2) 교과 정보

※ 교과 정보 : ncic(국가교육과정정보센터) → 교육과정 자료실 → 교육과정 원문 및 해설서

☞ 순서 :	과목	학습내용 (고교는 성취기준)

☞ 예시 :	『사회』 3학년	지리영역 – 우리가 살아가는 곳

2022 개정교육과정을 반영하여 각 교과의 영역과 어떤 연계성이 있는지 밝혔다. 진로교육은 통합적 관점에서 이루어져야 하므로 여러 교과와 연계가 가능하며 진로교육의 범위 또한 개인의 전 생애에 걸친 진로발달과 관련되므로 폭넓게 접근할 필요가 있다. 따라서 최근 개정된 교육과정을 활용하여 여러 교과에서 흥미와 적성에 대한 발견, 이와 관련된 전공계열이나 전공과 등 미래를 설계하도록 도움을 주고자 하였다.

(3) 진로 정보

☞ 순서 : (대분류 / 중분류 / 소분류/ 세분류)에서 세분류 제시

☞ 예시 : 경영지원 관리자

한국표준직업분류를 기준으로 대분류 10개, 중분류 5개, 소분류 149개, 세분류 426개를 검토하여 도서별 내용이나 인물, 주제, 제재 등과 관련된 직업을 표시하였다. 한 권의 책을 다양한 직업과 관련지을 수 있는 경우에는 대표적이고 인상적인 직업을 안내하였다.

(4) 어떤 책일까

책에 대한 내용이나 구성, 특징 등을 간단히 소개하여 진로독서 지도에 대상도서가 어떤 역할을 하며 어떠한 의미가 있는지 알아보도록 하였다. 책을 통해 진로에 대한 간접경험을 하고 배경지식을 쌓을 수 있도록 안내했으며, 진로에 대한 막연한 인식을 가진 학생들이 대상 도서에 대한 호기심을 유발하여 자신의 진로와 적성에 관심을 갖고 이와 관련되 책을 찾아 읽어볼 수 있도록 맛보기 정도로 책 소개를 간단히 하였다.

(5) (진로 탐색) 무엇을 더 볼까

관련 매체를 소개하여 직업 탐색의 범위를 넓혀 보았다. 인터넷 사이트, 영화, 텔레비전 프로그램, 연극 등 여러 종류의 관련 매체를 통해 진로를 탐색하고 진로에 대한 정보를 얻을 수 있도록 했으며, 대상 도서와 밀접한 관련이 있는 다른 도서도 함께 소개하여 직업과 관련된 정보를 다양한 측면에서 얻을 수 있도록 도움을 주었다.

(6) (진로 토론) 무엇을 이야기해 볼까

책 속에서 토론 거리를 찾아 제시하였다. 학생 개개인이 지니고 있는 지식, 흥미, 능력, 성격 등을 파악한 후 자신과 잘 맞는 진로분야를 선택하는 것이 최선이겠지만 이러한 결정을 하기까지는 많은 어려움이 따른다. 따라서 토론모둠을 만들어 〈무엇을 이야기해 볼까〉에 나와 있는 토론 주제를 중심으로 이야기식 토론을 하거나 찬성, 반대의 의견으로 나눈 후 교차질의식 토론을 해본다면 자신의 가치관과 태도 등이 좀 더 분명하게 드러나므로 진로분야를 선택하는데 많은 도움이 될 것이다.

(7) (진로 활동) 무엇을 해 볼까

대상도서를 읽고 모둠끼리 토론을 한 후 글을 쓰거나 진로 활동을 할 수 있도록 다양한 발문을 제시하였다. 진로 쓰기 활동은 논술문, 설명문, 광고문, 기사문, 수필 등 다양한 글을 써봄으로써 문장력이나 글의 구성 능력 등 글쓰기 능력을 향상시킬 수도 있지만 무엇보다 자신의 가치관을 잘 드러낼 수 있다는 점에서 꼭 필요한 활동이다. 직업 선택은 자신이 갖고 있는 가치관과 밀접하게 관련되므로 다양한 진로 활동을 통해 보다 효과적인 진로 발달을 촉진할 수 있을 것이다.

진로와 독서교육

1. 진로교육의 변화

현대사회의 급격한 변화에 따라 직업의 세계는 다양화되고 전문화되어 개인의 진로선택과 결정은 점점 더 어려워지고 있다. 직업은 자아를 실현하는 한 방편이며, 자아실현을 통하여 성취감과 만족감을 추구할 수 있다. 따라서 진로를 선택하는 일은 한 사람의 삶의 방향과 질을 결정하는 중요한 일이라고 할 수 있다.

개정 교육과정은 디지털 전환, 기후환경 변화 및 학령인구 감소 등에 대응하여 미래사회에 필요한 역량을 함양하고 학습자 맞춤형 교육을 강화할 수 있도록 미래 교육 비전의 정립과 수업 및 평가 개선을 포함하는 교육과정 체제 전환을 강조하고 있다. 진로교육 또한 학습자 성향에 따라 학생 스스로 진로를 설정하고 개척해 갈 수 있도록 학습자의 삶과 연계한 진로교육 혁신의 필요성이 강조되고 있다.

미래 사회는 디지털 대전환에 따른 사회적 변화와 새로운 직업의 등장, 인기 있고 선호하는 직업군들의 변화 등 불확실한 미래 직업세계의 증대에 따라 학생들이 능동적으로 대응할 수 있어야 한다. 따라서 학생들의 소질과 적성을 바탕으로 미래 핵심역량을 키울 수 있는 내용적·방법적 측면에서의 진로교육의 변화와 이를 위한 학교의 교과 연계 진로교육이 더욱 필요하게 되었다.

진로교육의 큰 변화는 지금까지 자유학기제와 함께 중등 위주의 진로교육은 미래 사회변화와 전 생애에 걸친 진로교육의 필요성에 따라 자기이해 중심의 초등 진로교육의 강화와 국민 모두를 위한 진로교육 정책 추진이 필요하게 되었다는 점이 가장 큰 변화로 볼 수 있을 것이다.

진로의 주체자인 학습자는 스스로 삶의 목적의식을 가지고 자신의 진로와 적성을 바탕으로 자신의 삶과 학습을 주도적으로 설계하고 구성하는 능력으로, 미래 사회변화의 주체가 될 수 있도록 준비되어야 한다. 'OECD Education 2030'은 학생 행위 주체성(student agency) 및 변혁적 역량(transformative competencies)을 강조하며, 성장 마인드, 정체성, 목적의식, 자기주도성, 책임감 등 목표를 정하고 성찰하고 책임감 있는 행동으로 변화를 만드는 능력 신장을 통해 학생들은 자신과 타인 및 지구촌 구성원 전체의 웰빙을 향해 나아가는 법을 배울 필요가 있음을 강조하고 있다. 2022 개정교육과정 학교 전 교육과정을 통해 길러지는 범교과적이고 일반적인 역량으로 자기관리, 지식정보처리, 창의적 사고, 심미적 감성, 협력적 소통, 공동체 역량을 제시한 것과 같은 맥락이다.

(1) 초등 진로교육

2022 개정교육과정 적용 시기에 따른 진로 연계 가이드라인을 제시하였다.

〈표 1〉 가이드라인 예시

	초등 저학년	초등 중학년	초등 고학년
목표	학년군별 진로교육 목표 제시		
범주	나, 가족, 친척, 이웃	우리 지역	우리나라, 전세계
내용 예시	(자기 이해) 나의 소중함 알기, 자기·타인 존중 (공동체의 직업) 내가 속한 공동체(가족, 친척, 이웃) 직업 알기 (일과 직업) 어른들이 하는 일과 직업, 경제활동의 의미 이해하기	(자기 이해) 나의 장점과 특성, 감정 이해, 자기 탐구 (지역의 직업) 우리 동네·지역에 있는 어른들의 다양한 직업 이해 (상상하기) 나의 미래 모습 그려보기	(자기 이해) 발달단계, 흥미·적성·성격 등에 대한 이해 (세계의 직업) 우리나라와 전 세계 다양한 사람들의 일과 직업 이해 (직업세계 변화) 시대에 따른 직업세계의 변화 이해 및 미래사회 예측하기 (계획수립) 나의 진로발달 계획을 탐색하고 세워보기
구성	8~10차시 수업활동 제시	8~12차시 수업활동 제시	10~16차시 수업활동 제시

출처 : 진로교육활성화 방안(2023~2027), 교육부

(2) 전 생애적 진로교육

진로교육 대상을 전 생애로 확대하여 2024년부터 생애 주기별 진로개발 가이드라인을 마련한다.

〈표 2〉 생애주기별 진로교육 목표(예시)

초등	중등	고등	대학	성인
진로인식	진로탐색	진로설계	진로선택	경력관리, 재교육
진로개발 역량의 기초 함양	다양한 직업세계를 탐색하여 진로설계 준비	미래 직업세계에 대한 이해를 바탕으로 진로목표 수립 및 진로 설계	인턴십 등 실제 직업세계 경험과 전문적인 지식과 이론 학습을 통한 진로선택	자신의 진로에 맞게 경력을 관리하고, 심화된 실무지식 습득

출처 : 진로교육활성화 방안(2023~2027), 교육부

(3) 국민 모두를 위한 진로교육

저출산 · 고령화, 디지털 대전환, 급속한 기술 발전 등 정책 환경 변화에 따른 직업세계 변화를 반영한 전 국민 대상 진로교육의 필요성이 대두되었다.

〈표 3〉 전 국민의 맞춤형 진로설계 지원

대응 전략	추진 과제
학교 진로교육 내실화	**1. 학생 자기주도적 진로개발** 1–1 초등 진로교육 강화 / 1–2 진로수업 · 상담 내실화 1–3 진로교육 담당자 역량 강화
미래사회 대응 역량 강화	**2. 미래 역량을 기르는 진로교육** 2–1 신산업분야 진로교육 강화 / 2–2 창업가정신 함양 교육 확대 2–3 진로교육정보망 통합 및 고도화
지역사회의 진로교육 지원 역량 강화	**3. 지역사회가 주도하는 진로교육** 3–1 진로체험지원센터 기능강화 3–2 지역 연계 진로 · 창업 체험 프로그램 운영 3–3 진로교육 시각지대 해소
진로교육 대상을 전 생애로 확대	**4. 전 생애에 걸친 진로교육** 4–1 국가진로교육센터 기능강화 / 4–2 대학 진로교육 내실화 4–3 성인 진로 개발 역량 강화 지원

출처 : 진로교육활성화 방안(2023~2027), 교육부

2. 진로독서

미래 사회의 변화에 대응하기 위한 학교에서의 진로교육은 학생들에게 다가오는 사회에 적응하고 자신의 삶을 주도적으로 이끌어낼 수 있도록 다양하고 새로운 사고력 증진에 도움이 되는 진로탐색으로 이루어져야 한다. 진로탐색은 여러 유형으로 이루어지고 있다. 그 중 독서를 기반으로 하는 자기 주도적 진로탐색이 우선되어야 한다.

진로란 '앞으로 나아가는 길'이란 사전적 의미에서처럼 개개인이 자신의 일생을 통해 이루려하는 일의 총체를 의미하는 것이다. 독서는 책을 통해 삶 읽기를 하는 것이다. 독서행위는 이처럼 인간의 삶과 깊이 연관되어 있다. 진로독서 수업의 시작은 자신의 삶과 관련된 책을 고르는 것이다. 독자는 책을 읽으면서 다양한 방법을 사용하여 의미를 만든다. 이는 의미를 '찾는' 것이 아니라 책과 상호작용하면서 독자가 능동적으로 의미를 '구성하는' 것이다. 의미구성은 지식을 쌓는 것과 이해를 증진시키는 것을 말한다. 자신의 적성을 구체적으로 발현시키고 다양한 진로탐색의 기회를 얻기 위해서는 여러 분야의 책

을 폭넓게 읽고, 책을 통해 세상에 대한 이해와 탐색의 시간을 충분히 갖는 것이 필요하다. 책 속에 담긴 사상과 가치관을 발견하고, 책 속에서 여러 정보를 얻음으로써 자신의 경험과 사고력을 확장할 수 있으며, 진로를 개척할 수 있는 능력을 기를 수 있기 때문이다.

진로독서는 자신의 삶의 방향, 사명의식을 가질 수 있도록 내적동기를 강화시켜 준다. 이는 삶의 가치, 꿈과 비전을 통해 역경을 이겨내고 인생을 성공적으로 살아 갈 수 있는 사람으로 성장하게 하는 필수 요소이다. 진로에 대한 올바른 가치관과 자신의 진로에 대한 깊이 있는 탐색활동인 진로독서가 학교교육에서 더욱 강조되어야 한다.

(1) 초등 진로독서 지도 방법

〈표 4〉 초등 진로독서 지도 사례

교수 전략	교수학습 과정
대상도서 설명 및 학습목표 제시	이 책은 평생 새를 사랑하며 연구해 온 새 박사 원병오 선생님이 살아온 이야기를 친근한 말투로 엮은 책입니다. 원병오 선생님은 여섯 살 때부터 아버지와 함께 새 공부를 시작하고 그 후에도 어린 시절의 꿈을 이루기 위해 노력합니다. 전쟁을 비롯한 온갖 어려움을 겪으면서도 새를 연구하고 조사하고, 보호하는 일을 멈추지 않습니다. 가장 아끼는 새인 '북방쇠찌르레기'의 다리에 가락지를 달아 북으로 보내고, 그를 통해 전쟁 때 헤어진 아버지의 소식을 듣게 되는 모습은 가슴 뭉클하게 다가옵니다. 원병오 선생님의 모습을 통해 어려운 환경 속에서도 자신이 이루고자하는 꿈을 위해 노력하는 것이 얼마나 중요한 것인지 알게 될 것입니다. 또한 우리가 새들을 비롯한 천연기념물을 왜 보호해야하는지, 어떻게 노력해야하는지 생각해보는 기회가 될 것입니다. 원병오 선생님처럼 새를 연구하는 직업을 가진 사람을 '조류학자'라고 하는데 우리나라 표준직업분류에 의하면 '생명과학연구원'에 속합니다. 오늘은 생명과학연구원이라는 직업과 관련된 여러 가지 활동을 해보겠습니다.
문제탐구 및 해결	• 다음을 주제로 토론을 해봅시다. 1. 연구를 위하여 새를 잡아 박제하는 것은 옳은 일이다. 2. 천연기념물로 지정된 새를 새장 안에서 보호하며 키우는 것은 바람직한 일이다. • 다음 문제 중 한 가지를 골라 글을 써 보세요. 1. 원병오 박사가 공부를 계속 하는 동안, 가족들의 많은 희생이 있었다. 원병오 박사의 입장이 되어 부인에게 고마운 마음을 전하는 편지를 써 보자. 2. 몸에 좋다면 무엇이든 잡아먹는 사람들에게 동물을 보호해야하는 이유를 알리는 글을 써 보자. 3. 천연기념물을 보호하기 위해 우리가 할 수 있는 일에는 무엇이 있는지 방안을 제시하는 글을 써 보자.
적용 및 발전	• 원병오 박사와 같은 생명과학연구원이 하는 일은 무엇인가요? • 과학 교과와 관련하여 어떤 활동을 할 때 가장 흥미를 느끼나요? • 과학 교과와 관련된 직업에는 어떤 것들이 있나요? 생각나는 직업을 모두 써 보세요. • 여러분은 생명과학연구원이 하는 일에 얼마나 흥미를 느끼나요? ① 매우 그렇다. ② 그렇다. ③ 보통이다. ④ 그저 그렇다. ⑤ 전혀 아니다.

(2) 중학 진로독서 지도 방법

〈표 5〉 중학 진로독서 지도 사례

차시	단계	영역	활동 목표
1	시작하기	일과 보람	프로그램의 목적을 알고, 일을 하면서 얻는 보람에 대해 알 수 있다.
2~4	자신에 대한 이해	장점 탐색	자신의 특성을 이해하고 장점이 무엇인지 탐색할 수 있다.
		성격 탐색	자신의 성격을 파악하여 장래희망과 관련지을 수 있다.
		적성탐색	자신의 적성을 알아보고 적성에 맞는 직업이 무엇인지 알 수 있다.
5~7	직업 세계에 대한 이해	직업의 소중함	직업의 소중함을 이해하고 직업이 없으면 어떤 어려움을 겪어야 하는지 알 수 있다.
		일에 대한 편견 버리기	직업에 대한 편견을 버리고 자신에게 알맞은 일을 찾아 보람을 느끼는 것이 중요함을 알 수 있다.
		다양한 직업 세계 탐험	직업의 종류가 얼마나 많으며 직업에 대한 분류가 어떻게 이루어지는지 알 수 있다.
8	교육과 직업에 대한 이해	공부와 직업의 관계	원하는 직업을 갖기 위해서는 어떤 공부를 해야 하는지 직업과 교육의 관계를 알 수 있다.
9	진로체험	각 직업별 가상체험	직업인이 되었다고 가상하고 미리 직업인으로서의 활동을 체험한다.
10	진로의사 결정	합리적인 진로 의사 결정	합리적인 의사결정 방법에 따라 문제를 해결할 수 있다.
11	진로계획 및 준비	나의 미래 상상하기	장래의 희망을 이루기 위해 무엇을 준비해야 하는지 계획을 세우고 나의 미래를 상상할 수 있다.
12	프로그램 정리	진로 계획 발표	자신의 진로 계획을 여러 사람 앞에서 발표할 수 있다.

(3) 고등학교 진로독서 지도 방법

<표 6> 고교 진로독서 지도 사례

목록	항목	나에게 적용하기
1장	나의 생애 설계	• 생애주기 곡선 그리기 • 15년 후 자신의 모습 스케치 하기 • 꿈을 이루기 위한 15년 계획 세우기
2장	자기 이해	• 지금의 나는 어떤 사람인가? 　- 적성, 흥미, 학습 능력, 가치관 　- 신체 조건과 환경 　- 꿈을 이루기 위한 의지의 정도
3장	진로 의사 결정	• 나의 의사결정 장애물 알아보기 　- 내적 요인 　　(자신감 결여, 변화에 대한 두려움, 잘못된 결정이나 실패에 대한 두려움) 　- 외적 요인 　　(가족의 기대, 가족에 대한 책임, 문화적 사고 방식, 성별에 따른 사고 방식)
4장	직업 및 학과 정보 탐색	• 직업 정보 탐색 　- 관심 직업 정보 찾기 　- 관심 직업 관련 사진 및 신문 기사 찾기 • 학과 정보 탐색 　- 자신에게 알맞은 학과 찾기 　- 관심 학과에 관한 정보 찾기 　- 진학 준비 방법과 입시 요강 수집
5장	대학 입시 등 진로 준비	• 지원 대학 결정 　- 지원 대학 모집 요강 정리 　- 지원 대학 성적 분석 　- 자기소개서 쓰기 연습

3. 진로독서 가이드북 개발

　진로독서의 대상도서는 교육부의 진로교육 목표와 성취기준인 자기이해, 일과 직업세계의 이해, 진로 탐색, 그리고 진로 디자인과 준비의 4개핵심 영역을 다루는 도서를 말한다. 그중에서 자기이해와 일과 직업의 세계를 중점적으로 다루는 도서를 독서자료로 선정하였다.

　진로독서는 텍스트의 내용이 진로와 직·간접적으로 관련되거나 수렴, 확산이 가능한 도서를 통해 학생들의 진로에 도움을 주는 독서 프로그램을 의미한다. 또한 학교 진로교육 기반인 자기이해, 직업세계의 이해, 진로정보의 탐색, 진로 준비 및 계획 등을 위해 도서를 활용하는 것을 진로독서라 한다. 따라서 진로독서는 텍스트 내용이 진로와 관련되거나 접목시킬 수 있는 문학, 비문학 관련 도서를 통해 진로교육의 목표 달성을 위한 독서교육활동을 말한다.

(1) 진로 비전도서

진로 비전도서는 책을 읽어가면서 진로교육의 출발인 자기 이해와 자기 발견 즉, 자아정체감, 자아존중감 등 자신의 고유한 특성을 이해하고 발견할 수 있는 독후활동이 가능한 도서를 말한다. 독자의 시각에서 책과 소통하면서 '나'를 이해하고 직업의 가치관 및 자아정체성을 발견할 수 있으며, 나아가 직업 멘토들의 이야기를 직·간접적으로 체험하여 자신의 진로에 대한 비전과 직업의 가치와 비전을 발견할 수 있도록 돕는 도서를 말한다. 진로 비전도서의 텍스트 내용에 따른 선정기준은 다음과 같다.
  1) 책 속 인물의 삶과 텍스트의 내용을 통해 꿈과 비전을 찾을 수 있는 도서
  2) 자기 이해와 자신의 고유한 특성을 찾아갈 수 있는 도서
  3) 책을 통해 직업의 의미, 직업 가치관으로 수렴, 확산이 가능한 도서
  4) 직업 멘토의 이야기를 통해 진로에 대한 내적동기를 강화할 수 있는 도서

(2) 진로 탐색도서

진로 탐색도서는 다양하고 방대한 직업에 대한 정보를 텍스트로 담고 있는 책을 읽으며 자신의 진로에 대한 진로 로드맵을 위한 독후활동이 가능한 도서를 말한다. 진로 탐색도서는 직업 세계에 대한 이해와 직업 준비과정들이 포함된 진로진학 정보 및 직업정보에 대한 내용들을 다루는 독서자료를 말한다. 진로 탐색도서의 텍스트 내용에 따른 선정기준은 다음과 같다.
  1) 진로에 필요한 다양한 정보를 다룬 내용의 도서
  2) 직업정보 탐색 및 분석이 가능한 도서
  3) 다양한 직업세계와 미래 직업세계의 전망이 가능한 도서
  4) 진로진학 관련 정보를 내용으로 담고 있는 도서

독서자료 선정의 고려 대상은 자료적 지배의 기준이 되는 도서의 내용, 형식 측면과 수용성의 기준이 되는 독자의 수용 측면을 들 수 있다. 독자의 수용 측면은 다시 인지적 측면과 정의적 측면으로 나눌 수 있다.
인지적 수준이란 독서자료가 지닌 내용이 독자의 인지적 발달 수준에 적합해야 한다. 어휘가 독자의 학년이나 발달단계에 알맞은 것이어야 하며, 내용의 범주에 있어서 적절한 깊이와 폭을 갖추고 있어야 하고 구성이 학년과 연령 수준에 알맞아야 한다.
정의적 수준은 제재 면에서 흥미를 중심으로 태도와 욕구, 관심, 희망 등 독자의 정의적 발달 특성을 고려해야 한다. 정의적 수준의 기준은 재미가 있는 것, 건전한 흥미와 요구에 상응한 내용, 독자의 생활

경험에 비추어 적절한 것, 유익한 유머를 담고 있는 내용, 자료의 내용이 독자들의 관심사와 지식을 넓혀주는 것 등을 들 수 있다.

이와 같이 의미 있는 진로탐색 독서활동이란 텍스트의 내용이 자신의 삶과 연관 지을 수 있는 의미 있는 상황이어야 한다. 따라서 독자 개개인에게 의미 있는 진로독서자료 선정은 책을 통해 올바른 가치관의 발달과 행동 변화에 발전을 가져올 수 있는 진로독서교육의 매우 중요한 요인이 된다.

(3) 자아 성취지향 가치관

가치는 인간 행동을 강력하게 설명해 주는 잠재성을 가지며, 가치는 인간 행동의 표준 또는 기준이다. 가치관이란 개인이나 집단이 명시적 또는 묵시적으로 바람직하게 여기는 것으로 가능한 행위의 양식, 수단, 목표를 선택하는데 영향을 주며 집단이나 사회문화를 이해하는 핵심이다.

(4) 진로성숙도

진로성숙은 수퍼(Super)가 직업성숙을 소개한 이후 미국에서 광범위하게 개념을 연구하게 되었고, 그 결과 진로성숙이란 개념이 보다 포괄적인 상위개념으로 정착되기에 이르렀다. 수퍼는 진로성숙도란 진로의 발달수준을 뜻하는 것으로 직업을 알아보고 준비하고 자리 잡고 조사하고 직업에서 물러날 때까지의 발달과업에 대해 대처해 나가는 태도적, 인지적 준비도라고 하였다. 따라서 진로성숙도를 한 개인이 속해 있는 연령단계에서 이루어야 할 직업적 발달과업에 대한 준비도로 보았다.

〈표 7〉 진로성숙도 검사 내용

검사항목		하위영역	정의
진로성숙 태도	1	계획성	자신의 진로방향을 설정해 보고 직업결정을 위한 계획을 수립해 보는 태도
	2	직업에 대한 태도	직업이 갖는 의미와 중요성에 대한 올바른 인식 정도
	3	독립성	진로결정에 있어서 스스로 진로를 탐색하고 선택하려는 태도
	4	진로낙관성	미래사회의 직업 및 진로환경에 대한 낙관적이고 긍정적인 태도
진로성숙 능력	5	자기이해	능력, 흥미, 가치, 신체적 조건, 환경적 제약 등 개인이 진로선택에서 고려해야 할 개인적 특성을 이해하는 능력
	6	정보탐색	자신의 진로와 관련된 정보를 활용할 수 있는 능력
	7	합리적 의사결정	자신의 진로를 합리적으로 선택할 수 있는 능력
	8	희망직업에 대한 지식	자신이 관심을 갖는 직업에 대해 구체적인 정보를 알고 있는 능력
진로성숙 행동	9	진로탐색 및 준비행동	자신의 진로를 적극적으로 탐색하고 준비하는 능력

출처 : 한국청소년상담복지개발원(2019)

4. 진로독서 프로그램 개발

(1) 초/중학생 진로독서박람회 적용

1) 목적
- 언제, 어디서나, 누구나 지원하는 맞춤식 찾아가는 진로독서 캠프 운영
- 학년발 취약시기, 방학 등 전환기의 단기간 집중적인 진로탐색 기회 제공으로 자신의 진로를 체계적으로 고민할 수 있는 기회 마련
- 책 속 다양한 삶을 만나며 자기 이해 및 진로탐색 기회 제공
- 학생의 적성, 소질을 창의적으로 계발하고 지속적으로 발전시킬 수 있는 역량 제공
- 함께 책을 읽고 '이야기식 독서토론'과 '독서새물결 독서토론'을 적용하여 독서기반 진로교육 실현

2) 운영 방침
- 신청 기관 및 학교 상황에 따라 시간 협의 및 조정하여 진행
- 교육 지원을 희망하는 학교의 신청을 받아 맞춤식 교육 프로그램 운영
- 나의 진로를 만나는 재미있고 유익한 진로독서 캠프 운영 지원
- 우리 법인의 전문 강사요원(초중고교 전현직 교사, 진로독서 코칭 전문가, 법인이 배출한 대학생 멘토)을 전담팀으로 지정하여 운영
- 주제 영역별 독서토론 소모임(12명)과 전체 발표 토론(진로독서박람회) 형식으로 진행

3) 세부 프로그램
- 주제 특강 1시간, 주제 영역별 독서토론 5시간(영역별 주강사 1명)
- 마지막 차시는 나의 진로 주제 발표 및 1대100 토론으로 운영

교육목표		독서를 기반으로 한 진로 연계 독서 활동을 통해 사고력을 확장하고 능동적으로 진로 탐색을 할 수 있다.	
대상 도서		학교 자체 선정 도서 또는 법인 선정 도서 (아래 추천도서 참고)	
차시	주제	세 부 내 용	비고
1 09:00—09:40	주제 특강	− 독서 기반 학생 활동 − 진로 독서 토론 방법 및 발문 생성 − 질문으로 하는 독서법	특강 후 소모임 이동

2-4 09:50~12:10 (중간 휴식 20분)	책틀 꿈틀 I (Disscusion)	– 독서 발문 작성 – 이야기식 독서 토론 • 1단계 – 책 문 열기 • 2단계 – 책 이야기 나누기 • 3단계 – 인간 삶과 사회 적용하기	소모임 주제별 강사 진행
	책틀 꿈틀 II (Debate)	– 독서새물결 독서토론 • 독서 토론 논제 만들기 • 찬반 토론지 개요 작성 • 팀별 교차질의식 독서토론 진행(1) • 팀별 교차질의식 독서토론 진행(2) (찬반과 팀 교체 토론)	
12:10~13:00		점심 시간	
5-6 13:00~14:20	진로독서박람회 토론	– 1대100 독서토론 • 학생 활동지 작성 및 발표 준비 • 주제 영역별 1개팀 발표 및 질의 응답 – 나의 진로 발표회 • 나의 진로 설계하기 • 진로 발표 및 소감 말하기	전체 모임

4) 초등 대상 도서 운영 계획

* 제시한 도서에서 선정하여도 되고 학교별 필요한 도서를 선정하여도 됨

* 다양한 대상 도서는 진로독서 가이드북(개정본)을 참고하시면 됩니다.

	주제 영역	주제 도서(예시)
1	교육	우리 선생님 최고 (하이타니 겐지로/논장) 학교 가기 싫은 선생님 (박보람/노란상상) 파랗고 빨갛고 투명한 나 (황성혜/달그림)
2	문학	5번 레인 (은소홀/문학동네) 장복이, 창대와 함께 하는 열하일기 (강민경/현암주니어) 해리엇 (한윤섭/문학동네)
3	인문	어린이를 위한 정치란 무엇인가 (이은재/주니어김영사) 일곱 빛깔 독도 이야기 (황선미/이마) 생각이 크는 인문학 ① 공부 (호아킴 데 포사다/한국경제신문)
4	사회	단독 취재, 어흥 회장의 비밀 (백연화/크레용하우스) 법 만드는 아이들 (옥효진/한국경제신문) 와글와글 어린이 경제 수업 (김세연/다림)
5	과학	두 얼굴의 에너지, 원자력 (김성호/길벗스쿨) 누가 숲을 만들었을까? (샐리 니콜스/키즈엠) GMO 유전자 조작 식품은 안전할까? (김훈기/풀빛)

6	공학	공학은 세상을 어떻게 바꾸었을까? (황진규/어린이나무생각) 김대식 교수의 어린이를 위한 인공지능 (김대식 외/동아시아사이언스) 발명과 특허 쫌 아는 10대 (김상준/풀빛)
7	의약학	꼴찌, 세계 최고의 신경외과 의사가 되다 (그레그 루이스 외/알라딘북스) 미래가 온다 바이러스 (김성화 외 1/와이즈만북스) 리틀 의사가 꼭 알아야 할 의학 이야기 (양대승/교학사)
8	예체능	레오나르도 다 빈치 30 (폴 해리슨(김은영) / 아울북) 나를 찾아가는 힙합 수업 (김봉현 / 탐) 메시, 축구는 키로 하는 것이 아니야 (이형석 / 탐)

5) 중학 대상 도서 운영 계획

* 제시한 도서에서 선정하여도 되고 학교별 필요한 도서를 선정하여도 됨

* 다양한 대상 도서는 진로독서 가이드북(개정본)을 참고하시면 됩니다.

	주제 영역	주제 도서(예시)
1	교육	뉴 키드 (제리 크래프드/퀼트리북스) 독서토론 이야기 (임영규/박이정) 나무를 심은 사람 (장지오노/두레)
2	문학	클로버 (나혜림/창비) 아몬드 (손원평/창비) 동물농장 (조지 오웰/민음사)
3	인문	괴물 부모의 탄생 (김현수/우리학교) 이 정도는 알아야 하는 최소한의 인문학 (이재은/꿈결) 10대를 위한 정의란 무엇인가 (마이클 샌델/미래엔아이세움)
4	사회	난민, 멈추기 위해 떠나는 사람들 (하영식/뜨인돌) 꼰대 아빠와 등골 브레이커의 브랜드 썰전 (김경선/자음과모음) 청소년을 위한 돈이 되는 경제 교과서 (신동국/처음북스)
5	과학	십 대를 위한 미래과학 콘서트 (정재승 외/청어람미디어) 역사를 바꾼 17가지 화학 이야기 1, 2 (페니 르 쿠터 외/사이언스북스) 특종! 생명과학 뉴스 (이고은/북트리거)
6	공학	공대에 가고 싶어졌습니다 (서울대 공우/메가스터디북스) 우주 쓰레기가 온다 (최은정/갈매나무) 10대를 위한 교양 수업 3 (조성준 외/아울북)
7	의약학	10대를 위한 의학을 이끈 결정적 질문 (예병일/다른) 질병 정복의 꿈, 바이오 사이언스 (이성규/MID) 오싹한 의학의 세계사 (데이비드 하빌랜드/베가북스)
8	예체능	대중음악 히치 하이킹하기 (김상원 외/탐) 예술에 대한 여덟 가지 답변의 역사 (김진엽/우리학교) 10대와 통하는 스포츠 이야기 (탁민혁 외/철수와영희)

(2) 고등학교 진로독서박람회 적용 방법

1) 사업 목적 및 필요성

- 개정 교육과정의 적용 및 고교학점제의 단계적 이행 계획을 위하여 모든 학생의 소질과 적성, 진로에 맞는 학생 선택형 교육과정 운영의 역량이 강화됨에 따라 단위학교별 자율적 교육과정 운영의 필요성이 대두
- 고등학교 학생들의 소질과 적성, 진로에 맞는 다양한 학습기회를 보장하기 위한 진로 관련 활동 등이 단위 학교별로 운영되고 있지만 학생 성장 중심 활동을 위해서는 내실화된 독서 역량이 필요
- 학생들의 자주적이고 능동적인 자율 탐구 활동의 기반은 독서이며, 추후 학생의 진로를 위한 지속적인 주제 탐구의 심화를 위해서는 심층적인 독서 활동이 필요
- 최근 학교생활기록부에서 독서 상황이 제외됨에 상위 대학에서 우수 학생 선발을 위한 변별책으로 교과세부능력 특기사항에 독서를 기반으로 한 심층 탐구와 확장 활동 등이 더 중요

2) 학교별 프로그램 운영 방법

① 수업량 유연화에 따른 자율적 교육과정으로 운영
  - 학습 몰입형 : 교과별 심화 이론, 과제 탐구 등 독서 발문, 이야기식 독서 토론, 교차질의식 독서 토론, 독서 논술문 작성 등의 심층적 독서 활동
  - 프로젝트형 : 교과 융합 학습 등 주제 중심의 독서 토론 프로젝트 활동
② 창의적 체험활동의 진로활동 중 주제 탐구형 독서 활동으로 운영
  - 학생의 진로 및 관심사에 따른 주제별 독서 토론 활동
③ 교육과정 취약시기 독서 캠프 특별 프로그램으로 운영
  - 독서 토론 캠프 및 학생부 컨설팅 : 도서별 주제 특강, 교과 연계 심화 탐구 독서 활동, 교과 융합 독서 토론 및 독서 논술, 독서를 기반으로 한 학생부 컨설팅

※ 초중고교 학교 운영 환경과 일정 등에 따라 유연하게 변동 가능

3) 독서기반 진로독서박람회 운영 계획

○ 운영 개요 (8차시)
  - 주제 특강 2시간, 진로부스별 독서토론 활동 6시간
  - 대학연계 멘토링(학생부 컨설팅) 4시간

교육목표	독서를 기반으로 한 진로 연계 독서 활동을 통해 사고력을 확장하고 능동적으로 진로 탐색을 할 수 있다.		
대상 도서	학교 자체 선정 도서 또는 법인 선정 도서 (아래 추천도서 참고)		
차시	주제	세 부 내 용	비고
	주제 특강	– 독서 기반 학생 활동 – 진로 독서 토론 방법 및 발문 생성 (교차 진행)	특강 후 부스별 학생 이동
3–4 10:40~12:10	책틀 꿈틀 I (Disscusion)	– 독서 발문 작성 – 이야기식 독서 토론 　•1단계 – 책 문 열기 　•2단계 – 책 이야기 나누기 　•3단계 – 인간 삶과 사회 적용하기 　* 진로연계 도서 전시 및 박람회	부스별 강사 진행 (학생 활동지 작성)
12:10~13:00	점심 시간(부스별 도서 탐방)		
5–6 13:00~14:30	책틀 꿈틀 II (Debate) 및 대학 연계 멘토링	– 교차질의식 독서토론 　• 독서 토론 논제 만들기 　• 1대100 토론하기 　• 찬반 토론지 개요 작성 – 진로독서박람회 활동지 작성 　(이때 입사관의 학생부 멘토링 실시) – 진로부스별 활동 내용 발표 준비	학생부 컨설팅과 병행 (입학사정관)
7–8 14:50~16:20	진로독서박람회 및 대학 연계 멘토링	– 부스별 진로 주제 발표(진로별 대표자) 　(진로영역 박람회 형식) – 발표 후 전체 대상 1대100 토론 – (학생부 연계) 학생 활동지 작성 및 발표 – 소감 나눔	전체 강당 (학생부 컨설팅과 병행)

○ 운영 방법

• 일일 박람회 유형으로 진행
• 진로 유형에 따른 부스를 설치하고 신청한 진로계열 부스로 이동하여 진로독서 토론 활동에 참여
• 각 부스에서는 교과 및 진로별로 해당 학교 교사들이 선정한 도서 목록 또는 법인이 선정한 도서와 관련한 독서 발문 작성, 이야기식 독서 토론, 독서새물결 독서토론, 1대100 독서토론, 독서 기반 학생부 컨설팅, 주제 발표 등으로 진행됨.
• 학교생활기록부 기록과 연계한 진로독서박람회 활동 전개 가능
• 참여 학생들은 사전에 희망 진로계열별 도서를 읽고 참여하고, 나누고 싶은 이야기(토론 주제)를 3가지 내외 준비하여 참석
• 사전에 제공할 활동지에 나누고 싶은 이야기(토론 주제)를 작성하고, 토론 주제에 대한 자신의 의

견을 근거를 들어 작성하고 참여하면 좋음(개인별 자유 선택 사항이며, 학생부 연계가 필요한 학생은 사전 활동지를 작성하고 참여하면 좋음)
- 학교 상황에 따라 부스 개수 및 활동 조정 가능
- 신청 학교(학생)는 사전에 참여할 진로계열별 학생을 선정하여 알려 주어야 하며, 대학연계 멘토링이 필요한 학생은 사전에 학생부 사본 제출
- 대학교 입학사정관의 대학연계 멘토링은 오후 4시간 동안 독서토론 활동, 주제 발표와 병행하여 진행 (한 학생당 15분 내외)
- 중3이나 고1 학생 등 학생부가 없는 경우는 진로연계 학생부 기록 초안을 지참하고 입학사정관 멘토링 가능

○ 진로독서박람회 학생부 활용
- 진로 독서 박람회 활동에 대한 개별 포트폴리오 작성으로 학생 개개인의 진로 연계 심화 독서 활동(진로 확장 독서, 독서 발문 작성, 이야기식 독서 토론 활동, 토론지 작성, 쟁점식 교차질의식 독서 토론 활동 등)을 교과세부특기사항, 진로활동 등에 기록할 수 있음.
- 교과 수행평가와 연계하여 추후 연계 독서 활동 등의 프로젝트 수업 및 활동으로 지속. 확장하여 학생부에 기록할 수 있음.
- 수업량 유연화에 따른 교과목 융합 주제 중심 독서 활동으로 학습 몰입형이나 프로젝트형 활동으로 활용하고 학생부에 기록할 수 있음.

4) 대상 도서 운영 계획
- 대상 도서는 학교별 선정 가능
- 대상 도서는 진로독서 가이드북(개정본)과 홈페이지를 통해 계속 업데이트

부스		주제 도서
계열 1	교육계열	한나 아렌트, 교육의 위기를 말하다 (박은주/㈜빈빈책방) 아이들은 한 명 한 명 빛나야 한다 (앨린 코커릴/한울림) 가르칠 수 있는 용기 (파커 J. 파머/한문화)
계열 2	인문계열	언어는 인권이다 (이건범/피어나) 세계 최고의 여행기 열하일기 上 (박지원, 고미숙 외/북드라망) 역사의 쓸모 (최태성/다산초당)
계열 3	사회계열	청소년을 위한 광고 에세이 (정상수/해냄) 지리의 힘 1 (팀 마샬/사이) 죽은 경제학자의 살아있는 아이디어 (토드 부크홀츠/김영사)

계열 4	자연계열	모두의 내일을 위한 기후 위기와 탄소중립 수업 이야기 (한문정/우리학교) 오래된 미래 (헬레나 노르베리 호지/중앙북스) 특종 생명과학 뉴스 (이고은/북트리거)
계열 5	공학계열	뇌를 바꾼 공학, 공학을 바꾼 뇌 (임창환/MID) 공대에 가고 싶어졌습니다(서울대 공대 우수학생센터 공우/메가스터디북스) 인간은 필요 없다 (제리 카플란/한스미디어)
계열 6	의학계열	오싹한 의학의 세계사 (데이비드 하빌랜드/베가북스) 뇌는 어떻게 자존감을 설계하는가 (김학진/갈매나무) 아픔이 길이 되려면 (김승섭/동아시아)
계열 7	예체능계열	뮤지컬 인문학 (송진환, 한정아/알렙) 성공하는 스포츠 비즈니스 (박성배/북카라반) K-POP 케이팝 성공방정식 (김철우/21세기북스)

초등학교 진로독서 가이드북

제1장

자기 이해

◈ 자기 이해 영역 소개 ◈

#'진로'의 첫걸음은 '나'에 대한 이해

누군가 "미래에 너의 진로가 뭐야?", "네 꿈이 무엇이니?"라고 질문하면 직업을 말하는 경우가 많았어요. '진로'의 뜻은 직업을 넘어 전 생애 동안의 직업 발달 과정과 내용을 말합니다. 2023년 교육부와 한국 직업능력교육원에서 조사한 학교급별 진로 교육 현황을 조사한 통계(국가통계포털 및 커리어넷)에서 학교급별로 장래 희망 직업이 없다고 답한 학생들이 그 이유가 대부분이 '내가 무엇을 좋아하는지 몰라서'이거나 '나의 장단점을 몰라서'라고 답했다고 합니다. 그래서 초등진로 교육의 첫걸음은 '자기 이해', '나'에 대한 탐구로부터 시작해요.

내가 어떤 존재인지, 무엇을 좋아하고 잘하는지, 어떤 일을 할 때 즐거워하고 가치 있다고 생각하는지를 탐구하고 이해하면서 자신에게 맞는 진로를 발견할 수 있어요. 이 세상에서 하나뿐인 '나'에 대해 여러분은 어떻게 생각하고 있나요? 소심하다고 속상해하나요? 소심하다는 것은 꼼꼼하고 세심하다는 뜻도 된답니다. '나'에 대한 탐구로 자신만의 소중한 가치를 발견해 보세요.

#'나'에 대해 제대로 알아볼까요?

'나는 나를 어떻게 생각하나요?' '내가 아는 나'와 '다른 사람에게 보이는 나'의 모습에 대해 생각한 적이 얼마나 되나요? 이 질문에 대한 대답은 나에게 맞는 진로를 찾는 데 중요합니다. 나의 성격에서 마음에 안 들거나 고치고 싶은 부분이 있나요? 낯선 장소와 새로운 사람을 만났을 때 적극적으로 다가가지 못하거나 적응이 늦어 힘드나요? 그것은 좀 더 조심하고 주변과 상황을 관찰하는 자세로 볼 수도 있어요. 자기 이해는 내가 '나'를 어떤 관점으로 바라보고 받아들이느냐에 따라 달라집니다. 이것을 자기 인식이라고 합니다. 진로 독서 활동을 통해 다양한 시각으로 '나'를 인식하고 더 계발할 수 있는 방법을 찾아볼 수 있습니다.

#자기 이해 영역은 자기 이해, 자기 인식과 계발로 구성되어 있어요.

자기 이해	나는 어떤 성격인가를 아는 것 내가 좋아하는 것, 힘들어하는 것이 무엇인지에 대한 이해 나만의 가치는 무엇인지에 대한 이해
자기 인식과 개발	나의 성격을 어떻게 생각하는가를 아는 것 역경을 이겨내는 내 안의 힘과 강점을 알고 적용하는 것 나에 대한 편견이나 잘못된 인식을 고치는 것

◈ 자기 이해 도서 목록 ◈

순	영역	진로정보	교과정보	도서명	집필자	비고
1	자기 이해	자기 이해	도덕	뭐가 되고 싶냐는 어른들의 질문에 대답하는 법	양미현	대표
2	자기 이해	자기 이해	실과	발명가 로지의 빛나는 실패작	안란희	대표
3	자기 이해	자기 이해	도덕	나의 첫 질문 책 '있잖아, 궁금한 게 있어!'	안란희	
4	자기 이해	자기 이해	실과	너 내 꿈 할래?	안란희	
5	자기 이해	자기 이해	도덕	리디아의 정원	안란희	
6	자기 이해	자기 이해	도덕	생각이 크는 인문학 5 (마음)	양미현	
7	자기 이해	자기 이해	도덕	소심한 게 어때서	김은정	
8	자기 이해	자기 이해	도덕	열두 살 장래 희망	민혜원	
9	자기 이해	자기 이해	도덕	이게 정말 나일까?	문지영	
10	자기 이해	자기 이해	실과	작은 벽돌 – 나를 찾는 위대한 여행	안란희	
11	자기 이해	자기 이해	도덕/미술	진짜 내 소원	문지영	
12	자기 이해	자기 이해	도덕	초등 고학년을 위한 행복한 청소부	안란희	

I. 뭐가 되고 싶냐는 어른들의 질문에 대답하는 법

도서정보	알랭 드 보통(신인수) / 미래엔아이세움 / 2021년 / 200쪽 / 13,000원	
진로정보	자기 이해	
교과정보	도덕	자신의 생활 점검하여 성찰하기

도서소개 #어떤 책일까?

　　"네 꿈이 뭐니?", " 커서 뭐가 되고 싶니?"라고 묻는 어른들에게 준비된 것처럼 대답하는 사람은 얼마나 될까? 어른들도 대학교에 다니거나 사회생활을 다니다가 그때야 하고 싶은 일이나 꿈을 알게 되어 진로를 다시 정하기도 한다. 이 책은 왜 우리가 꿈과 하고 싶은 일이 무엇인지 잘 알지 못하고, 대답하지 못하는지 이유와 그에 대한 해답을 찾도록 도와준다. 그리고 자신이 좋아하는 것과 하고 싶은 일, 꿈이 무엇인지 어른들도 쉽게 답을 찾거나 해결하기 어려운 문제라고 위로하고 아직 잘 몰라도 괜찮다는 위로를 해 준다. 이 책은 나에게 맞는 일이 무엇인지, 어떤 것을 좋아하는지 찾아볼 수 있도록 안내한다.

진로탐색 #무엇을 더 볼까

관련매체 : 자기 이해의 중요성과 방법

관련도서 : 『꿈꾸는 수업』 (이정호, 푸른날개)

진로토론 #무엇을 이야기해 볼까

1. 내가 시간 가는 줄 모르고 열심히 했던 것이 무엇이었는지 이야기해 보자.
2. 내가 즐거워하는 것은 어떤 것인가? 그 이유는 무엇인가? (147~167쪽)
3. 잘 하진 않지만 좋아하는 일을 하면 잘하게 될까? 좋아하지는 않지만 남보다 재능있고 잘하는 일을 하면 그 일이 좋아지게 될까? (찬반토론)
4. 행복한 직업의 조건은 무엇일까?

진로활동 #무엇을 해 볼까

1. 내가 갖고 싶은 것, 하고 싶거나 남에게 해 주고 싶은 일 등 원하는 것들에 대한 목록을 작성하고 읽어보면 내가 어떤 것을 좋아하는지 알 수 있다. 나의 꿈 목록을 10가지만 적어 보자.
   (예 : ○○○에 가서 오로라 보기, ○○○ 배워서 악보 없이 2곡 연주하기 등)
2. 부모님이나 주변의 어른들에게 다음과 같은 질문을 해보자.
   - 지금의 직업을 몇 살 때 갖게 되었나요? - 행복할 때와 힘들 때는 언제인가요?
3. 내가 직업을 가질 때 잘 할 수 있는 나의 성격과 장점들과 이유를 적어 보자.

◈ 책 이야기 ◈

1. 『뭐가 되고 싶냐고 묻는 어른에게 대답하는 법』에서는 내가 어떤 일을 하고 싶은지 알기 힘든 이유를 여러 가지 이야기하고 있다. (15쪽~29쪽) 그중에서 내가 공감하는 이유 3가지는 무엇인가?

2. 이 책의 12장(154쪽~162쪽)을 읽고 일이 주는 다양한 즐거움에 관해 이야기해 보자.

1) 책 속의 다양한 즐거움에 대해 읽고 각각의 즐거움에 대해 10점 기준으로 점수를 매겨보자. 나는 어떤 일에 가장 즐거움을 느끼는가?

2) 내가 위의 즐거움을 느낀 경험이 있다면 언제 어떤 일이었는가?

3. 책 속의 다양한 즐거움 중에서 내가 느끼는 즐거움으로 할 수 있는 직업에는 어떤 것이 있는가? 어떤 곳에서 일하는지 이야기해 보자.

4. 저자는 사람들이 자기가 좋아하는 일들이 많은데도 어른이 되어 결국 좋아하지 않는 일을 하게 되는 이유가 있다고 말한다. 그 이유는 무엇인가?

◈ 질문하고 토론하고 ◈

1. 내가 갖고 싶은 것, 하고 싶거나 남에게 해 주고 싶은 일 등 원하는 것들에 대한 목록을 작성해 보자. (예: OOO에서 오로라 보기, 우쿠렐레 배워서 3곡 연주하기, 부모님 OO사드리기, OO자격증 취득하기 등 잘 생각나지 않지만 계속 생각하면 한두 가지씩 떠오르게 된다.)

1) 위의 목록을 비슷한 것끼리 표시하거나 분류해 보자.

많이 쓸수록, 어떤 종류를 많이 썼는지를 통해 내가 어떤 것을 좋아하고, 어떤 일을 하고 싶은지 알 수 있다.

2) 내가 하고 싶은 일들을 목록화한 것을 보고 내가 어떤 일을 하고 싶어하는지 그에 관한 생각을 이야기해 보자.

2. 미래에 직업을 가지면 돈도 잘 벌 수 있어야 하고 그 일이 즐거워야 한다. 다음의 경우에서 어떤 쪽이 좋다고 생각하는가?

* 잘 하지는 않지만 내가 좋아하는 일을 하면 언젠가는 잘하게 될까?

좋아하지는 않지만 내가 잘하는 일을 하면 언젠가는 좋아하게 될까?

예를 한 가지씩 들어 토론해 보자.

- 예: 잘 하지는 않지만, 좋아하는 것은 노래, 좋아하지는 않지만 잘하는 일은 운동일 경우,

어느 쪽을 선택하여 노력하는 것이 좋을까? 왜 그렇게 생각하는가?

장단점을 살펴보며 토론해 보자.

◈ 진로 이야기 ◈

1. <나>에 대한 이야기(에세이, essay)를 적어 보자.
   * 일정한 형식에 따르지 않고 나의 생김새, 장점, 특징, 이름이나 별명, 좋아하거나 싫어하는 것, 꿈과 성취와 실패한 경험, 자신의 좌우명, 명언, 행복했던 경험, 바램, 친구와 사람 관계, 성격 등 다양하게 자신을 탐구하여 글을 적어 보자.

2. 내가 진짜 좋아하는 것을 발견하는 방법은 내가 재미를 느끼는 모든 것을 좋아하는 이유와 함께 목록화해 보는 일이다. 좋은 사람과 대화하기, 새로운 장소에 가기, 남 앞에서 연주나 이야기하기, 다른 사람 웃기기, 정리하기, 영화 보기, 춤추기 등 시간과 장소와 행동에 관계없이 20~30 이상 적어 보자. (150~151쪽, 많을수록 좋다.)

3. 내가 하고 싶은 직업에 대해 그 일을 잘하는 사람을 2~3명 찾아서 그 일을 하게 된 시기와 이유, 준비한 과정 등을 탐구하여 발표해 보자.

4. 내가 하고 싶은 일은 무엇이며 그 일을 하는 데 장점이 되는 나의 성격과 습관들을 적어 보자.

5. 가족과 친척, 내 주변의 사람들이 하는 일에 대해 다음과 같은 인터뷰를 해보자.
   1) 어떤 일을 하나요?
   2) 이 일을 하기 위해 필요한 것은 무엇이며 언제부터 준비했나요?
   3) 이 일을 하면서 가장 행복했던 때와 가장 어려운 점은 무엇이었나요?
   4) 이 일을 한 것에 대해 후회한 적은 없나요?
   5) 만약 이 일이 아니라면 어떤 일을 하고 싶었나요?
   6) 언제 이 일을 하고 싶은지 알게 되었나요?
   7) 초등학교 시절(12~13세)에는 직업에 대해 어떤 생각을 했나요?
   8) 이 일을 하는 데 자신이 가진 강점은 무엇이라고 생각하나요?

2. 발명가 로지의 빛나는 실패작

도서정보	안드레아 비티(김혜진) / 천개의바람 / 2015년 / 32쪽 / 14,000원	
진로정보	자기 이해	
교과정보	실과	자기 이해와 직업탐색

도서소개   #어떤 책일까?

　　아주 어릴 때부터 로지는 발명하기 좋아했다. 한번은 삼촌을 위한 특별한 모자를 만들었는데, 자랑스러워하는 로지를 앞에 두고 삼촌은 우스꽝스러운 물건을 보듯 크게 웃고 만다. 그때의 경험으로 부끄러움이 많아진 로지는 발명가라는 꿈을 혼자만 간직하게 되고, 실패를 두려워하게 된다.

　　어느 날, 로즈 이모할머니를 만나게 되고 이모의 격려에 다시 멋진 발명가를 꿈꾸게 된다. 그리고 살다 보면 실패할 때도 많지만, 그게 끝은 아니라는 것. 진짜 실패가 있다면 그건 바로 포기인 것을 로지는 알게 된다.

진로탐색 #무엇을 더 볼까

관련매체 : 지식채널e-실패가 두려운 당신에게
관련도서 :『어린이를 위한 그릿』(전지은, 비즈니스북스)

진로토론 #무엇을 이야기해 볼까

1. 로지는 왜 꿈을 혼자서만 간직하게 되었는가?
2. 나의 꿈은 무엇인가? 나에게도 혼자만 간직한 꿈이 있는가?
3. 나의 꿈을 지지해 주는 사람이 있는가? 나의 꿈에 대해 다른 사람에게 어떤 지지를 받고 싶은가?
4. 어떤 일에 실패한 적이 있는가? 그때의 마음은 어떠했는가?
5. 사람에게 실패는 필요하다. (찬반토론)

진로활동 #무엇을 해 볼까

1. 실패 자랑 대회를 통해 친구들과 실패 경험과 그로 인해 배운 것을 이야기하고, 함께 그 경험을 축하하자.
2. 실패를 딛고 성공한 사람을 찾아 발표해 보자.
3. '실패하더라도 계속 도전할 나의 꿈'을 주제로 글을 써 보자.

◈ 책 이야기 ◈

1. 로지는 왜 꿈을 혼자서만 간직하게 되었는가?

2. '실패'하면 떠오르는 것들을 마인드맵으로 나타내 보자.

실패

3. '실패에 대한 두려움'을 극복할 힘은 무엇일까?

◈ 질문하고 토론하고 ◈

[영상자료]
지식채널e-실패가 두려운 당신에게

1. 위 영상자료를 보고, 느낀 점을 말해 보자.

2. '실패'란 무엇일까? '실패'란 단어를 정의해 보자.

3. 내가 실패한 경험을 적어 보자.

4. 위의 실패 경험에서 나는 무엇을 축하받고 싶은가?

◈ 진로 이야기 ◈

1. 나의 꿈은 무엇인가?

2. 나의 꿈을 지지해 주는 사람이 있는가? 그 사람에게 어떤 말을 들었을 때 힘이 나는가?
   (나의 꿈에 대해 누구에게 지지받고 싶은가? 그 사람에게 어떤 말을 듣고 싶은가?)

3. 나의 꿈을 실현하기 위해 지금 당장 내가 실천할 수 있는 것은 무엇이 있을까? (3가지)

4. '실패해도 계속 도전할 나의 꿈'을 주제로 글을 써 보자.

3. 나의 첫 질문 책 '있잖아, 궁금한 게 있어!'

도서정보	레오노라 라이틀(윤혜정) / 우리학교 / 2020년 / 64쪽 / 13,000원	
진로정보	자기 이해	
교과정보	도덕	긍정적 자아개념 형성

도서소개 #어떤 책일까?

　　세상에는 다양한 사람들이 살고 있다. 다양한 사람들이 각각 다양한 모습과 생각으로 당연히 살아가지만 내가 남과 다르다고 느낄 때 우리는 가끔 불안해진다.

　　이 책은 3가지 질문을 통해 세상에서 하나뿐인 고유한 '나'를 찾고, 이런 '나'는 무엇보다도 소중한 존재임을 알려주고 있다.

　　언젠가 나는 뭘 하고 있을까? 언젠가 나는 어떤 모습일까? 무엇을 하든, 어떤 모습이든 그때의 '나'도 행복했으면 좋겠다.

진로탐색 #무엇을 더 볼까

관련매체 : 나를 사랑하는 세 가지 방법/세바시 대학
　　　　　　https://www.youtube.com/watch?v=fumJMcibluA

관련도서 : 『안나는 고래래요』 (다비드칼리, 썬더키즈)

진로토론 #무엇을 이야기해 볼까

1. 무엇을 할 때 나는 행복한가?
2. 용기란 무엇일까? 나는 언제 용기를 낼 수 있을까?
3. 내 인생에서 가장 아름다운 날은 언제일까? 가장 끔찍한 날은?
4. 언젠가 기적을 이룰 수 있을까? 무엇이 나의 기적일까?
5. 돈이 많으면 행복하다. (찬반토론)

진로활동 #무엇을 해 볼까

1. 프리즘 카드를 이용하여 과거, 현재, 미래의 내 모습을 나타내는 사진을 고르고 친구들과 이야기를 나눠 보자.
2. '가장 이루고 싶은 소망'을 주제로 글을 써 보자.
3. 거울을 보며 '세상에서 가장 사랑하는 나'의 얼굴을 도화지에 그리고, 나에게 편지를 써 보자.

4. 너 내 꿈 할래?

도서정보	박부금 / 풀빛미디어 / 2018년 / 128쪽 / 12,000원	
진로정보	자기 이해	
교과정보	실과	자기 이해와 직업 탐색

도서소개 #어떤 책일까?

　　아이들은 '꿈이 뭐니?'라는 질문을 많이 듣는다. 이 질문에 즉답이 나오는 경우는 매우 드물다. 내가 무엇을 좋아하는지, 잘하는지, 싫어하는지, 못하는지 잘 모르기 때문이다. 나에 대해 조금은 아는 아이들도 그것을 어떻게 직업으로 연결해야 하는지는 잘 모른다.

　　이 책은 아이들이 자신의 꿈에 다가갈 수 있게 느린 질문을 던진다. 좋아하는 것이 무엇인지(그중에 더 좋아하는 것은 무엇인지), 어느 영역에 흥미가 있는지, 무엇을 중요하게 생각하는지 말이다. 이런 친절한 질문을 따라가다 보면 내 꿈에 한 걸음 더 다가가 있는 나를 발견하게 될 것이다.

진로탐색 #무엇을 더 볼까

관련매체 : 나의 꿈을 발견하게 된 결정적인 순간/ 청소년 세바시 강연
　　　　　 https://www.youtube.com/watch?v=2y46ZHgN5eM

관련도서 :『옥이샘 진로툰』(옥이샘, 지식프레임)

진로토론 #무엇을 이야기해 볼까

1. 책 속에 등장하는 미래 직업 체험 머신인 퓨잡스를 탄다면 어떤 직업을 체험해 보고 싶은가?
2. 관심 있는 직업을 선택하여 그 직업의 장단점에 대해서 말해 보자.
3. 내가 좋아하는 일을 해야 할까, 잘하는 일을 해야 할까?
4. 진로는 빨리 결정하는 것이 좋을까?
5. 공부를 잘해야 좋은 직업을 가질 수 있다. (찬반토론)

진로활동 #무엇을 해 볼까

1. 그동안 내가 관심 있었던 직업을 모두 써보고, 비슷한 것끼리 분류해 보자. 그리고 각각의 특징을 적어 보자.
2. 책 119쪽~ 132쪽의 활동을 한 후, 미래의 명함을 만들어 보자.

5. 리디아의 정원

도서정보	사라 스튜어스(이복희) / 시공주니어 / 2022년 / 36쪽 / 13,000원	
진로정보	자기 이해	
교과정보	도덕	긍정적 자아개념 형성

도서소개 #어떤 책일까?

　　아버지가 직장을 잃고 집안의 형편이 점점 어려워지자, 리디아는 외삼촌 집으로 가게 된다. 할머니와 꽃을 심고 가꾸는 것을 가장 좋아하는 리디아였지만 빵 가게를 하는 외삼촌에게 빵 만드는 법을 배운다.

　　사랑하는 가족과 떨어지고, 좋아하는 일이 아닌 새로운 일을 해야 하지만 리디아는 씩씩하게 생활한다. 무뚝뚝한 외삼촌을 웃게 하고 싶다는 소망을 갖고 비밀의 장소에 꽃을 심기 시작한다. 리디아가 심은 꽃은 외삼촌을 웃게 하고, 아버지가 다시 취직하게 되어 리디아는 집으로 돌아간다.

　　이 책은 자신의 꿈을 잃어버릴지도 모르는 상황에서 리디아가 어떻게 자신의 꿈을 지켜내는지 보여준다.

진로탐색 #무엇을 더 볼까

관련매체 : 달리기-옥상달빛

　　　　　　https://www.youtube.com/watch?v=kCLY8p8GMyM

관련도서 : 『니 꿈은 뭐이가?』(박은정, 웅진주니어)

진로토론 #무엇을 이야기해 볼까

1. 리디아는 어떤 성격인가? 리디아에게 배우고 싶은 점은?
2. 만약에 내가 리디아라면 어떻게 했을까?
3. 나는 내가 하고 싶은 일을 포기할 수 있을까?
4. 포기하고 싶은 순간에 나를 지탱하는 것은 무엇일까?
5. 꿈을 이루기 위해 가장 필요한 것은 무엇일까?

진로활동 #무엇을 해 볼까

1. 나의 꿈을 떠올려 보고, 그 꿈을 이루기 위해 지금 당장 내가 할 수 있는 일(실천)이 무엇인지 이야기해 보자.
2. 20년 뒤 꿈을 이룬 '나'의 하루 일기를 써 보자.
3. A4 종이에 손바닥을 그리고 나의 꿈을 응원하는 메시지를 써 보자.

6. 생각이 크는 인문학 5 (마음)

도서정보	한기호 / 을파소 / 2014년 / 164쪽 / 13,800원	
진로정보	자기 이해	
교과정보	도덕	마음과 나에 대한 탐구

도서소개 #어떤 책일까?

　　생각이 크는 인문학 시리즈는 인문학에 대한 어렵다는 편견을 깨고 어린이들의 눈높이에 맞게 쉽고 재미있는 인문학 내용으로 구성한 책이다. 그중에서 '마음' 편은 저자가 철학과 뇌과학, 신경학 등의 다양한 연구 성과들을 들려주며 '마음'의 실체에 대해 접근한다. 로봇에게 인간의 뇌를 이식하면, 인간일까? 마음과는 다른 말과 행동을 하는 이유는 무엇일까? 정보와 지식보다는 어떤 일이나 문제에 대해 다양한 시각에서 바라보고 가치를 탐구하며 스스로 생각하는 힘을 기르도록 도와준다.

진로탐색 #무엇을 더 볼까

관련매체 : 메타인지 질문하기 https://www.youtube.com/watch?v=QQurvqGqgPQ&list=PLKLbzk_sPbAHiDdkP-CyoZv2Rnf46xV-8&index=2

관련도서 : 『42가지 마음의 색깔 (감정을 표현하는 법을 배워요)』
(크리스티나 누녜스 페레이라, 레드스톤)

진로토론 #무엇을 이야기해 볼까

1. '내 마음을 나도 모르겠다'라고 말하게 되는 이유는 무엇 때문일까?

2. 마음과 다른 말이나 행동이 나오는 것은 왜 그럴까?

3. 인공지능 AI도 마음을 갖고 있고 나와 친구가 되어 이해해 준다면, 그 마음은 진심일까?

4. 돌고래나 일벌이 자신의 위험을 무릅쓰고 동료를 도와주는 행동은 자신의 생존을 돕는 행동이라고 한다. 인간이 자신의 위험에도 불구하고 타인을 돕는 것도 마음이 한 희생이 아니고 자신의 생존을 돕는 행동일까?

진로활동 #무엇을 해 볼까

1. 가족이나 친구에게 나의 성격이나 행동에 대해 아는 것을 적어달라고 해서 내가 아는 '나'와 어떻게 차이가 있는지 알아보자

2. 내 마음과 다른 말이나 행동하게 되는 경우가 생길 때, 알아차리고 지금까지와 다르게 하려면 어떻게 해야 할지 생각해 보고 실천해 보자.

7. 소심한 게 어때서

도서정보	류현순 / 풀빛미디어 / 2021년 / 140쪽 / 12,000원	
진로정보	자기 이해	
교과정보	도덕	자아존중감

도서소개 #어떤 책일까?

　　이 책의 주인공 서우는 부끄러움이 많고 소심한 어린이다. 서우는 자신의 모습을 보면서 활달한 친구들을 부러워한다. 그런데 우연히 마주친 진이라는 친구에게 마음의 소리가 들리는 이어폰을 받는다. 이어폰을 이용해 친구들 마음의 소리를 듣게 되고, 친구들도 자신처럼 다른 사람들 앞에 나서는 게 불편하다는 사실을 알게 된다. 실수하는 것을 걱정하며, 공연하는 것에 긴장한다는 것도 알게 된다. 서우만 그런 게 아니었던 것이다. 자신의 성격 때문에 고민하는 친구들이 있다면 이 책을 통해 자신의 어려움을 극복하는 법, 자신을 사랑하는 법을 배울 수 있을 것이다.

진로탐색 #무엇을 더 볼까

관련매체 : 소심한 성격이 빨리 성공하는 이유 - 뇌과학 : 우리가 몰랐던 소심한
　　　　　사람의 뇌 https://www.youtube.com/watch?v=7L4ZVqSBvOY

관련도서 : 『열등감 극복 캠프』 (박현숙, 주니어RHK)

진로토론 #무엇을 이야기해 볼까

1. '친구들끼리 별명을 부르는 것을 금지해야 한다'로 찬반 토론을 해 보자.
2. '마음의 소리를 들을 수 있는 이어폰이 있다면 사용하는 것이 좋다'로 찬반 토론을 해 보자.
3. 자신의 장점을 그림으로 표현하여 소개해 보자.
4. 엄마가 서우에게 알려주신 것처럼 나만의 마음 진정 주문을 만들어 보자.

진로활동 #무엇을 해 볼까

1. 내 마음속 소심함 주머니에 뭐가 있는지 써 보자.
2. 내가 생각하는 나의 단점을 신문지에 적은 후 찢는 활동을 해보자.
3. 내가 적은 단점을 나의 장점으로 바꾸어 설명해 보자.

8. 열두 살 장래 희망

도서정보	박성우 / 창비 / 2021년 / 140쪽 / 13,000원	
진로정보	자기 이해	
교과정보	도덕	자아에 대한 탐구

도서소개 #어떤 책일까?

　　어른이 되면 뭐가 되고 싶냐는 질문에 대답하기 어려워하는 어린이들이 있다면 이 책을 통해 자신을 들여다보는 시간을 가지면 좋을 것 같다.

　　'궁금한 건 꼭 물어보는 사람', '편지를 자주 쓰는 사람', '백과사전처럼 아는 게 많은 사람', '잘 웃는 사람', '고민을 잘 들어 주는 사람' 등 여러 가지 유형의 이야기를 읽어 보면서 나는 무엇을 좋아하는지, 내가 꿈꾸는 나의 미래 모습은 어떤 것인지, 더 나아가 그에 어울리는 직업은 어떤 것이 있을지도 생각해 볼 수 있겠다.

　　행복한 미래를 꿈꾸는 친구들에게 나를 들여다보고, 진정한 꿈을 찾을 수 있도록 도움을 주는 책이다.

진로탐색 #무엇을 더 볼까

관련매체 : 유튜브< 진로교육, 꿈을 디자인하다 편>

　　　　　https://youtu.be/2zBkZ_yGjaE?si=KyjWgnb-pEjTBGyt

관련도서 : 『너는 어떤 사람이 되고 싶어?』 (카를로 프라베티, 라임)

진로토론 #무엇을 이야기해 볼까

1. 엉뚱한 상상을 많이 하는 사람에게 어울리는 직업에는 무엇이 있을까?
2. 좋은 장래 희망이란 어떤 것일까?
3. 장래 희망을 찾는 방법에 관해 이야기해 보자.
4. 20년 후 우리 사회는 어떻게 변해 있을까, 그리고 난 무엇을 하고 있을까 말해 보자.

진로활동 #무엇을 해 볼까

1. 나는 어떤 유형의 사람인지 책을 통해 찾아 보고, 책에 없다면 적어 보자.
2. 나의 유형에 어울리는 직업은 어떤 것이 있을지 생각해 보고 나의 꿈은 무엇인지 말해 보자.
3. 내가 생각하는 '내 미래의 행복한 삶'은 어떤 것인지 적어 보자.

9. 이게 정말 나일까?

도서정보	요시타케 신스케(김소연) / 주니어김영사 / 2022년 / 32쪽 / 13,000원	
진로정보	자기 이해	
교과정보	도덕	자기소개하기

도서소개 #어떤 책일까?

　　숙제, 심부름 등이 귀찮은 지후는 '가짜 나'를 만들어 몽땅 시켜야겠다고 생각하고 용돈으로 도우미 로봇을 산다. 로봇은 이름, 가족관계, 겉모습, 취미, 기호 등을 넘어서, 어떻게 해야 주인님답게 보일지 모르겠다며 더 많은 정보를 요구하고 지후는 쥐어짜듯 생각하고 생각해서 로봇에게 알려준다. 로봇은 과연 지후를 대신해서 가짜 나 역할을 성공적으로 해낼 수 있을까?

　　'가짜 나 만들기 작전'을 통해 자기 내면을 들여다보게 되고 '관계 속에서의 나'까지도 생각하게 되고 자신의 머릿속에서만 일어나는 비밀도 자신을 구분하는 특징이 될 수 있음을 깨닫고 '나는 단 한 명밖에 없는 유일한 존재'로 나를 소개하며 자존감의 중요성을 알려준다. 이 책에 나오는 나를 소개하는 방법을 함께 해 보면 자신에 대해 충분히 이해하게 되고 자신감이 생기게 될 것이다.

진로탐색 #무엇을 더 볼까

관련매체 : https://www.facebook.com/ringokamoshirenai
관련도서 : 『이게 정말 마음일까?』 (요시타케 신스케, 주니어김영사)

진로토론 #무엇을 이야기해 볼까

1. 로봇으로 '가짜 나'를 만들어 내가 할 일을 시키는 것은 과연 옳은 것인가?
2. '나다운 것'이란 어떤 것을 말하는가?
3. 책에서 나온 나를 소개하는 다양한 방법 중에서 기발한 방법은 어떤 것인지 골라 그 이유를 말해 보자. 나를 소개하는 또 다른 방법도 찾아보자.
4. 주인공의 습관을 기계에 비유하여 표현한 것처럼 나는 어떤 기계인가?
5. 나에 대해 다양하게 생각하고 알아보면 어떤 좋은 점이 있을까?

진로활동 #무엇을 해 볼까

1. 8절 도화지 3~4장을 가로로 접어 책 모양을 만들고, 주인공처럼 나를 소개하는 '나 설명서'를 만들어 전시와 발표를 해 보자. (이름, 가족, 겉모습, 좋아하는 것, 싫어하는 것, 할 수 있는 일, 할 수 없는 일, 나의 흔적, 주변 사람들이 바라본 나, 되고 싶은 것, 나만 아는 비밀, 나만의 세계, 나의 나무 등)

10. 작은 벽돌 - 나를 찾는 위대한 여행

도서정보	조슈아 데이비드 스타인(정진호) / 그레이트북스 / 2018년 / 40쪽 / 13,000원	
진로정보	자기 이해	
교과정보	실과	자기 이해와 직업탐색

도서소개   #어떤 책일까?

　　달 밝은 밤, 작은 벽돌은 세상 속에서 자신이 자리 잡을 곳을 찾기 위해 모험을 떠난다. 첫 번째 모험지인 강둑과 사막에 지어진 성에는 싸움의 흔적이 가득했기에 벽돌은 발길을 돌린다. 벽돌은 싸우고 싶지 않았다. 그 뒤에 찾은 곳에서도 벽돌의 마음을 끄는 건축물은 없었다.

　　벽돌은 그 자리에 멈추어 자기 자신에게 집중한다. 한참을 고뇌하던 벽돌은 드디어 자신의 자리를 찾아간다. 그곳은 바로 넓고 아름다운 길의 귀퉁이. 작은 벽돌은 그 자리에 누워 다른 벽돌들이 자기의 자리를 찾아 여행할 수 있는 길이 되었다.

　　벽돌의 모험을 함께하며 내가 중요하게 생각하는 가치를 알고, 내가 하고 싶은 일이 다른 사람에게 좋은 영향을 줄 수 있는지 생각해 볼 수 있다.

진로탐색 #무엇을 더 볼까

관련매체 : 사회적기업 브라더스키퍼
　　　　　https://www.youtube.com/watch?v=QxoBFCVeliU

관련도서 : 『순례주택』 (유은실, 비룡소)

진로토론 #무엇을 이야기해 볼까

1. 작은 벽돌은 왜 길 위의 돌이 되길 선택했을까?
2. 벽돌이 선택하지 않은 것과 길은 어떤 차이가 있는가?
3. 나의 재능을 통해 다른 사람들에게 줄 수 있는 도움은 무엇이 있을까?
4. 내가 하고 싶은 일은 다른 사람에게 어떤 영향을 줄까?
5. 직업은 사회적 가치를 실현해야 한다. (찬반토론)

진로활동 #무엇을 해 볼까

1. 내가 관심 있는 분야의 직업을 선택하고, 그 직업을 통해 실현할 수 있는 사회적 가치를 찾아보자.
2. 사회적 가치를 실현하고 있는 기업(착한기업)을 조사해 발표해 보자.
3. 디자인씽킹을 통해 사회적 문제를 해결하기 위한 제품 혹은 서비스를 만들어 보자.

II. 진짜 내 소원

도서정보	이선미 / 글로연 / 2020년 / 46쪽 / 17,000원	
진로정보	자기 이해	
교과정보	도덕, 미술	나의 진짜 욕구 찾기

도서소개 #어떤 책일까?

　　호리병을 발견하고 아이가 호리병을 문지르자, 소원을 들어준다는 지니가 나타나 세 가지 소원을 말하라고 한다. 아이는 첫 번째 소원으로 공부를 잘하게 해달라고 했는데 뜻밖에도 엄마가 일등을 했다. 일등은 아이가 아닌 엄마의 소원이었기 때문이다. 두 번째 소원으로 돈을 많이 벌게 해달라고 하자, 이번에는 아빠가 새 차를 사게 된다. 그 또한 아이의 진짜 소원은 아니었다.

　　지니는 진짜 네 소원이 뭔지 잘 생각해 보라고 하지만 아이는 어떻게 하면 그걸 알 수 있는지 묻는다. 지니는 자신에 대해 잘 알아야만 진짜 소원을 알 수 있다고 조언하며 좋아하는 꽃, 색깔, 음악 또는 싫어하는 것 등을 묻고 생각해 보게 한다. 아이는 자신에 대해 알아보려면 오랜 시간이 필요하다며 세 번째 소원은 일 년 뒤에 말하겠다고 한다. 일 년 후 아이는 어떤 소원을 말할까?

진로탐색 #무엇을 더 볼까

관련매체 : 길로연 https://youtu.be/IP2XeMnsQGA?si=vqY6MYPhfH1RDfqf
관련도서 : 『내 진짜 진짜 소원은-2단계-』(노경실, 파란자전거)

진로토론 #무엇을 이야기해 볼까

1. 아이의 세 번째 소원은 무엇이었나? 그 소원은 이루어졌는가?
2. 주인공이 엄마, 아빠의 소원을 자신의 소원으로 말한 이유는 무엇일까?
3. 작가는 나에 대해 잘 알아야 내가 행복할 수 있겠다는 것을 깨달았지만 나를 알려고 보니 의외로 나 자신을 속이며 살아왔음을 알게 되었다고 한다. 이 말의 의미는 무엇인지 생각하고, 이에 대한 내 생각도 말해 보자.
4. 우리는 왜 다른 사람의 소원을 나의 소원인 것으로 생각하게 되는 걸까?

진로활동 #무엇을 해 볼까

1. 아이는 자신에 대해 알아보는 과정에서 진짜 소원을 100가지나 찾게 되었다. 여러분의 진짜 소원은 과연 어떤 것들인지, 또 얼마나 많은지 생각해 보고, 진짜 내 소원 목록을 적어 보자.
2. 나 자신을 속이지 않고 나의 진짜 소원을 찾아 살아가는 방법을 찾아 실천 다짐해 보자.

12. 초등 고학년을 위한 행복한 청소부

도서정보	모니카 페트(김경연 외) / 풀빛 / 2015년 / 64쪽 / 12,000원	
진로정보	자기 이해	
교과정보	도덕	긍정적 자아개념 형성

도서소개 #어떤 책일까?

　　독일에 거리 표지판을 닦는 청소부 아저씨가 있었다. 아저씨는 그 누구보다도 자기의 직업을 사랑했다. 하지만 어느 날, 한 아이의 말을 듣고 자기가 청소하는 이 거리에 대해 아무것도 모른다는 사실을 깨닫게 된다. 그 후, 아저씨는 자신이 청소하고 있는 거리의 작가와 음악가를 주제로 공부하게 되고 시간이 흘러 거리에서 강연할 경지에 이른다. 사람들은 아저씨의 강연을 듣기 위해 모였고 대학에서도 강의를 요청한다. 교수가 될 수도 있는 상황에서 아저씨는 현재의 일을 선택하며 제안을 거절한다.

　　아저씨의 선택이 안타까운가? 아저씨의 이야기를 함께 하며 행복한 일에 대해 생각해 보게 된다. 행복한 일의 기준이 내 안에 있는지, 아니면 누군가가 제시해 주는 것인지 고민해 보자.

진로탐색 #무엇을 더 볼까

관련매체 : 행복한 빵 아저씨
　　　　　 https://www.youtube.com/watch?v=27uXvPpqX50
관련도서 : 『직업을 파는 상점』 (조경희, M&Kids)

진로토론 #무엇을 이야기해 볼까

1. 청소부 아저씨가 행복한 이유는 무엇이라고 생각하는가?
2. 청소부 아저씨는 대학에서 교수직을 제의받는다. 내가 아저씨라면 어떤 선택을 할 것인가?
3. 사람들은 언제 불행하다고 느끼는가?
4. 아저씨는 교수가 되어야 한다.
5. SNS는 삶을 풍요롭게 한다. (찬반토론)

진로활동 #무엇을 해 볼까

1. 내 주변에서 행복하게 일하고 있는 사람을 찾아 인터뷰해 보자.
2. 내가 행복하게 일을 하기 위한 조건 10가지를 작성해 보자. (내적 조건/외적 조건)

초등학교 진로독서 가이드북

제2장
관계-적응

◈ 관계-적응 영역 소개 ◈

#인간은 사회적 동물

　인간은 사회적인 동물이기 때문에 혼자서는 살 수 없습니다. 사람들 사이의 관계와 집단에서의 적응은 삶에서 매우 중요합니다. 어린이들이 친구들과 좋은 관계를 형성하고 집단에서 잘 적응하면 더 많은 친구를 사귈 수 있고, 행복한 학교생활을 할 수 있듯이 사회생활에서도 마찬가지입니다.

　그러므로 진로 탐색을 하기 전에 자신부터 탐색하여 자신의 성향과 잠재력을 발견하고, 그것을 바탕으로 타인과 좋은 인간관계 맺기를 위해 필요한 상호 이해와 존중, 소통 능력을 향상하게 시킬 수 있도록 도와주어야 합니다. 나아가 협업하고 공동으로 활동하는 상황에서 필요한 협력과 소통 능력을 향상하게 시켜 사회의 적응력을 높여준다면 더 많은 성취와 행복한 삶을 누릴 수 있을 것입니다.

　따라서 초등학교의 진로 교육은 자신을 이해하고 타인과 좋은 관계 맺으며 집단에서 적응하기 위한 기초 역량과 소양을 갖출 수 있는 것으로부터 출발하여야 합니다.

#좋은 관계 맺기와 적응을 잘하려면 어떻게 해야 할까요?

　진로 탐색 이전에 자기 이해, 사람들과의 관계 형성, 그리고 집단에서의 적응 능력을 기르기 위해서는 다음과 같은 것들을 알아보아야 합니다.

　먼저, 자기 이해를 위하여 다양한 경험을 즐겨보세요. 다양한 활동과 관심사를 탐구해 보는 것은 자기 이해를 돕습니다. 또 자신이 잘하는 것과 흥미를 느끼는 것을 찾아보세요. 어떤 활동에서 재능을 발휘할 수 있는지, 어떤 주제에 관심이 있는지를 알아내는 것이 중요합니다. 이를 통해 자신의 강점을 발휘할 수 있는 진로를 선택할 수 있습니다.

　다음으로 좋은 관계 맺기를 위해 존중과 이해를 기반으로 대화해 보세요. 상대방의 의견에 귀를 기울이고, 서로를 이해하려는 노력을 보여 줄 때 좋은 관계를 형성할 수 있습니다.

　마지막으로 사회적 적응력을 향상하기 위해 다른 사람들과의 상호작용을 활발히 해 보세요. 적극적으로 다른 사람들과 소통하고 상호작용하는 것은 사회적 적응력을 향상하는 데 도움이 됩니다.

　관계 적응 분야의 진로 독서 활동은 어린이들이 나와 타인의 다름을 인정하고, 좋은 관계 맺음을 위해 필요한 소양과 사회 적응에 필요한 역량을 개발하는 데 많은 도움을 줄 것입니다.

#관계-적응력 영역은 다름 존중, 관계 맺기, 사회 적응 역량 높이기로 구성되어 있어요.

다름 존중	다양한 감정 알기, 감정 존중하기 알아보기, 다름 존중하기
관계 맺기	다양한 감정 알기, 감정 존중하기 알아보기, 다름 존중하기
사회 적응	대화 역량 강화, 감정조절, 갈등 해결, 자기성찰 능력 강화하기

◈ 관계-적응 도서 목록 ◈

순	영역	진로정보	교과정보	도서명	집필자	비고
1	관계-적응	관계	도덕	어느 날 구두에게 생긴 일	이명자	대표
2	관계-적응	자기계발	국어	파랗고 빨갛고 투명한 나	이명자	대표
3	관계-적응	감정존중	도덕	42가지 마음의 색깔	한상희	
4	관계-적응	생활습관	도덕	게으른 십대를 위한 작은 습관의 힘	김명주	
5	관계-적응	친구관계	국어	기소영의 친구들	김명주	
6	관계-적응	가족관계	도덕	나에게 없는 딱 세 가지	이명자	
7	관계-적응	대화역량	도덕/국어	대화 잘 하는 법	이명자	
8	관계-적응	자기성찰	도덕	마음에도 근육이 필요해	이명자	
9	관계-적응	감정/습관	도덕	미션! 친구관계를 정복하라	이명자	
10	관계-적응	관계맺기	도덕	미움받아도 괜찮아	양미현	
11	관계-적응	갈등해결	도덕	수상한 도서관	김은정	
12	관계-적응	감정조절	도덕	앵거 게임	문지영	
13	관계-적응	자기인식	도덕	열등감을 묻는 십대에게	김명주	
14	관계-적응	다름존중	도덕	우리들의 MBTI 2 : 친구 관계	이명자	
15	관계-적응	나와 관계	도덕	지금 너에게 필요한 말들	김명주	

I. 어느 날 구두에게 생긴 일

도서정보	황선미 / 비룡소 / 2014년 / 128쪽 / 12,000원	
진로정보	관계-적응	
교과정보	도덕	감정, 관계, 습관

도서소개 #어떤 책일까?

　　학급에서 모든 친구와 좋은 관계를 맺으며 생활하는 것은 쉽지 않다. 더군다나 다양한 성향들이 있는 친구들이 서로 부딪힐 때면 상대적으로 내성적인 친구들이 상처받게 된다. 이 책은 남들이 보면 절친이라고 느끼는 관계 속에서 힘의 우위에 눌려 소심하고 부끄러움이 많은 친구가 겪는 마음 폭력을 담고 있다. 이 책을 읽게 되면 피해자에서 가해자가 되어버린 주경이의 모습을 통해 남들 눈에는 잘 보이지 않는 사소해 보일지 모르는 작은 상처도 누군가에게는 마음의 커다란 응어리가 될 수 있다는 것을 깨달을 수 있다. 그리고 그것을 잘 치유하지 않으면 시간이 지나서도 상처 입은 어른으로 남을 수 있다는 메시지가 담겨있어 건강한 관계 형성을 위해 모두가 노력해야 한다는 것을 깨닫게 된다.

진로탐색 #무엇을 더 볼까

관련매체 : [SBS스페셜 요약] MBTI는 정말 과학일까?
　　　　　우리가 몰랐던 MBTI의 모든 것 | SBS 스페셜
관련도서 : 『아모스와 보리스』 (윌리엄 스타이그, 비룡소)

진로토론 #무엇을 이야기해 볼까

1. 내성적인 친구와 외형적인 친구들의 특성에 대하여 말해 보자.
2. 수줍음이 많고 부끄럼을 잘 타는 친구를 대하는 방법을 주제로 토론해 보자.
3. 학급에 절친이나 그룹을 형성하며 힘을 과시하는 친구들이 있다면 어떻게 대해야 할지 자기만의 노하우를 공개해 보자.
4. 혼자 마음을 잘 다스리기 힘들 때 찾아가고 싶은 사람이 있나요? 그 사람을 친구들 앞에서 자랑해 보자.

진로활동 #무엇을 해 볼까

1. MBTI 검사를 해 보고, 나의 성격적 특성을 정리해 보자.
2. 학급에서 자주 부딪히는 친구가 있다면 해결 방안이 무엇인지 정리해 보자.
3. 학급 친구들과 잘 지내기 위해 '해야 할 것과 하지 말아야 할 것'을 5가지씩 정리해 보자.

◈ 책 이야기 ◈

1. 내가 가장 아끼는 물건은 무엇인가요? 그 물건을 잃어버리면 어떤 기분이 들까?

2. 주경이는 어떤 계기로 혜수의 괴롭힘을 당하게 되었는가?

3. 혜수와 미진이는 학예회 팀에 명인을 끼워 주고, 뒤로는 주경이에게 명인이의 구두를 처리하라고 한다. 만약 내가 주경이라면 혜수의 말을 들었을까? 그 이유를 말해 보자. (찬반토론)

4. 주경이가 엄마에게 혜수와 미진이가 괴롭힌다는 사실을 전하지 않았다. 이에 대하여 어떻게 생각하는가? (찬반토론)

5. 명인이가 주경이에게 자기 구두를 버릴 때 마음이 어땠는지를 묻습니다. 그리고 "나처럼 너도 그랬니?"라고 묻는다. 그 뜻은 무엇일까? 그리고 그렇게 물었던 이유는 무엇이라고 생각하는가?

6. 주경이와 명인, 정아, 우경이는 학예회에서 멋진 공연을 한다. 그리고 주경이는 더 이상 혜수에게 신경을 쓰지 않는다. 혜수가 바뀐 것이 아니라 바로 주경이 자신이 바뀐 것이다. 여기에서 우리가 생각해 볼 문제는 무엇이라고 생각하는가?

◈ 질문하고 토론하고 ◈

※ 다음 영상을 감상한 후 이야기를 나눠 봅시다.

동영상 : [SBS 스페셜 요약] MBTI는 정말 과학일까?
우리가 몰랐던 MBTI의 모든 것

성격 검사:

〈동영상〉   〈성격검사〉

1. MBTI 검사를 해 보고, 나의 성격적 특성을 정리해 보자.

2. 나와 학급에서 자주 부딪히는 친구가 있다면 어떤 점에서 서로 다른지 MBTI 성격을 바탕으로 정리해 보자.

3. 사람마다 서로 다른 성격을 갖고 있다. 서로 다른 성격이 부딪힐 때 어떻게 해결하면 좋을까?

4. 서로 다른 성격들이 모여서 함께 생활하는 우리 학급에서 친구들과 잘 지내기 위해 '해야 할 것과 하지 말아야 할 것'을 5가지씩 정리해 보자.

◈ 진로 이야기 ◈

1. 이야기 속 주경이처럼 외톨이로 보이는 친구가 있는가? 그 친구를 위해 어떤 일을 해 주었는가? 어떻게 해 주는 것이 좋은지 자기 생각을 정리해 보자.

2. 이 이야기는 황선미 작가의 지인인 어떤 화가의 어릴 적 겪었던 아픈 기억을 바탕으로 썼다고 한다. 어렸을 적 아픔은 오랜 기억으로 남아 어른이 되어도 자신을 외롭게 하고 분노와 미움으로 남아 삶에 부정적인 영향을 미친다. 그래서 미투 운동처럼 어른이 되어서도 뒤늦게 학폭 신고가 이어지기도 한다. 이런 사실로 볼 때 우리가 살면서 하지 말아야 할 것들에는 어떤 것들이 있을지 생각해 보자.

3. 지금까지 성장하면서 아직도 기억만 해도 가슴이 벌렁거리고 화가 나는 일이 있는가? 더 상처가 깊어지기 전에 그 일을 해결하려면 어떻게 하는 것이 좋을까?

4. 어릴 적 안 좋은 기억은 트라우마가 되어 평생을 괴롭힌다. 친구들에게 상처를 주지 않기 위해 노력할 점에는 어떤 것들이 있는지 적어 보자. (말(언어, 비언어), 행동과 태도, 분위기 등등)

5. 친구란 무엇이다. 한 줄 정의를 해 보자. (친구란 ~~다. 왜냐하면 ~~~이기 때문이다.)

2. 파랑고 빨갛고 투명한 나

도서정보	황성혜 / 달그림 / 2019년 / 40쪽 / 18,000원	
진로정보	관계-적응	
교과정보	국어	자기 계발

도서소개 #어떤 책일까?

　　모든 사람은 살아가면서 희망을 품기도 하고, 열정을 갖고 최선을 다하기도 하고, 더러는 절망감에 빠지기도 한다. 작가는 인생을 거치면서 반드시 겪게 되는 순간순간을 색깔과 모양으로 이야기하고 있다. 지금 나는 어떤 모습일까? 빨간색일까? 파란색일까? 단일한 색깔로 설명되지 않는, 그저 파랗고 빨갛고 까맣고 투명한 색깔일까? 책을 읽으면서 자신의 꿈, 희망, 열정, 그리고 갈등, 상처를 들여다볼 수 있게 한다. 또한 나 자신에서 벗어나 누구에게나 아픔과 갈등과 희망이 있다는 것도 깨닫게 된다. 최종적으로 자신의 상상과 열정 즉 꿈을 생각해 보게 된다. 그 꿈을 위해 어떤 노력을 해 왔는지 그리고 앞으로 해야 하는지까지 연결하여 지도하기에 적절한 책이다.

진로탐색 #무엇을 더 볼까

관련매체 : 나이 들어서도 좋아하는 일을 모를 때, 시간 낭비하지 않고 하고 싶은 일
　　　　　찾는 법 (이헌주 연세대 연구교수)

관련도서 : 『딴 생각 중』(마리 도블레앙, 바람숲아이)

진로토론 #무엇을 이야기해 볼까

1. 내가 좋아하는 것을 찾아보자. 나의 지나간 시간을 기억해 보자. 나의 꿈이 무엇이었고, 내가 되고 싶었던 사람은 어떤 사람이었는가?

2. 내가 살아오면서 가장 빛났던 때는 언제였는가?

3. 자신이 좋아하는 것을 모르는 친구에게 좋아하는 것을 깨닫게 할 수 있는 질문 세 가지를 만들어 보고, 서로 질문해 보자.

4. 미래의 나를 상상해 보자. 3년 뒤에 나는 어떤 모습이 되고 싶은가요? 10년 뒤에 나는 어떤 사람이 되고 싶은지 친구들과 이야기해 보자.

진로활동 #무엇을 해 볼까

1. 주어진 마인드맵을 보고, 이야기를 만들어 보자.

2. 나의 꿈을 위해 현재 내가 학교생활이나 가정생활, 혹은 학원 생활 속에서 더 노력할 점은 무엇이고 그렇게 생각하는 이유를 정리해 보자.

◈ 책 이야기 ◈

I. 나는 어떤 아이라고 생각하는가?

예전의 나 (입학하기 전, 이 책을 읽기 전...)	지금의 나

2. '예전의 나'에서 '지금의 나'로 변하게 했던 가장 큰 일들은 무엇이 있었는지 생각해 보자

3. 나에게 온 파랑(희망, 목표, 꿈 등)에는 어떤 것들이 있었는가?

4. 내가 열정적으로 혹은 열심히 했던 것들(빨강)에는 어떤 것들이 있는가?

5. 내가 꿈꾸는 세상과 그 세상 속 나의 모습은 어떠한가?

6. 내가 지금까지 살면서 겪었던 까망(아픔, 좌절, 갈등)에는 어떤 것들이 있는가?

◈ 질문하고 토론하고 ◈

※ 다음 영상을 감상해 보자.

나이 들어서도 좋아하는 일을 모를 때, 시간 낭비하지 않고 하고 싶은 일 찾는 법

(이헌주 연세대 연구교수) https://youtu.be/Urcb50XpxWU?feature=shared

※ 내가 좋아하는 것을 찾아보자. 나의 지나간 시간을 기억해 보자.

I-I. 지금보다 어릴 적 나의 꿈이 무엇이었는가?

I-2. 내가 되고 싶었던 사람은 어떤 사람이었는가?

I-3. 지금까지 내가 살아오면서 가장 빛났던 때는 언제였는가?

※ 지금 나에게 질문해 보세요.

2-I. 내가 좋아하는 것을 찾기 위해 나에게 질문 3가지를 해 보자.

※ 미래의 나를 상상해 보자.

3-I. 3년 뒤에 나는 어떤 모습이 되고 싶은가?

3-2. 10년 뒤에 나는 어떤 사람이 되고 싶은가?

※ 위에 정리한 것을 바탕으로 생각해 볼 때 내가 좋아하는 것은 무엇이라고 생각하는가?
그 이유도 적어 보자.

◈ 진로 이야기 ◈

※ 다음은 이 책을 읽고, 자신의 꿈과 열정, 아픔, 상상을 찾아서 마인드맵으로 나타낸 것이다.

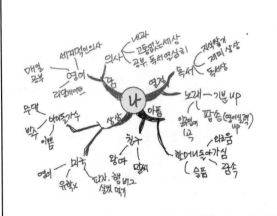

- 파랑 나 : 나에게는 꿈이 있어요. 영어를 잘하는 세계적인 의사가 되고 싶어요.
- 빨강 나 : 내가 열정적으로 좋아하는 것은 독서와 노래예요.
- 까망 나 : 나는 커다란 아픔 두 가지가 있어요. 하나는 학급 친구에게 왕따당했고, 다음으로는 나를 좋아해 주시던 할머니를 잃어버렸어요. 너무 마음이 아팠어요.
- 투명한 나 : 나는 시간이 날 때마다 아이돌 가수가 되는 상상을 하고, 미국으로 여행가는 상상을 해요.

1. 나에게 있는 파랑(꿈), 빨강(열정적으로 노력하는 것), 투명(상상), 까망(아픔) 에 대한 것을 떠올려 보자. 위와 같이 마인드맵으로 나타내 보자.

2. 나의 꿈을 위해 현재 내가 학교생활이나 가정생활, 혹은 학원 생활 속에서 더 노력할 점과 그 이유를 두 가지만 적어 보자.

3. 42가지 마음의 색깔

도서정보	크리스티나 누녜스 페레이라 외(남진희) / 레드스톤 / 2022년 / 92쪽 / 16,000원
진로정보	관계-적응
교과정보	도덕 자신의 감정을 소중히 여기며 존중하는 태도

도서소개 #어떤 책일까?

이 책은 많은 감정의 세계를 여행하며 감정을 표현하는 법을 배울 수 있다. 『포근함 → 사랑 → 미움 → 화 → 짜증 → 긴장 → 안심 → 차분함 → 행복 → 기쁨 → 슬픔 → 측은함 → 후회 → 뉘우침 → 부끄러움 → 불안 → 소심함 → 당황 → 두려움 → 놀람 → 역겨움 → 반감 → 너그러움 → 몰이해 → 외로움 → 고독 → 그리움 → 우울함 → 따분함 → 희망 → 열정 → 신남 → 포기 → 실망 → 좌절 → 감탄 → 샘 → 바람 → 만족 → 자랑 → 즐거움 → 감사』순서로 42가지 감정이 꼬리에 꼬리를 무는 방식으로 설명하는 책이다.

삽화와 그림으로 감정을 표현하고, 우리 일상에서 그 감정이 어떻게 생겨나고 표현되는지 자세히 설명하는 감정 가이드북이다.

진로탐색 #무엇을 더 볼까

관련매체 : 42가지 마음의 색깔 오디오북
        https://www.youtube.com/@bedtimejulia1758
관련도서 : 『아몬드』(손원평, 다즐링)

진로토론 #무엇을 이야기해 볼까

1. 모든 감정 중에서 가장 강한 건 '사랑'이라는 감정이라고 한다. 내가 '사랑' 감정을 느낄 때는 언제인가?
2. 감정은 느끼는 것만큼이나 표현하는 것이 중요하다. '사랑' 감정을 느꼈을 때 어떻게 표현할 수 있을까?
3. 위 도서에서 설명하는 42가지 감정 중에서 지금 내가 느끼는 감정을 설명해 보자.

진로활동 #무엇을 해 볼까

1. 위 도서에서 설명한 42가지 감정을 나만의 기준으로 분류해 보자.
2. 관련도서 『아몬드』의 주인공은 감정 표현 불능증인 알렉시티미아를 앓고 있다. 감정 표현 불능증을 앓고 있는 주인공의 표정은 어떠할지 상상해서 그림으로 표현해 보자.

4. 게으른 십대를 위한 작은 습관의 힘

도서정보	장근영 / 메이트북스 / 2021년 / 264쪽 / 15,000원	
진로정보	관계-적응	
교과정보	도덕	기초·기본 생활 습관

도서소개 #어떤 책일까?

이 책에서 '습관'은 '냄새'와도 비슷하다고 말한다. 아무리 좋은 옷을 입고 외모를 정돈해도, 무의식중에 튀어나온 몇 마디의 단어가 그 모든 노력을 압도해 버릴 수 있기 때문이다.

우리가 매일 내리는 사소한 선택들이 습관을 만들고, 그 습관은 다시 우리를 만들기 때문에 십대들이 '습관의 힘'을 명확히 인식하는 것이 중요함을 강조하고 있다.

'습관의 힘'을 인식한 이후에는 습관을 만들기 위한 행동의 '단위'가 중요하므로 아주 작은 행동 단위부터 시작하여 관성의 법칙을 따르는 습관의 힘을 키워가라고 누구나 일상에서 실천 가능한 방법을 제시한다.

진로탐색 #무엇을 더 볼까

관련매체 : 사피엔스 스튜디오 [심리읽어드립니다 EP.02] | 김경일 교수
　　　　　https://www.youtube.com/watch?v=TAiSBdjwWus
관련도서 : 『나는 왜 꾸물거릴까?』 (이동귀, 21세기북스)
　　　　　『마음챙김의 시』 (류시화, 수오서재)

진로토론 #무엇을 이야기해 볼까

1. 삶의 질을 높이기 위한 좋은 습관에는 어떤 것들이 있을까?
2. 나쁜 습관과의 전쟁, 어떻게 하면 이길 수 있을까?
3. 만약, 무기력증에 빠졌다면 어떻게 극복할까?
4. 모든 부탁을 다 들어줄 수는 없다. 들어줘야 할 부탁과 거절해야 하는
   부탁은 어떤 기준으로 구분할 수 있을까?

진로활동 #무엇을 해 볼까

1. 나와 주변 사람들을 위해 진심이 담긴 격려해 보자.
2. 일상생활에서 꼭 필요한 좋은 습관 5가지를 정하고 매일 실천해 보자.
3. 꿈이 비슷하거나 같은 친구와 함께 꿈을 이루기 위한 습관을 정하고, 함께 습관
   지키기를 실천해 보자.

5. 기소영의 친구들

도서정보	정은주 / 사계절 / 2022년 / 152쪽 / 12,000원	
진로정보	관계-적응	
교과정보	국어	친구 관계

도서소개 **#어떤 책일까?**

　세상이 불공평한 가운데 공평한 것은 부자나 가난한 자나 한번은 '죽음'을 만난다는 사실이다. 이 책은 삶과 죽음이 결코 분리될 수 없다는 심오한 주제가 숨겨져 있으면서도 아이들의 눈높이에 잘 맞게 이야기를 펼쳐놓았다.

　처음에는 책 제목에서부터 특이한 성씨를 가진 '기소영'에 독자들의 이목이 집중된다. 하지만 책을 읽고 마지막 책장을 덮은 후, 표지의 그림과 제목을 보면 비로소 '친구들'이 보인다. 삶과 죽음의 공존과 '지금, 여기'의 중요성을 깨닫게 되는 순간이 오는 것이다.

　작가는 '세월호 사건' 이후 남겨진 사람들의 트라우마에 관한 다큐멘터리를 보고, 섣불리 도전하지 못했던 '어릴 때 친구의 죽음'이라는 주제를 이렇게 자연스럽고 편안하면서도 깊이 또한 담은 좋은 작품을 세상에 내놓았다.

진로탐색 #무엇을 더 볼까

관련매체 : 세월호 '마지막 생존자'가 말하는 내가 살아남은 이유
　　　　　BBC News 코리아
　　　　　https://www.youtube.com/watch?v=54YqI1zhrdU&t=30s

진로토론 #무엇을 이야기해 볼까

1. 이 책에서 가장 공감이 되는 문장은 무엇이며 왜 그렇게 생각하는가?
2. 만약, 나의 소중한 친구가 갑자기 사고로 죽는다면 어떤 마음이 들까?
3. 나와 다른 사람의 건강한 관계를 위해 어떤 노력이 필요할까?
4. 사고로 목숨을 잃은 사람이 곁에 있다면, 남겨진 사람들의 아픔은 어떻게
　　치유되어야 할까?

진로활동 #무엇을 해 볼까

1. 오늘 하루를 살면서 감사한 일, 후회되는 일을 일기로 써 보자.
2. 친구를 위해 내가 할 수 있는 도움을 생각한 후, 일상에서 실천해 보자.
3. 온라인 소통을 줄이고, 친구들과 만나서 소통하는 경험을 늘리자.

6. 나에게 없는 딱 세 가지

도서정보	황선미 외 / 위즈덤하우스/ 2020년 / 144쪽 / 12,000원	
진로정보	관계-적응	
교과정보	도덕	가족, 우애

도서소개 **#어떤 책일까?**

　　사회적 동물인 사람이 살아가는 데 가장 중요한 인간관계, 그 안에서 벌어지는 오해와 갈등, 좋은 관계 맺는 법 등은 문화와 세대를 불문하고 모두가 고민하는 주제이다. 이 책에서는 그중에서도 어린이들이 가장 밀접하게 관계를 맺고, 영향을 주고받는 가족 사이의 갈등과 화해, 성장의 이야기를 담고 있다. 형제자매란 서로에게 어떤 존재일까? 함께 놀 수 있고, 비밀을 나눌 수도 있고, 부모님이 없을 때는 서로 의지할 수도 있다. 하지만 무엇이든 함께하고 나눠야 하는 사이이다 보니, 갈등과 다툼도 존재한다. 어쨌든 형제자매는 부모와 친구와는 또 다른 매우 특별한 관계이다. 이 책에서는 쌍둥이 남매 미주와 태주가 가족 사이에서 비교당하고 시샘하기도 하지만 때로는 서로 안쓰러워하는 모습을 통해 형제자매 관계에 대해 깊이 성찰해 보게 한다.

진로탐색 #무엇을 더 볼까

관련매체 : 심리학자가 말하는 형제 순서별 성격 분석 (첫째, 둘째, 막내, 외동)
　　　　　 +성격 바꾸는 방법/ https://youtu.be/vLNoeBmtEiA?feature=shared
관련도서 : 『형제자매는 한 팀』 (니콜라 슈미트, 지식너머)

진로토론 #무엇을 이야기해 볼까

1. 형제나 자매보다 내가 가치가 없다고 생각한 적이 있는가? 언제 어떤 일에서 그런 생각을 했는지 친구들과 공유해 보자.
2. 내가 형제자매보다 특별하게 나은 점이 있다면 자랑해 보자.
3. 나에게 형제자매가 있어서 정말 좋을 때는 언제인지 말해 보자.
4. 가족에서 비교당하여 속상했던 점, 혹은 비교당하여 좋았던 점을 말해 보자.
5. 형제자매가 없고 혼자라면 좋은 점 5가지 안 좋은 점 3가지를 말해 보자.

진로활동 #무엇을 해 볼까

1. 우리 가족 각자에게 '없는 세 가지'를 마인드맵으로 나타내 보자.
2. '나에게 없는 딱 세 가지'를 각각 하나의 문단으로 총 3문단의 소개하는 글을 써 보자.
3. 우리 가족 각자가 갖고 있는 꼭 중요한 세 가지는 무엇인지 정리해 보자.

7. 대화 잘하는 법

도서정보	공창형대화학습연구소(서수지)/ 뜨인돌어린이 / 2020년 / 120쪽 / 13,000원	
진로정보	관계-적응	
교과정보	도덕, 국어	사회성, 말하는 방법

도서소개 #어떤 책일까?

　　인간관계는 대화를 통해 이루어진다. 자기 생각을 분명하게 말하는 것도 중요하지만, 상대방의 말을 정확하게 듣고 이해하는 것도 매우 중요한 역량이다. 건강한 인간관계를 유지하기 위해서는 소통하는 힘이 필요하다. 이 책은 대화 역량을 높이기 위한 실제 연습을 담고 있다. 대화하는 데 필요한 자신감을 북돋아 주는 연습, 잘 말하기에 앞서 잘 듣는 사람이 되기 위한 연습, 용기 내어 목소리를 내고, 생각을 정리하여 효과적으로 생각을 전달하기 위한 연습 등이 있다. 더 나아가 마지막 부분에서는 앞에서 배운 내용을 토대로 다양한 상황에서 어떻게 대화해야 미션이 수록되어 있어 어린이들의 대화 역량을 개발하는데 실제적인 도움을 받을 수 있는 책이다.

진로탐색 #무엇을 더 볼까

관련매체 : "나는 왜 말을 못 할까...ㅜㅜ" 이 영상을 보면 당신은 말을 잘하게
　　　　　됩니다 | 인생고민, 조언, 말 잘하는 법 | ep.1
관련도서 : 『오늘부터 나는 말 잘하는 어린이』 (신유아, 창비)

진로토론 #무엇을 이야기해 볼까

1. 자신의 장점 10가지를 스스로 찾아서 발표해 보자.
2. 친구나 혹은 가족과 대화가 되지 않는다고 느낄 때 그 이유는 무엇이라고 생각하는가? 각자의 생각을 나누어 보자.
3. 다른 사람의 이야기에 충분히 귀를 기울여 듣기 위해 노력할 점에는 무엇이 있는지 친구들과 이야기해 보자.
4. 더 좋은 대화를 위해 말하는 사람과 듣는 사람 입장에서 노력할 점을 생각해 보고 공유해 보자.

진로활동 #무엇을 해 볼까

1. 사람들 앞에서 용기 있게 발표하기 위한 나만의 노하우를 만들어 보자.
2. 친구들은 재미있는 친구를 좋아한다. 유머 있는 어린이가 되기 위한 나만의 노하우를 만들어 보자.

8. 마음에도 근육이 필요해

도서정보	마음 꽃을 피우는 사람들 / 고래이야기 / 2021년 / 140쪽 / 13,500원	
진로정보	관계-적응	
교과정보	도덕	자기성찰, 감정조절

도서소개 #어떤 책일까?

걱정이 없는 사람은 아무도 없다. 어른은 어른대로 아이는 아이대로 나름의 걱정을 가지고 살아간다. 그 걱정 중에는 일어나지도 않는 걱정이 대부분이다. 걱정은 감정을 동반한다. 괜한 걱정으로 화를 내거나 짜증을 내고 그것을 어떻게 조절하지 못해 폭력적으로 되거나 반대로 소심해지기도 한다. 이 책은 어린이 월간지 『마음꽃』에 실린 고민 상담 꼭지를 모으고 새롭게 다듬어 낸 책이다. 전국 각지의 초등학생들이 직접 보내온 고민에 글쓴이인 '마음꽃을 피우는 사람들'이 머리를 맞대어 도움을 준 상담 모음집으로 어른의 시선에서 아이들의 어려움을 이해해 주는 내용이 아니라, 아이들의 언어로 고민을 마주하며 모색한 해결책을 담겨있어, 더욱 생생하고 직접적인 도움을 받을 수 있다.

진로탐색 #무엇을 더 볼까

관련매체 : 마음에 새겨야할 감정을 다스리는 지혜7가지
          (감정다스리기 생각훈련으로 감정의 노예가 되지말자)

관련도서 : 『미움받아도 괜찮아』 (황재연, 인푸루엔셀)

진로토론 #무엇을 이야기해 볼까

1. 내 마음을 들여다보자.
  ① 지금 무엇을 걱정하고 있는가? 그 걱정으로 인하여 마음 상태는 어떠한가?
  ② 그 일은 일어날 일인가? 일어날 것으로 생각한다면 그 이유는 무엇인가?
  ③ 만약 일어나지 않는 일이라면 어떻게 해야 할까? 색종이에 마음을 한 가지씩
     적고 필요 없다고 생각한다면 구겨서 쓰레기통에 버려보자.
2. 내 생각 중에서 특히 마음에 드는 생각과 버리고 싶은 생각을 구분해 보고, 각각
   세 가지씩 정리한 후 공유해 보자.

진로활동 #무엇을 해 볼까

1. 하기 싫지만, 꼭 해야 할 일을 뒤로 미루지 않는 나를 만들기 위해 나에게 할
   강력한 질문 3가지를 만들어 보자.
2. 내 마음 사용 설명서를 만들어 보자.

9. 미션! 친구관계를 정복하라

도서정보	길벗 편집부(오현숙) / 길벗 / 2022년 / 196쪽 / 12,600원	
진로정보	관계-적응	
교과정보	도덕	감정, 관계, 습관

도서소개   #어떤 책일까?

　　누구나 친구와 잘 지내기를 원한다. 그러나 생각보다 잘 지내는 것은 쉽지 않다. 이 책은 제목처럼 친구 관계를 정복하기 위한 '친구와 사이좋게 지내는 방법'을 알려준다. 인간 관계는 결국 감정에 의해 좌우된다. 이 책은 나와 타인의 관계에서 감정이 어떤 방식으로 움직이는지, 내가 느끼는 감정을 다른 사람에게 어떻게 표현해야 하는지 등장인물을 통해 보여준다. 특히 초등 고학년에서 겪을 만한 재미있는 에피소드로 누구나 내 이야기가 아닌가하고 공감하게 되며, 만화 속 등장인물들의 대화를 통해 미묘한 감정들을 파악하게 된다. 아무리 상대를 배려하고 상대에게 맞춰도 어긋날 때가 있는데, 이 책은 그 원인을 '자신의 기분이나 감정을 소홀히 하기 때문'이라고 말한다. 그러면서 친구와 잘 지내는 첫 단계로 '다른 사람을 배려하기 전에 자신의 기분이나 감정을 깨달으라.'고 말하고 있다. 관계의 첫 단추는 자신의 감정을 알아채고, 잘 관리하는 것임을 강조하고 있다.

진로탐색 #무엇을 더 볼까

관련매체 : https://youtu.be/SrFGLSsRcSo?feature=shared

관련도서 : 『미션, 자신감을 정복하라』 (오현숙, 길벗)

진로토론 #무엇을 이야기해 볼까

1. 나는 내 마음을 알고 있는가? 다양한 내 기분은 어떻게 감지하는지 친구들과 이야기해 보자.
2. 나는 나 자신과 잘 지내고 있다고 생각하는지 그렇다면 그 이유는 무엇인지 친구들 앞에서 발표해 보자.
3. 친구와 내가 비슷해서 좋았던 점이나, 불편해서 싫었던 점에 관해 이야기해 보자.
4. 친구의 기분과 내 기분이 서로 부딪힌다면 어떻게 해결해야 할까?
5. 나 자신과 사이좋게, 모두와 사이좋게 지내기 위해 노력할 점은 무엇일까?

진로활동 #무엇을 해 볼까

1. 새 학년이 되어 학교에 잘 적응하기 위한 나만의 10계명을 만들어 보자.
2. 내 마음의 감정 카드를 일주일간 이모티콘으로 만들어 정리해 보자. 무엇을 느꼈는가?
3. 친구와 사이좋게 그리고 새 학년에 적응을 잘하기 위한 나만의 노하우를 5가지만 만들어 공개해 보자.

10. 미움받아도 괜찮아

도서정보	황재연 / 인플루엔션 / 2017년 / 166쪽 / 11,700원	
진로정보	관계-적응	
교과정보	도덕	올바른 관계 맺기

도서소개　#어떤 책일까?

　　심리학을 연구한 아들러의 《미움받을 용기》라는 책을 바탕으로 어린이들이 쉽게 이해할 수 있도록 대화 형식으로 구성한 책이다. 우리는 가족과 친구, 다른 사람들로부터 미움받지 않으려고 노력한다. 모두로부터 미움을 받지 않도록 살아야 할까? 어린이들이 생활 속에서 겪는 문제를 다루며 할아버지와 손녀의 대화 속에서 스스로 해결점을 찾아가도록 한다. 미움을 받지 않으려는 노력은 나를 다른 사람에게 맞추려고 노력하게 된다. 미움받는 마음을 대하는 것과 자존감은 어떤 관계일까?

　　각 장이 끝나는 부분에서 <아들러의 서재에서 더 생각하기>로 앞 내용을 다시 생각하고 심화하도록 하였다. 다양한 문제들을 깊이 생각하면서 세상에 하나뿐인 소중한 자기 모습을 있는 그대로 받아들이는 용기를 갖고 당당하게 나를 표현하려면 어떻게 해야 하는지 해답을 찾아볼 수 있다.

진로탐색　#무엇을 더 볼까

관련매체 : https://www.youtube.com/watch?v=mycZ1HFo1U0

관련도서 : 『마음의 힘을 키우는 어린이 자존감』 (신소희, 책읽는달)

진로토론　#무엇을 이야기해 볼까

1. 내가 다른 사람보다 못하거나 못났다고 생각하는 점이 있다면 무엇인가?
2. 나의 잘하는 점이나 장점을 더 발전시키는 것보다 못하는 점이나 나쁘거나 단점을 고치고 보완해야 한다. (찬반토론)
3. 내가 대단하다고 생각한 적이 있다면 언제 어떤 일인가? 어떤 점이 대단하다는 생각이 들었을까?
4. 칭찬을 많이 받고 자신에 대해 기대가 많아지면 왜 진정한 '나'가 되기 어려운지 생각해 보고 친구들과 토론해 보자.

진로활동　#무엇을 해 볼까

1. 남보다 열등한 점을 이겨낸 다른 사람(위인, 연예인, 뉴스)의 사례를 3가지 검색해 보자.
2. 나는 다른 사람보다 열등하다고 생각하는 것이 있다면 어떻게 해결하고 있는가?
3. 내가 남보다 열등하다고 생각한 점이 오히려 장점이 되는 경우를 적어 보자.

II. 수상한 도서관

도서정보	박현숙 / 북멘토 / 2019년 / 220쪽 / 13,000원	
진로정보	관계-적응	
교과정보	도덕	갈등 해결, 소통

도서소개 **#어떤 책일까?**

　이 책은 친구 관계에서 흔히 일어날 수 있는 갈등 상황을 잘 보여 주는 책이다. 이야기는 주인공 여진이가 도서관에서 수상한 책을 발견하면서 시작된다. 책 속에 있던 일기에는 친구 관계에서 갈등을 겪으며 속상했던 마음이 고스란히 기록되어 있었다. 여진이와 친구들도 서로 간에 갈등이 있었고, 슬기롭게 해결한 경험이 있다. 자신들의 경험을 말해 주고 싶었던 아이들은 사서 선생님의 도움을 받아, 사람 책이 되어 일기장의 주인에게 대출되도록 작전을 짠다. 친구 사이에 갈등이 생겼을 때 어떻게 해야 현명하게 풀 수 있을지 어린이들의 시각에서 다양한 해결 방법을 제시해 주는 책이다.

진로탐색 #무엇을 더 볼까

관련매체 : 세바시 청소년 2기 - 당신은 누군가의 진짜 친구입니까?
　　　　　https://www.youtube.com/watch?v=DPNrq_vvs5Q
관련도서 : 『칠판에 딱 붙은 아이들』(최은옥, 비룡소)

진로토론 #무엇을 이야기해 볼까

1. 친구들은 왜 일기장의 주인을 수지라고 생각했을까? 친구들과 비슷한 경험이 있다면 말해 보자.
2. 소영이는 도서관 책을 훼손했다. 이렇게 하지 않고 문제를 해결할 수 있는 다른 방법은 무엇이 있을지 토의해 보자.
3. 내가 사람 책이 된다면 무엇을 말해 주고 싶은가?
4. 초등학생들이 흥미를 느낄 만한 사람 책 내용은 어떤 것이 있을까?

진로활동 #무엇을 해 볼까

1. 여러분은 좋은 친구는 어떤 친구라고 생각하는가?
2. 친구 관계에 도움이 되는 방법들을 함께 나누고 책을 만들어 보자.
3. 수지와 소영이가 어떻게 되었을지 뒷이야기를 적어 보자.

12. 앵거 게임

도서정보	조시온 / 씨드북 / 2020년 / 56쪽 / 13,000원	
진로정보	관계-적응	
교과정보	도덕	감정조절과 갈등 해결

도서소개　#어떤 책일까?

　　동생이 내 휴대폰을 바닥에 떨어뜨려 액정이 깨졌다면 동생에게 어떻게 말하겠는가? 휴대폰 액정을 수리해 오니 '앵거 게임'이라는 앱이 새로 설치되었고 호기심에 앱을 실행한다. 거실에서 동생이 내 슈퍼미니카를 갖고 놀다 고장이 나자, 핸드폰 화면에 화를 내며 공격하겠느냐는 알림창이 뜨고 '네'를 누르니 뾰족한 말이 요란한 소리를 내며 동생에게 날아간다. 동생이 울음을 터뜨리자 샘통이라며 웃었지만 곧바로 엄마에게 혼이 나고 알림창의 '네'를 누르니 뾰족한 말이 나온다. 친구 세윤이의 놀림에도 똑같이 했는데 갑자기 에너지 부족과 휴대폰 사용을 못 한다는 경고창이 뜬다. 겨우 '아니오'를 눌렀더니 천천히 숨을 내쉬라는 안내와 상대에게 어떻게 말해야 하는지를 알려주어 그대로 따라 했더니 에너지를 얻게 되고 뜻밖의 멋진 결과도 얻게 된다. 화를 부정적으로만 보지 않고 나에게 소중한 것을 찾게 도와주는 특별한 감정임을 알려주는 책이다.

진로탐색　#무엇을 더 볼까

관련매체 : 비폭력대화송 https://youtu.be/lvZO4q_vF6U?si=BGPzVdPfHMhz15Gw

관련도서 : 『화가 날 땐 어떡하지?』 (코넬리아 스펠만, 보물창고)

진로토론　#무엇을 이야기해 볼까

1. 화가 났을 때 심호흡하며 감정을 조절하면 좋은 점은 무엇일까?
2. 상대방이 나의 소중한 것을 건드려서 화가 났다는 말은 어떤 의미일까? 여기서 나의 소중한 것이란 무엇일까?
3. 화의 폭발적인 에너지를 당신의 에너지로 저장하여 소중한 것을 지켜야 할 때 강력한 힘을 준다는 말의 의미는 무엇일까?
4. 최근 화가 났던 경험을 떠올려 보고 어떤 욕구를 채우고 싶었는지 찾아 나의 욕구와 바람을 말로 표현해 보자.

진로활동　#무엇을 해 볼까

1. 그림책 내용처럼 화가 난 감정을 조절하기 위해 1분 심호흡을 해보자.
2. 앵거 게임의 안내대로 세윤이에게 자신의 마음을 표현한 방법을 비폭력 대화(나-전달법)라 하는데 서해가 한 말을 공책에 따라 적어 보고, 같은 방법으로 사실-감정-욕구-부탁을 말해 보자.

13. 열등감을 묻는 십대에게

도서정보	박진영 외 I / 서해문집 / 2022년 / 224쪽 / 14,000원	
진로정보	관계-적응	
교과정보	도덕	자기 인식

도서소개 #어떤 책일까?

다른 사람과 나를 비교하는 것은 함께 더불어 살아가는 세상에서 어쩌면 당연하고 자연스러운 일이다. 하지만 습관적으로 남과 나를 비교하고, 나보다 잘난 사람을 보면 열등감을 느끼고, 나보다 못한 사람을 보면 우월감을 느끼는 것은 정말 나쁜 습관이다.

왜냐하면, 인간과 다른 동물의 차이는 고도로 발달한 자아, 자기 인식 능력의 차이에 있기 때문이다. 자기 자신을 바르게 인식하면 다른 사람도 바르게 인식할 확률이 높다.

자기 자신에 대한 바른 인식은 세상 사람들의 까다로운 요구를 모두 만족시킬 수 있는 사람은 존재하지 않음을 연속해서 깨닫게 한다고 저자는 말한다. 이 책을 읽고 나면 생각보다 가까이 있는 행복을 자주 느낄 수 있을 것이다.

진로탐색 #무엇을 더 볼까

관련매체 : [세바시 청소년] 청소년을 변화시키는 가장 좋은 방
https://www.youtube.com/watch?v=6e6HkKgfdIE

관련도서 : 『뭐가 되고 싶냐는 어른들의 질문에 대답하는 법』
(알랭 드 보통, 미래엔아이세움)

진로토론 #무엇을 이야기해 볼까

1. 열등감과 우월감은 살아가는 데 어떤 영향을 끼칠까?
2. 뒤처지지 않고 특별해야 다른 사람들의 인정을 받을 수 있을까?
3. 다른 사람을 시기하지 않고 살 수 있을까? 그리고 방법은 무엇일까?
4. 열등감의 기저에는 어떤 다른 감정들이 깔려 있을까?
5. 내 꿈을 정하고 이루는 데 있어서 열등감은 어떤 역할을 할 수 있을까?

진로활동 #무엇을 해 볼까

1. 애니어그램이나 MBTI 검사를 통해 내가 어떤 사람인지 알아보자.
2. 나와 친구들의 장점을 10가지 이상씩 써 보자.
3. 내가 가장 크게 열등감을 느끼는 부분을 파악하여 극복하려고 노력하자.

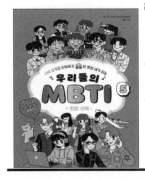

14. 우리들의 MBTI 2 : 친구 관계

도서정보	조수연 / 다산어린이 / 2022년 / 156쪽 / 15,000원	
진로정보	관계-적응	
교과정보	도덕	다름, 존중, 우정, 진로

도서소개 #어떤 책일까?

사람의 성격은 서로 생김새가 다르듯이 각양각색이다. 생활 속에서 서로 다름만 인정해 주어도 훨씬 건강한 관계를 유지할 수 있다. 이 책은 MBTI 성격 유형별 특징과 친구 관계 고민을 어린이들이 공감하는 일상 만화로 풀어낸 책이다. 상대방을 이해하는 것에는 한계가 있다. 이해보다 다름을 인정해 준다면 훨씬 좋은 관계를 유지할 수 있음을 초등학교부터 체득하게 된다면 다름의 전제하에서 이해의 폭도 넓어질 수 있다.

이 책을 통해 자신의 성격과 친구의 성격이 서로 다르고, 그로 인하여 일어나는 일들이 각자 입장에는 당연함을 깨닫게 된다. 또한 친구 관계에서 흔히 겪게 되는 고민을 심리 선생님의 답변을 통해 친구의 입장을 다시 헤아려 볼 수 있게 된다.

진로탐색 #무엇을 더 볼까

관련매체 : 동영상 다르면 안되나요? (다름을 이해하는 어린이)

관련도서 : 『우리들의 MBTI 2 : 친구 관계』 (조수연, 다산어린이)

진로토론 #무엇을 이야기해 볼까

1. 나의 MBTI 성격 유형의 특징에 대하여 발표해 보자.

2. 나와 반대되는 성격 유형을 정리해 보자. 그 친구와 좋은 관계를 유지하기 위해 노력할 점을 이야기해 보자.

3. 서로 다른 성격끼리 모일 때 일어날 수 있는 좋은 점을 토론해 보자.

4. 무지개가 만약 한 가지 색이라면 사람들은 예쁘다고 생각할까? 그렇게 생각하는 이유를 말해 보자.

진로활동 #무엇을 해 볼까

1. 내 성격의 장점을 찾아 정리해 보고, 장점을 더 잘 계발시킬 방법 5가지를 정리하여 발표해 보자.

2. 내 성격에 어울리는 직업군들을 찾아 정리하고, 그중에서 가장 마음에 드는 직업에 대하여 탐색한 후 정리해 보자.

15. 지금 너에게 필요한 말들

도서정보	정동완 외 4 / 미디어숲 / 2021년 / 208쪽 / 14,800원	
진로정보	관계-적응	
교과정보	도덕	진로 설계

도서소개 #어떤 책일까?

이 책은 '인생은 해결해야 할 문제가 아니라 경험해야 할 현실이다.'라는 쇠렌 키에르케고르의 명언으로 시작한다. 이어서 알베르트 아인슈타인과 벤 스타인의 명언, '가장 현명한 사람은 자신만의 방향을 따른다.'라는 에우리피데스의 명언 징검다리를 건너 본격적인 책의 첫 장으로 입장할 수 있다.

5명의 현직 진로상담 교사들이 꿈이 없어서 방황하며 삶을 살아내기가 참으로 막막한 10대들에게 건네는 위로와 공감, 용기를 북돋아 주는 책이다.

우리는 모두 단 한 번뿐인 인생을 살아가고 있다며 비단 어떻게 무엇을 위해 살아야 할지 모르는 것은 너희 혼자만의 고민이 아니라고 저자들은 한결같이 독자들을 격려한다. 더불어 자신의 인생을 조금 더 사랑하기를 응원한다.

'꿈을 추구할 용기만 있다면 우리들의 모든 꿈이 실현될 수 있다.'라는 월트 디즈니의 명언을 끝으로 책의 마지막 장을 닫는다.

진로탐색 #무엇을 더 볼까

관련매체 : [세바시] 원하는 대로 살고 싶다면 '박스'를 탈출하라 - 타일러 라쉬
관련도서 : 『나에게 나다움을 주기로 했다』 (고정욱, 리듬문고)

진로토론 #무엇을 이야기해 볼까

1. 지금의 삶과 나를 사랑하기 위해 어떤 노력을 할 수 있을까?
2. 꿈이 있을 때와 없을 때의 삶은 무엇이 다르다고 생각하는가?
3. 다른 사람의 시선이나 세상의 유행에 따라 내 꿈이 결정되어도 될까?
4. 누가 가장 나를 잘 알고 응원해 줄 수 있을까?
5. 인생 독설을 하는 사람들에게 어떻게 지혜롭게 대응할까?

진로활동 #무엇을 해 볼까

1. 인생 곡선 그래프를 그려보고 느낀 점을 기록하거나 말해 보자.
2. 오직 단 한 편뿐인 내 인생이 어떠한 환경에서도 나 자신을 잃지 않도록 좌우명을 정하고, 굿즈를 만들어 보자.
3. 어떠한 어려운 순간에도 포기할 수 없는 내가 좋아하는 일을 찾아보자.

초등학교 진로독서 가이드북

제3장

교육

◈ 교육 영역 소개 ◈

#교사는 어떤 일을 하나요?

교사는 우리가 흔히 '선생님'이라고 부르기도 하는 직업으로, 유치원과 초등학교, 중학교, 고등학교, 특수학교 등에서 학생들을 가르치는 선생님을 말합니다. 우리는 선생님들로부터 많은 것을 배웁니다. 국어, 수학, 음악, 미술과 같은 교과 지식과 기능도 배우지만 친구들과 어울려 함께 살아가는 법도 배우고 어려운 일이 있을 때 포기하지 않고 꾸준히 노력하기 위한 격려와 응원도 배웁니다. 선생님의 따뜻한 말과 가르침은 학생들에게 매우 큰 영향을 끼칩니다. 학생들이 집에 있는 시간만큼이나 아니 어쩌면 그보다 더 많은 시간을 학교에서 보내게 되므로 선생님을 학교의 엄마, 아빠라고 하기도 합니다. 그만큼 학생들에게는 선생님의 역할이 매우 중요하다는 것이죠.

#교사가 되고 싶은 이유는 무엇인가요?

교사가 되기 위해서는 대학에서 일정 기간 공부를 통해 자격증을 얻은 후 시험에 합격해야 합니다. 그런데 이보다 더 중요한 것은 아이들을 사랑하는 마음과 참된 배움을 가르쳐주겠다는 사명감일 것입니다. 교사에 관심을 가진 학생들은 가르치고 배우는 것을 소중하게 생각할 것입니다. 그래서 학교에서 교사로 근무하는 일 외에도 다양한 곳에서 어린아이들을 돌보거나 가르치는 일을 할 수 있습니다.

교육계열 진로 독서 활동은 여러분들이 교사로서 지녀야 할 올바른 윤리 의식을 갖추고 교사로서의 사명감에 대해서 생각해 볼 수 있는 좋은 기회가 될 것입니다. 또한 막연하게 선생님이 되고 싶다는 여러분의 꿈을 보다 구체화해 주어 변화하는 미래 직업 세계에 대한 이해 역량과 건강한 직업 의식을 형성하는 데 도움을 줄 것입니다.

#교육계열은 유치원·초등교사, 교과교사, 비교과교사, 교육관리자 등으로 구성되어 있어요.

유치원 / 초등교사	유치원과 초등교사는 학급의 담임을 맡아 수업과 생활교육을 함께 지도한다.
교과교사	교과교사는 초등학교, 중학교, 고등학교에서 담임을 맡지 않고 국어, 수학, 음악, 미술 등의 교과 수업만 지도한다.
비교과교사	비교과교사는 초등학교, 중학교, 고등학교에서 보건, 영양, 상담 등 학생들의 몸과 마음의 건강한 상태를 유지하기 위한 수업과 업무를 한다.
교육관리자	학교의 교장, 교감과 같은 학교관리자, 보육원장과 같은 각종 보육시설의 관리와 운영을 책임진다.

◈ 교육 도서 목록 ◈

순	영역	진로정보	교과정보	도서명	집필자	비고
1	교육	특수교사	도덕	아나톨의 작은 냄비	문지영	대표
2	교육	초등교사	도덕	얘들아, 학교 가자	문지영	대표
3	교육	보건교사	사회/도덕	까칠 수염 보건 선생님	이명자	
4	교육	특수교사/교장	도덕	내 동생 입학 도전기	문지영	
5	교육	음악 교사	음악/국어/사회	딱 한마디 우리 노래	이명자	
6	교육	교육관리자	도덕/국어	말썽쟁이를 변화시킨 7명의 위인들	신윤경	
7	교육	상담 교사	도덕	선생님, 저랑 상담할래요?	이명자	
8	교육	초등교사	도덕/과학	아무것도 가르치지 않는 선생님	문지영	
9	교육	아동인권운동가/보육원장	도덕	야누시 코르차크	문지영	
10	교육	초등교사/연극교사	국어/연극	오늘은 내가 스타!	문지영	
11	교육	교수법	도덕	우리 선생님 최고	이명자	
12	교육	상담전문가	도덕	이럴 땐 뭐라고 말할까?	양미현	
13	교육	미술교사	도덕/미술	점	문지영	
14	교육	국어교사	국어	존경합니다, 선생님	문지영	
15	교육	상담교사	체육	초딩들의 사춘기	이명자	
16	교육	미술교사	미술	추 선생님의 특별한 미술 수업	이명자	
17	교육	초등교사	도덕	학교 가기 싫은 선생님	문지영	

I. 아나톨의 작은 냄비

도서정보	이자벨 카리에(권지현) / 씨드북 / 2014년 / 32쪽 / 13,000원	
진로정보	교육 - 특수교사	
교과정보	도덕	장애 학생의 돌봄과 가르침

도서소개 #어떤 책일까?

　　어느 날 갑자기 머리 위로 떨어진 냄비를 달고 다니는 아나톨. 사랑이 많이 필요한 아나톨인데 사람들은 자꾸 냄비만 쳐다봐서 힘들어한다. 아나톨은 상냥하고 음악을 사랑하지만, 평범한 아이가 되려면 남들보다 두 배나 더 노력해야 한다는 걸 모른다. 생각대로 되지 않는 아나톨은 화를 내고 소리를 지르며 나쁜 말도 하고 친구들을 때리기도 해서 벌을 받게 되었고 작은 냄비 때문에 아무것도 할 수가 없다고 생각하고 숨어 버리려 한다. 아무도 말을 걸지 않아 잊힐 때, 평범하지 않은 사람이 나타나 아나톨에게 냄비와 함께 살아가는 방법을 가르쳐주고 아나톨이 무엇을 잘하는지 발견하고 가르쳐준다. 자신감을 느끼게 된 아나톨은 이제 선생님이 없어도 행복하게 잘 지낸다.

진로탐색 #무엇을 더 볼까

관련매체 : EBS다큐
관련도서 : 『괜찮아, 선생님이 기다릴게』(김영란, 사계절)

진로토론 #무엇을 이야기해 볼까

1. 아나톨의 작은 냄비로 상징되는 장애에는 어떤 것이 있을까?
2. 아나톨이 작은 냄비로 인해 겪는 어려움이나 힘든 점은 무엇이 있을까?
3. 아나톨처럼 조금 특별한 모습을 가진 친구들에게 어떻게 대하면 좋을까?
4. 아나톨을 도와준 분처럼 되기 위해서는 어떤 노력이 필요할까?
5. 나도 어려움을 가진 친구를 도와준 적이 있다면 경험과 감정을 말해 보자.

진로활동 #무엇을 해 볼까

1. 나에게 있어 아나톨의 작은 냄비와 같이 누군가의 도움이 필요한 나만의 작은 냄비가 있다면 무엇인지, 필요한 도움은 무엇인지 작성해 보자.
2. 우리 주변에 아나톨 같은 친구가 있다면 도와줄 수 있는 방법을 게시판에 올려 보자.
3. 아나톨 같은 친구들이 힘을 얻을 수 있도록 격려하는 말을 해보자.

◈ 책 이야기 ◈

1. 아나톨의 작은 냄비로 상징되는 장애에는 어떤 것이 있을까?

2. 아나톨이 작은 냄비로 인해 겪는 어려움이나 힘든 점은 무엇이 있을까?

3. 아나톨을 도와주신 선생님 덕분에 작은 냄비를 눈에 잘 띄지 않게 넣어 다니게 되었는데 이렇게 작은 냄비가 눈에 잘 보이지 않게 되면 도움이 필요한지 아닌지 알아보는 방법은 무엇일까?

4. 아나톨이 처음 작은 냄비를 갖게 되었을 때 사람들은 어떻게 하였는지, 그 이유는 무엇인지 말해 보자. 그리고 이러한 행동의 문제점과 올바른 행동을 찾아보자.

◈ 질문하고 토론하고 ◈

1. 아나톨의 작은 냄비처럼 조금 특별한 모습을 가진 친구들에게 어떻게 대하면 좋을까?

2. 일반 학급에서 아나톨과 같은 학생을 만난다면 어떻게 도와주어야 할까?

3. 아나톨과 같은 학생은 일반 학급이 아닌 별도의 학급에서 공부하는 것이 좋다. (찬반토론)

4. 아나톨을 도와주신 분은 어떤 사람일까?

5. 영상자료를 보고 장애 아동을 가르치는 특수교사에 대해 알아보자.
   (영상: EBS다큐 https://youtu.be/hBDG_tBHOkk?si=N7Xi5XY92DIQ8I-h)

◈ 진로 이야기 ◈

1. 나에게 있어 아나톨의 작은 냄비와 같이 누군가의 도움이 필요한 나만의 작은 냄비가 있다면 무엇인지, 필요한 도움은 무엇인지 말해 보자. (참고도서:『오늘은 내가 스타!』)

2. 아나톨을 도와준 분(특수교사)처럼 되기 위해서는 어떤 노력이 필요할까? 어떤 능력을 갖추어야 할까?

3. 우리 주변에 아나톨 같은 친구가 있다면 어떻게 도와줄 수 있을지 말해 보자.

4. 아나톨 같은 친구들이 힘을 얻을 수 있도록 격려하는 말을 해보자.

2. 얘들아, 학교 가자!

도서정보	강승숙 / 사계절 / 2012년 / 48쪽 / 15,000원	
진로정보	교육 - 초등교사	
교과정보	도덕	초등학교 선생님의 하는 일 알기

도서소개 #어떤 책일까?

　　현직 초등학교 선생님이 쓴 책으로, 새 학기를 준비하는 과정과 새 학년 첫날 만난 아이들을 대하는 모습을 시작으로 어떤 마음으로 아이들을 가르치는지, 학교에서 하루를 어떻게 보내는지, 학교에서 무슨 일을 하는지는 물론, 선생님의 고민과 속마음까지 들려주는 책이다. 특히 수업을 마치고 나서 수업을 준비하는 과정과 다음 날 수업을 진행하는 과정까지 보여주며 수업 이외 회의하는 모습도 생생하게 보여준다.

　　시험에 관한 이야기와 공부에 관한 생각과 고민도 들려주고 방학이 되면 선생님은 어떤 일을 하는지도 보여준다. 본문 뒤의 부록에는 아이들에 관한 이야기가 담긴 선생님의 특별한 일기장이 실려 있어 초등학교 선생님의 생활 모습을 상세하게 소개하고 있는 책이다.

진로탐색 #무엇을 더 볼까

관련매체 : EBS다큐

관련도서 : 『콩가면 선생님이 웃었다』 (윤여림, 천개의바람)

진로토론 #무엇을 이야기해 볼까

1. 자기소개를 하지 않는 아이에게 화내지 않고 참고 기다린 이유는 무엇인가?
2. 점심시간, 학생들의 줄을 맞춰 데리고 가야 하는 이유는 무엇인가?
3. 점심 나들이 시간 운영의 이유와 좋은 점에 관해 이야기해 보자.
4. 수업을 마치고 선생님이 해야 할 가장 중요한 일에 관해 이야기해 보자.
5. 좋은 선생님이란 어떤 선생님인가?

진로활동 #무엇을 해 볼까

1. 초등교사가 되어 새 학년 첫날, 아이들과 어떻게 인사를 나누고 싶은가?
2. 초등교사가 되면 나는 어떻게 수업하고 싶은지 구체적으로 말해 보자.
3. 선생님이 된 나의 모습을 상상하고 미래의 일기를 써 보자.

◈ 책 이야기 ◈

1. 새 학기를 맞이하기 위하여 선생님은 어떤 준비를 하였는가?

2. 교실을 작은 도서관처럼 만들고 싶어 한 이유는 무엇인가?

3. 새 학년 첫날, 선생님은 인사를 어떻게 나누었는가?

4. 선생님은 자기소개를 하지 않은 재민이에게 다음 날 만나서 어떻게 말하였는가?

5. 점심시간, 급식소에서 선생님은 아이들을 어떻게 지도하였는가?

6. 수업을 마치고 선생님이 해야 할 가장 중요한 일에 관해 이야기해 보자.

7. 선생님도 공부하는 이유를 무엇이라고 하였는가? 이에 대해 내 생각은 어떠한가?

8. 방학을 앞두고 성적표와 방학 계획으로 바쁜데도 학급 잔치를 한 이유는 무엇일까?

◈ 질문하고 토론하고 ◈

1. 자기소개를 하지 않는 아이에게 화내지 않고 참고 기다린 이유는 무엇인가?

2. 선생님이 재민이와 이야기를 나눌 때 좋았던 점은 무엇인가? 학생과 대화를 나눌 때 주의해야 할 점은 무엇일까?

3. 점심시간 급식소로 갈 때 학생들의 줄을 맞춰 데리고 가는 이유는 무엇인가?

4. 점심 나들이 시간 운영의 이유와 좋은 점에 관해 이야기해 보자.

5. 초등학생들의 급식지도 시 선생님이 신경 써야 할 부분과 지도의 어려움은 무엇일까?

6. 교사의 하루를 살펴보자. (영상자료 https://youtu.be/I9qiXF2PrxA?si=x7CEGb3p6A_H0cye)

7. 선생님들은 가르치는 것 말고도 여러 일을 나누어 맡고 있다. 이를 잘 해내려면 어떤 태도와 능력을 갖춰야 할까?

8. 좋은 선생님이란 어떤 선생님일까?

◈ 진로 이야기 ◈

1. 초등교사가 되어 새 학년 첫날, 아이들과 어떻게 인사를 나누고 싶은가?

2. 교사로서 아이들을 더 잘 이해하기 위해 하고 싶은 것은?

3. 초등교사가 되면 나는 어떻게 수업하고 싶은지 책을 참고하여 구체적으로 말해 보자.

4. 선생님이 되어 어린이날을 어떻게 보내고 싶은지, 어떻게 준비할 것인지 생각해 보자.

5. 내가 선생님이 되고 싶은 진짜 이유는 무엇인가? 어떤 선생님이 되고 싶은가?

6. 선생님이 되어서 아이들에게 꼭 가르쳐주고 싶은 것은 무엇인가? 어떻게 가르칠 것인가?

7. 선생님이 되면 방학을 어떻게 보내고 싶은가?

8. 좋은 선생님이 되기 위해 나는 어떤 노력을 할 것인가?

9. 선생님이 된 나의 모습을 상상하고 미래의 일기를 써 보자.

3. 까칠 수염 보건 선생님

도서정보	안수민 / 봄개울 / 2023년 / 88쪽 / 13,000원	
진로정보	교육 - 보건교사	
교과정보	사회, 도덕	고정관념, 소통, 배려

도서소개 #어떤 책일까?

　　보건 선생님을 떠올리면 대부분 여자 선생님을 떠올린다. 섬세한 손길, 상냥한 미소를 연상한다. 그런데 금수초등학교에 새로 오신 보건 선생님은 남자 선생님인데다 키도 크고, 덩치도 크고, 손도 크고, 눈은 부리부리, 곱슬머리로 커다란 곰을 닮은 선생님이다. 아이들뿐만 아니라 교장 선생님, 교감 선생님도 남자 보건 선생님이라는 사실에 아찔해한다. 아이들은 보건 선생님이 무서워 보건실에 오지 않는다. 학부모의 민원은 빗발친다. 주인공인 남자 보건 선생님은 아이들과 친해지기 위해 머리 모양과 옷차림을 바꾸는 등 눈물겨운 노력을 기울인다. 이 책은 직업에 대한 '성 고정관념'과 직업에서 보이는 겉모습보다 더 중요한 것은 내면임을 생각해 보게 한다.

진로탐색 #무엇을 더 볼까

관련매체 : <양성평등 젠더큐 2회 직업선택 편>
관련도서 : 『우리가 사랑한 의사 선생님』(소중애, 단비어린이)

진로토론 #무엇을 이야기해 볼까

1. '보건 선생님' 하면 떠오르는 이미지를 말해 보자.
2. 금수초등학교에 오신 새로운 보건 선생님은 어떤 사람이었는가?
3. 금수초등학교 교장 선생님과 교감 선생님은 새로 오신 보건 선생님에 대하여 고민이 많았다. 그 고민은 무엇이고, 가치가 있는 고민이었는가?
4. 남자만 할 수 있는 직업, 여자만 할 수 있는 직업이 따로 있을까?

진로활동 #무엇을 해 볼까

1. 우리 학교 보건 선생님이 하시는 일은 무엇무엇인지 마인드맵으로 나타내어 보자.
2. 내가 만약 우리 학교 보건 선생님이라면 아이들을 위해 더 노력해 보고 싶은 것 세 가지를 정리하고, 그 이유도 써 보자.
3. 보건 선생님이 갖추어야 할 덕목은 무엇이라고 생각하는가?
4. 아픈 곳도 없는데 자주 보건실을 찾는 친구가 있다면 어떻게 대해 주어야 할까?

4. 내 동생 입학 도전기

도서정보	김혜영 / 파란자전거 / 2022년 / 113쪽 / 10,900원	
진로정보	교육 - 특수교사, 교장	
교과정보	도덕	장애 학생의 일반 학교 적응 지도

도서소개 **#어떤 책일까?**

　　아이돌 지망생인 현지는 단짝 친구와 헤어지지 않기 위해 자폐증이 있는 동생을 거리가 먼 특수학교가 아닌 같은 학교에 입학하도록 동생의 입학 작전 3단계를 시작한다. 그 과정에서 동생이 무엇을 좋아하고, 어떻게 표현하고, 어떤 생각을 하고, 행동하는지 자폐증이 아니라 '동생'을 좀 더 깊게 이해하고, 귀찮기만 하던 동생의 감정 읽는 법 또한 배우게 된다.

　　입학 작전은 실패로 돌아갔지만 초등학교에 예비 입학하여 3일간 학교에 다녀보는데 특수학급에서 생활하다가 화장실 사용 문제로 학교를 나가 집으로 가서 화장실을 사용하는 문제가 발생한다. 그런데 비록 현우가 학교를 나가기 했지만 현우의 행동을 잘 분석하여 다행히 초등학교 입학이 허락된다. 자폐 아동의 일반학교 입학 시 어떻게 지도해야 할지 함께 생각해 볼 수 있는 책이다.

진로탐색 #무엇을 더 볼까

관련매체 : 자폐아이 학교선택 https://youtu.be/zTMyAnfBBsE?si=-AGupM7wHDxxY8Ym
관련도서 : 『스즈짱의 뇌』(아담 렉스, 북뱅크)

진로토론 #무엇을 이야기해 볼까

1. 현지가 동생에게 학교 화장실 그림 카드를 그려서 준 이유는 무엇인가?
2. 자폐 아동을 동생으로 둔 현지의 힘든 점은 무엇인가?
3. 현우가 화장실 사용 문제로 학교를 나가는 문제가 발생하였는데도 초등학교에서 입학을 허락해 준 이유는 무엇인가? 내가 교장 선생님이라면 어떻게 했을 것인가?
4. 일반 학교의 특수학급보다 특수학교에서 공부하는 것이 더 좋다. (찬반토론)
5. 장애 학생이 일반 학교에 다닐 때 장단점은 무엇일까?

진로활동 #무엇을 해 볼까

1. 장애 학생을 지도하는 특수교사는 장애 학생을 지도할 때 어떤 점에 유의해야 하는지 생각해 보고, 구체적으로 말해 보자.
2. 장애 학생이 일반 학교에 다닐 수 있도록 어떤 점을 도와주어야 할까?
3. 주변에 있는 장애 학생에게 필요한 도움을 찾아 실천하고 일기를 써 보자.

5. 딱 한마디 우리 노래

도서정보	정혜원 / 천개의바람 / 2022년 / 112쪽 / 12,000원	
진로정보	교육 - 음악 교사	
교과정보	음악, 국어, 사회	교수법, 배경지식

도서소개 #어떤 책일까?

고전 시가를 노래로 만날 수 있는 책이다. 고전 시가를 어려운 공부나 시험 문제가 아닌 노랫말로 익히면서 설화를 통해 문학작품으로 재미있게 감상할 수 있다. 그뿐만 아니라 음악 교사를 꿈꾸는 사람이라면 우리 노래에 대한 배경지식을 높일 수도 있는 책이다. 설화를 통해 시가의 배경과 노랫말에 담긴 의미 그리고 시대상을 쉽게 이해할 수 있다. 점점 사라져 가는 우리 노래와 우리 노랫말을 보급하는 데 도움이 되는 책이므로 음악 교사를 꿈꾸는 사람이라면 고전 시가와 관련한 다양한 지식 정보를 얻을 수 있다.

진로탐색 #무엇을 더 볼까

관련매체 : (다큐멘터리) 임아, 그 강을 건너지 마오.

관련도서 : 『이마에 아저씨의 토닥토닥 클래스』 (이채훈, 책읽는곰)

진로토론 #무엇을 이야기해 볼까

1. 책 속에 있는 고전 시가 중에서 가장 인상적인 시가를 골라 발표해 보자.

2. 옛사람들의 대중가요인 고전 시가를 오늘날의 대중가요와 비교해 보고 그 변화에 대하여 친구들과 이야기를 나눠 보자.

3. 동요도 시대에 따라 변화하고 있다. 엄마 어렸을 적에 불렀던 동요와 요즘 동요를 각각 한 곡씩 선정하여 비교해 보자.

4. 지금 내가 받는 음악 수업을 떠올려 보자. 미래 음악 교과서는 어떻게 바뀌고, 노래는 어떻게 변화할 것이라고 상상해 보고, 서로의 생각을 나눠 보자.

진로활동 #무엇을 해 볼까

1. 내가 만약 음악 선생님이라면 고전 시가 중에서 어린이들에게 꼭 가르쳐 주고 싶은 곡이 무엇인가? 그 곡에 어울리는 그림을 그려 시화를 완성해 보자.

2. 이 책을 통해 고전 시가에 대한 내 생각과 그렇게 생각한 이유를 정리해 보자.

3. 내가 좋아하는 노래 한 곡을 선정하여, 미래에 내가 가르칠 아이들을 위해 현재의 시대상을 잘 알리는 노랫말을 만들어 개사해 보자.

6. 말썽쟁이를 변화시킨 7명의 위인들

도서정보	양태석 / 스콜라 / 2009년 / 204쪽 / 9,000원	
진로정보	교육 - 교육관리자	
교과정보	도덕, 국어	인물, 역사

도서소개 #어떤 책일까?

　　소심하고 책임감도 없던 열등생 예담이가 도서관에서 빌린 책을 통해 과거의 세계로 여행을 떠난다. 예담이는 동양과 서양을 넘나들며 맥타가트, 유일한, 이정암, 테레사 수녀, 슈바이처 등 7명의 위인을 직접 만나 자신의 문제점을 깨닫고 완전히 다른 아이로 바뀌는 과정이 그려지는 어린이 자기 계발 책이다.

　　용기, 정직, 믿음, 책임, 사랑, 노력, 실천 등 성공의 비밀들을 친절하게 정리했다. 역사 속의 위인들을 만나는 재미있는 이야기 속에서 자기 계발을 실천하는 요령이 자연스럽게 녹아들어 있다. 아울러, 각 작은 장마다 '체인지 노트' 코너를 통해 같은 주제의 다른 짧은 이야기가 마련됐다. 학생들이 자기 생각과 경험을 떠올리며 처음으로 선생님의 입장에서 생각하고 인간적인 모습에 친근감을 느끼며 고마움을 느끼게 되는 이야기이다.

진로탐색 #무엇을 더 볼까

관련매체 : 가슴이 웅장해지는 대한민국의 인물들! 한국인이 가장 존경하는 인물
　　　　　TOP 10! https://www.youtube.com/watch?v=Kd-09PSJyxs
관련도서 : 『초등학생이 꼭 알아야 할 인물 독해 100 플러스 1』 (푸른교실, 세번째행성)

진로토론 #무엇을 이야기해 볼까

1. 과거로 여행을 떠난다면 어떤 세계로 가고 싶은가?
2. 내가 존경하는 위인은 누구인가? 그 위인에게 닮고 싶은 점은 무엇인가?
3. 위인은 타고나는 것이다. (찬반토론)
4. 용기, 정직, 믿음, 책임 등, 내가 가장 소중하게 생각하는 가치는 무엇인가?
5. 다른 사람에게 도움을 주기 위해 우리가 노력할 점은 무엇인가?

진로활동 #무엇을 해 볼까

1. 존경하는 위인에게 편지를 써 보자.
2. 20년 후, 나에게 보내는 메시지를 작성해 보고, 발표해 보자.
3. 나의 미래를 변화시키기 위해서 내가 노력할 점을 세 가지 적어 보자.

7. 선생님, 저랑 상담할래요?

도서정보	전경남 / 그린북 / 2021년 / 104쪽 / 11,000원	
진로정보	교육 - 상담 교사	
교과정보	도덕	대화, 소통, 경청

도서소개 #어떤 책일까?

선생님의 상(이미지)도 시대에 따라 달라지고 있다. 요즘 선생님의 상(이미지)은 어떠할까? 이 책 속에는 이모처럼 푸근하고 인간적인 선생님이 등장한다. 아이의 허풍에 깜박 속기도 하고, 날씨가 좋은 날에는 운동장에서 아이들과 좀비 놀이를 하고, 학교 밖에서는 잃어버린 강아지를 찾아 허둥대는 선생님이 등장한다. 어느 날 수업이 끝난 뒤 선생님께 대뜸 상담하자고 요청하는 이야기를 천연덕스럽게 잘하는 아이 진이도 등장한다. 학교는 어린이들이 배우고 성장하는 울타리이다. 그런데도 요즘 학교에 대한 교사에 대해 좋지 않은 시선이 많다. 이 책에 담긴 세 편의 이야기는 그 어느 때보다 소중한 일상의 학교, 그리고 교실 안팎의 풍경을 그리고 있다. 만약 교사를 꿈꾸고 있다면 이 책을 통해 어린이들의 소중한 일상을 들여다보는 게 의미 있고 그들의 눈높이를 어떻게 맞추는 것이 바람직한지 더 나아가 교사에게 요구되는 새로운 교사상도 생각해 볼 수 있을 것이다.

진로탐색 #무엇을 더 볼까

관련매체 : 영화 <코러스>
관련도서 :『열두살 장래희망』(박성우, 창비)

진로토론 #무엇을 이야기해 볼까

1. 진이가 선생님께 상담하자고 요청한 일에 대하여 어떻게 생각하는가?
2. 내 이야기를 하나도 빼놓지 않고 다 들어주는 책 속 선생님을 아이들은 좋아한다. 내가 좋아하는 선생님의 상은 어떠한지 서로 이야기를 나눠 보자.
3. 요즘 어린이들이 바라는 선생님의 상에 관하여 이야기를 나눠 보자.

진로활동 #무엇을 해 볼까

1. 상담 선생님을 가져야 할 중요한 덕목을 인터넷에서 찾아서 10가지 정리해 보자.
2. 상담 선생님에게 필요한 덕목 중에서 내가 지닌 덕목과 부족한 덕목을 분류하여 보자.
3. 부족한 덕목을 갖추기 위해 노력할 점은 무엇이고, 이것을 위해 생활 속에서 어떻게 실천할 것인지 나와의 약속 5가지를 정하여 정리해 보자.

8. 아무것도 가르치지 않는 선생님

도서정보	셰인 페이슬리(전지숙) / 책과콩나무 / 2019년 / 160쪽 / 12,000원	
진로정보	교육 - 초등교사	
교과정보	도덕, 과학	교수법

도서소개 #어떤 책일까?

　　5학년이 된 토미는 과연 어떤 선생님을 만나게 될지, 어떤 친구들과 일 년을 함께 보내게 될지 기대가 가득하다. 그런데 새로 오신 비프리 선생님은 다른 선생님들과 달리 교실에 환영 장식도 없고 정장 차림도 아니다. 심지어 일 년 내내 아무것도 가르칠 생각이 없다며 아이들에게 계약서에 서명하라고 한다. 공부하지 말 것, 교실에서 일어나는 일은 그 누구에게도 말하지 말 것! 토미는 걱정스럽지만, 공부에 관심이 없는 친구 로버트는 이 상황을 즐거워한다. 그러나 점점 놀기에 지친 토미와 친구들은 공부하기 위해 선생님을 설득해 보지만 실패한다. 결국 시험이 걱정된 학생들은 선생님 몰래 서로 가르치기로 하며 공부하고 1학기 시험을 무사히 통과한다. 그런데 알고 보니 이 모두가 선생님의 작전이었다는 것을 알게 되었다. 학생들은 선생님의 시험도 합격하게 된 것이다.

　　가르치는 일을 하는 교사가 아무것도 가르치지 않는데도 학생들이 스스로 배우도록 할 수 있을까? 가르치는 방식과 학생들의 배움에 대해 생각해 보고, 교사-학생, 학생-학생 간의 소통과 신뢰하는 학급 문화에 대해서도 생각할 수 있는 책이다.

진로탐색 #무엇을 더 볼까

관련매체 : 과학탐구발표 https://m.blog.naver.com/argentumhee/221582861985

관련도서 : 『너무 많이 가르치는 선생님』(셰인 페이슬리, 책과콩나무)

진로토론 #무엇을 이야기해 볼까

1. 노는 일에 싫증이 난 아이들은 시험을 위해 선생님 몰래 공부할 방법을 찾아 함께 공부한다. 이 과정에서 아이들이 배운 것은 무엇인가?

2. 공부는 선생님이 가르쳐주는 것이다. (찬반토론)

3. 아이들은 모의고사도 합격하고 선생님의 시험도 합격했다. 이 말의 의미는 무엇인가? 선생님이 아무것도 가르치지 않겠다고 한 진짜 의도는 무엇일까?

4. 실제로 이런 선생님을 만나게 된다면 어떻게 될까?

진로활동 #무엇을 해 볼까

1. 아이들이 진정한 배움을 얻게 하는 나만의 방법을 구체적으로 적어 보자.

2. 비프리 선생님이 직접 한 수업이나 학생들끼리 한 비밀 수업 방법 중에서 마음에 드는 수업 방식으로 수업안을 짜서 친구들끼리 수업을 진행해 보자.

9. 야누시 코르차크

도서정보	필립 메리외(윤경) / 도토리숲 / 2022년 / 44쪽 / 13,000원
진로정보	교육 - 아동 인권 운동가, 보육원장
교과정보	도덕 / 아동 사랑

도서소개 #어떤 책일까?

　　어린이 인권에 관해 관심을 가지고 어린이의 인권과 권리를 보호하고, 어린이 곁에서 어린이를 존중하고 어른과 어린이의 관계를 바로 세우는 데 일생을 바친 야누시 코르차크의 이야기이다. 코르차크는 아이들의 건강을 관리해 주기 위해 스스로 의사가 되었고, 가족이나 가정이 없는 아이들을 돌보기 위해 '고아들의 집'을 지어 헌신하였다. 매일 아이들의 건강을 챙겼고 아이들이 제대로 배우고 성장할 수 있도록 친절하면서도 엄하게 가르쳤다. 특히 어린이들의 권리를 위해 싸워 1924년 세계 최초의 '아동권리선언'을 발표하여 세계 50개국에서 채택되었다. 유대인 포로수용소에 끌려갈 때도 아이들 곁을 떠나지 않았던 코르차크를 통해 어린이를 진정으로 사랑하는 마음을 배울 수 있을 것이다.

진로탐색 #무엇을 더 볼까

관련매체 : 출판사양철북 https://youtu.be/5TBSbjayeig?si=BuDZ-IIPM88mYIRx
관련도서 : 『선생님은 너를 사랑해. 왜냐하면』 (강밀아, 글로연)

진로토론 #무엇을 이야기해 볼까

1. 코르차크는 작가와 선생님이 되는 걸 고민했지만, 어린이들의 건강을 돌보기 위해 의사가 되어 헌신했다. 이러한 코르차크의 선택에 대해 배울 점은 무엇인가?
2. 많은 어린이가 병이 나으면 다시 비참한 생활로 돌아가는 것에 대해 코르차크는 어떤 생각을 했을까?
3. 결혼보다 '고아들의 집'을 지어 어린이들을 돌보았고 어린이들과 함께 죽음을 맞이한 코르차크의 헌신에 대해 생각해 보자.
4. 어린이를 사랑하는 마음으로 친절하지만 엄하게 가르쳐야 한다. (찬반토론)

진로활동 #무엇을 해 볼까

1. 코르차크가 지은 고아들의 집을 보며 내가 만약 고아들을 위한 집을 만든다면 어떻게 지을 것인지 설계도를 그려보자.
2. 의사처럼 어린이를 돌볼 수 있는 직업에는 어떤 직업이 있는지 찾아보자.
3. 나는 어떤 일을 하면서 어린이들을 어떻게 도울 것인지 생각해 보자.

10. 오늘은 내가 스타!

도서정보	패트리샤 폴라코(이현진) / 나는별 / 2015년 / 48쪽 / 14,000원	
진로정보	교육 - 초등교사, 연극 교사	
교과정보	국어, 연극	자신감 길러주기

도서소개 #어떤 책일까?

　　수줍음 때문에 사람들 앞에 나서지 못하고 두려워하는 아이들에게 용기 내는 법을 알려주는 책이다. 국어 선생님은 책 읽기와 글쓰기를 좋아하지만, 사람들 앞에서 말하는 것을 두려워하는 패트리샤에게 웨인 선생님의 연극반에 들어가도록 추천한다. 무대에 대한 두려움으로 처음에는 연극을 어려워하던 패트리샤는 하나씩 배우며 흥미를 갖게 되고 마음이 열려 대사를 다 외우게 된다. 그런데 갑작스러운 상황으로 인해 뜻하지 않게 연극의 주인공을 맡게 되고, 웨인 선생님은 패트리샤가 포기하지 않고 연기에 온몸을 맡기고 몰입하도록 지도한다. 마침내 공연 날, 패트리샤는 두려움을 이기고 무대에 올라 많은 관객 앞에서 큰 소리로 말할 수 있게 되고 공연을 성공적으로 마치게 된다. 이를 통해 패트리샤는 스스로에 대한 믿음과 소중함을 경험한다. 교사가 될 학생들에게는 수줍음이 많은 아이를 격려하고 용기를 주는 선생님의 따뜻한 가르침을 배울 수 있다.

진로탐색 #무엇을 더 볼까

관련매체 : 오늘은 내가 주인공 https://youtu.be/r8YIhSiePYk?si=mehi303-bu1puMIF

관련도서 : 『선생님을 만나서』 (코비 야마다, 나는별)

진로토론 #무엇을 이야기해 볼까

1. 국어 선생님은 친구들 앞에서 글 읽기를 두려워하는 패트리샤를 혼내는 대신 웨인 선생님의 연극반에 들어가도록 추천하였다. 그 이유는 무엇일까?
2. 웨인 선생님은 수줍음 많고 두려움이 많은 패트리샤에게 어떻게 지도하였는가?
3. 패트리샤가 연극의 주인공이 될 수 있었던 가장 중요한 이유는 무엇일까?
4. 거실 인테리어를 바꾸고 싶다면 어떻게 바꾸고 싶나?

진로활동 #무엇을 해 볼까

1. 교사도 학생들 앞에서 말하고 행동한다. 나는 수줍음이나 두려움이 어느 정도인지 생각해 보고, 두려움을 이기는 방법을 찾아 꾸준히 연습해 보자.
2. 내가 교사가 되어 패트리샤와 같이 수줍음이 많은 학생을 만나게 된다면 어떤 태도로 대하고, 어떻게 말할 것인지 생각해 보고, 거울 앞에서 연습해 보자.
3. 연극이나 역할극을 통해 학생들의 발표력을 향상할 방법을 생각해 보자.

II. 우리 선생님 최고

도서정보	하이타니 겐지로(햇살과 나무꾼) / 논장 / 2021년 / 200쪽 / 11,000원	
진로정보	교육 - 교수법	
교과정보	도덕	생활지도

도서소개 #어떤 책일까?

　　교사를 꿈꾸는 어린이가 있다면, 교사의 역할에 대하여 알아볼 수 있는 책이다. 공부를 가르치는, 단순한 지식 전달자가 아닌 선생님의 역할을 다하기 위해서는 학급을 어떻게 운영해야 하고, 학급 구성원과 어떠한 관계 맺기를 해야 하는지, 학습보다는 생활지도 차원에서 이 책을 추천한다. 삶은 호박, 딱부리, 풍신, 오리, 촐랑공주, 따따부따 등 웃긴 별명 짓기의 명수들인 4학년 3반 아이들은 아무리 아파도 학교에 온다. 화가 나면 "이 똥싸개야!" 하고 호통을 치며, 5연발 방귀를 뿡뿡 뀌어 대고, 싸움에 진 아이에게 킥복싱 기술을 가르쳐 주는 신바람 선생님이 있기 때문이다. 마냥 즐거워 보이는 선생님에게도 말 못 할 고민이 있고……, 선생님은 가난했던 어린 시절, 창피했던 경험, 어머니와의 갈등 등 아이들이 매일 현실에서 느끼는 바와 다를 게 없는 자신의 지난 시간과 현재의 고민을 가감 없이 드러내 보이며 아이들과 함께 눈높이를 맞추면서 그들의 성장을 응원하고 이끌어주고 있다.

진로탐색 #무엇을 더 볼까

관련매체 : 영화 <아홉 살 인생>

관련도서 : 『내 멋대로 선생님 뽑기』 (최은옥, 주니어김영사)

진로토론 #무엇을 이야기해 볼까

1. '내가 만약 책 속 신바람 선생님 반 학생이었다면?' 학교생활이 어떠했을지 상상해 보고 서로 이야기를 나눠 보자.

2. 신바람 선생님은 아이들이 사고를 쳐도 화를 내지 않고, 어머니께 전화도 하지 않습니다. 그 이유는 무엇이라고 생각하는가?

3. 신바람 선생님의 학급 운영 방식은 과연 바람직할까? 그 이유를 말해 보자.

4. 신바람 선생님의 반 아이들은 모두 별명을 갖고 있다. 별명을 부르는 것에 대하여 어떻게 생각하는가?

진로활동 #무엇을 해 볼까

1. 내가 만약 선생님이 된다면 어떤 선생님이 되고 싶은지 마인드맵으로 나타내어 보자.

2. 초등학교에서 만난 선생님 중에서 가장 좋았던 선생님을 떠올려 보자. 그 선생님이 좋았던 이유와 본받고 싶은 점을 정리해 보자.

12. 이럴 땐 뭐라고 말할까?

도서정보	캐서린 뉴먼(김현희) / 그레이트북스 / 2022년 / 160쪽 / 14,000원	
진로정보	교육 - 상담전문가	
교과정보	도덕	상담자의 역할과 태도

도서소개   #어떤 책일까?

    상담전문가는 다양한 사람들을 만나게 된다. 처음 만나서 분위기와 대화를 잘 끌어나가야 하기도 한다. 이 책은 누구나 일상적인 생활 속에서 겪게 되는 다양한 상황에서 어떤 말과 행동을 하면 좋은지 상세하게 알려준다.

    호기심을 표현하는 10가지 말과 어색한 농담이나 상황을 해결하는 요령 등 관계를 잘 맺는 대화를 배워 실제 적용할 수 있다. 또 나의 말하는 습관을 되돌아보고 점검하고 고칠 점을 알아가게 해 주며 실제 따라 연습하면서 익히도록 해 준다.

진로탐색   #무엇을 더 볼까

관련매체 : 상담사가 되려면 적어도 이런 자질 https://www.youtube.com/watch?v=Zg_CI1VDjqE
관련도서 : 『아동청소년심리상담사는 어때?』(김아나, 토크쇼)

진로토론   #무엇을 이야기해 볼까

1. 상대방이 나에게 어떤 말을 했을 때, 나쁜 뜻으로 한 말은 아닌 데 내가 기분이 나쁘다면 어떻게 표현하며 대화해야 할까?
2. 새롭게 만나는 사람과 어떤 주제로 대화하면 부드럽고 자연스러운 분위기를 만들 수 있을까?
3. 친구가 하는 이야기가 별로 흥미롭지 않을 때 귀 기울여 끝까지 들어주어야 할까? 중간에 다른 주제로 바꾸어 분위기를 바꾸어야 할까?

진로활동   #무엇을 해 볼까

1. 한 가지 일이나 현상에 대해서도 사람마다 각자 생각이 다르다. 한 가지 현상에 대해 친구와 서로 의견이 달라 논쟁하게 될 때, 서로의 감정을 상하지 않고 해결하는 방법을 찾아 적용해 보자.
2. 친구가 속상해할 때 공감하거나 위로가 되는 말을 세 가지 적어 보자.
3. 나의 성격과 말하는 습관 중에서 상담전문가로서 역할을 잘할 수 있는 자질이 있다면 무엇인지 찾아보자.

13. 점

도서정보	피터 레이놀즈(김지효) / 도토리숲 / 2011년 / 44쪽 / 12,000원	
진로정보	교육 - 미술 교사	
교과정보	도덕, 미술	학생의 자존감 찾아 주기

도서소개 #어떤 책일까?

　　미술 시간. 아무것도 그리지 못하고 텅 빈 도화지를 노려보고 있는 아이. 그림을 그리기 싫어하는 베티의 하얀 도화지를 한참 들여다본 선생님은 눈보라 속에 있는 북극곰을 그렸다며 도화지를 내밀고 "어떤 것이라도 좋으니, 네가 하고 싶은 대로 해 봐."라고 말한다. 베티는 도화지 위에 연필을 힘껏 내리꽂았고, 선생님은 점 하나가 찍힌 도화지에 베티의 이름을 쓰라고 한다. 일주일 뒤 미술 시간, 베티는 선생님 책상 위에서 자신이 내리꽂았던 점이 액자에 담겨있는 것을 보고 깜짝 놀란다. 베티는 자신감을 얻고 도화지에 다양한 모양의 점을 그리기 시작하여 드디어 학교 전시회에서 그림을 전시하게 된다.
　　흔히 그림은 잘 그려야 한다는 고정관념과 강요 대신 자신이 하고 싶은 대로 마음껏 표현해 보라는 선생님의 따뜻한 격려가 감동적인 그림책으로, 교사로서 어떤 태도를 지니고 어떻게 말해야 하는지 배울 수 있는 책이다.

진로탐색 #무엇을 더 볼까

관련매체 : 피터레이놀즈 https://youtu.be/WN4g_phCMOc?si=wmQx2PR3SIFMzg_K
관련도서 :『추 선생님의 특별한 미술 수업』(패트리셔 폴라코, 책과콩나무)

진로토론 #무엇을 이야기해 볼까

1. 스스로 배움의 즐거움을 느낄 때 더 잘 배울 수 있다. (찬반토론)
2. 자신감을 느끼게 하는 가장 좋은 방법은 칭찬과 격려이다. (찬반토론)
3. 베티가 그림에 관심을 가지고 스스로 그림을 계속 그릴 수 있었던 이유는?
4. 전시회에서 만난 어린 후배를 대하는 베티의 모습에서 배울 점은 무엇인가?
5. 미술 수업에서 가르쳐야 할 많은 것 중에서 더 중요한 것은 무엇일까?

진로활동 #무엇을 해 볼까

1. 자신감을 높일 수 있는 격려의 말에는 어떤 것이 있는지 찾아 격려하는 말을 주고 받아보고, 격려받은 느낌을 말과 글로 표현해 보자.
2. 내가 잘하고 싶은 것을 찾아 멋지게 이루었을 때의 모습을 상상하고 글과 그림으로 나타내어 발표해 보자.
3. 자신에 대해 채우고 발전하고 싶은 점을 찾아 서로 격려하는 말을 주고받아 보자.

14. 존경합니다, 선생님

도서정보	패트리샤 폴라코(유수아) / 미래앤아이세움 / 2015년 / 40쪽 / 11,000원	
진로정보	교육 - 국어 교사	
교과정보	국어	교수법

도서소개 #어떤 책일까?

　　글쓰기를 좋아하는 패트리샤는 '마녀 켈러'로 불리는 성격이 고약하기로 소문난 켈러 선생님의 글쓰기 반 뽑혀 우쭐해한다. 패트리샤는 켈러 선생님의 까다로운 교육 방식을 어렵게 따라가기 위해 노력하면서 옆집에 사는 슐로스 할아버지의 도움을 받기도 하고 마음을 나누며 점점 글쓰기 실력을 키워 나간다. 켈러 선생님은 마음을 움직이는 진실한 글쓰기 능력을 길러주기 위해 다양한 글쓰기 과제를 내준다. 자신 있게 글을 썼지만 켈러 선생님의 칭찬을 받지 못해 속상해하고, 슐로스 할아버지는 패트리샤의 마음을 다독거려 주신다. 어렵게 과제를 수행해 온 패트리샤는 자신의 이야기를 쓰라는 기말과제 주제를 받고 고민하고, 슐로스 할아버지의 갑작스런 죽음에 온 마음을 다해 글을 쓰고, 마음을 움직이는 진실한 글로 글쓰기 반 최초의 A를 받은 학생이 된다.

　　"언제나 켈러 선생님을 떠올릴 때면 내 가슴이 아릿하게 저려 온다."라고 한 것처럼 작가의 실화를 바탕으로 한 이야기로, 글쓰기 실력을 기르는 다양한 방법과 함께 존경받는 선생님의 모습을 생각할 수 있는 책이다.

진로탐색 #무엇을 더 볼까

관련매체 : 스승의 날 편지 https://youtu.be/ILWkXq4gXN8?si=iQhwJBOEurq0hEsh
관련도서 :『고맙습니다, 선생님』(패트리샤 폴라코, 미래앤아이세움)

진로토론 #무엇을 이야기해 볼까

1. 패트리샤가 늘 '존경하고 사랑해 마지않는' 두 분은 슐로스 할아버지와 켈러 선생님이다. 어떤 점에서 존경하게 되었는지 배울 점을 말해 보자.
2. 슐로스 할아버지와 켈러 선생님의 비슷한 점과 다른 점은 무엇인가?
3. 켈러 선생님의 수업 방식인 '학생이 물고기 낚는 방법을 스스로 깨치도록' 이끌어 주는 수업 방법에 대해 이야기를 나눠 보자.
4. 내가 존경하는 선생님이 있다면 어떤 점에서 존경하게 되었는가?

진로활동 #무엇을 해 볼까

1. 켈러 선생님의 글쓰기 과제 내용과 켈러 선생님의 말씀, 패트리샤가 스스로 깨닫는 내용들에서 글쓰기 방법과 팁을 찾아 정리해 보자.
2. 학생들의 존경을 받는 선생님이 되는 방법을 구체적으로 적어 보자.

15. 초딩들의 사춘기

도서정보	전은경 외 2 / 푸른날개 / 2012년 / 120쪽 / 11,000원	
진로정보	교육 - 상담 교사	
교과정보	체육	상담, 성, 정신건강

도서소개 #어떤 책일까?

초등학교 4학년 2학기만 되면 술렁거린다. 사춘기가 왔다나? 조금 있으면 말도 많고 탈도 많은 질풍노도인 5학년이 된다. 감정은 파도를 타는데 공부 스트레스, 친구 문제, 성 문제, 진로 걱정으로 누구에게도 풀어 놓을 수 없는 답답한 마음은 수시로 부모님께로 향하고, 반항심으로 표출된다. 그런 친구들이 보건실에 오면 술술 자기 이야기를 풀어 놓는다. 이 책은 학교 보건실에 근무했던 저자를 통해 사춘기 초등학생들의 솔직한 이야기 엿 볼 수 있는 일종의 보건 선생님의 상담 사례집이다. 이 책을 통해 가장 친한 친구에게도 말할 수 없는 사춘기 초등학생들의 진솔한 고백을 들어보자. 읽다 보면 보건교사를 꿈꾸는 어린이나 상담 교사를 꿈꾸는 어린이들에게 보건, 상담 교사가 갖추어야 할 역량과 초딩들의 고민에 따른 해결 방법을 알아볼 수 있다.

진로탐색 #무엇을 더 볼까

관련매체 : 코미디 드라마, <안녕하세요, 하느님? 저 마거릿이에요>
　　　　　(are you there god it's me margaret)
관련도서 : 『와이미 성교육1, 내 몸이 궁금해』 (이시훈, 빨간콩)

진로토론 #무엇을 이야기해 볼까

1. 사춘기가 되면 몸과 마음에 어떤 변화가 오는가?
2. 친구들과 함께 나의 상태가 사춘기인지 아닌지 서로 진단해 보자. 진단 결과와 그렇게 생각하는 이유는 무엇인가?
3. 이차 성징을 우리는 어떻게 받아들여야 할까? 친구들과 토론해 보자.
4. 사춘기에 접어든 지금의 내가 가장 고민스럽게 생각하는 문제는 무엇인가? 친구들과 공유하고 해결 방법을 찾아볼 수 있도록 토론해 보자.

진로활동 #무엇을 해 볼까

1. 사춘기가 되면서 내 몸에 나타나는 변화를 정리해 보자.
2. 학교생활에서 친구나, 학업, 혹은 진로에 대한 나의 고민을 기록해 보자.
3. 몸의 변화로 고민하는 친구에게 도움을 줄 자료를 준비해 보자.

16. 추 선생님의 특별한 미술 수업

도서정보	패트리샤 폴라코(천미나) / 책과콩나무 / 2021년 / 40쪽 / 12,000원	
진로정보	교육 - 미술 교사	
교과정보	미술	교수법, 역량

도서소개 #어떤 책일까?

　　모든 사람은 서로 다른 재능을 타고난다. 조기에 발현되는 사람이 있는가 하면 깊숙이 잠들어 있어서 묻혀 버리는 이도 있다. 아이의 잠재 능력을 개발하는 데 가장 중요한 사람은 부모와 선생님이다. 다시 말하면 선생님은 공부만 가르치는 것이 아니라 학생들의 잠재 능력을 파악하고 개발할 수 있도록 해 주어야 한다. 만약 내가 선생님을 꿈꾸고 있다면 어떤 선생님이 되어야 할까? 이 책에서 답을 찾을 수 있을 것이다. 이 책은 지은이의 자전적인 이야기로 구성되었다. 글쓴이는 5학년 될 때까지 난독증으로 책을 읽는 데 어려움을 겪었다. 그러다 고마운 폴커 선생님을 만나 책을 읽는 즐거움을 알게 되고, 화가인 할머니와 방학을 보낸 뒤, 자신도 화가가 되고 싶다는 것을 깨닫게 된다. 그 후, 담임 선생님인 도노반 선생님이 트리샤의 재능을 발견하고 추 선생님의 특별한 미술 수업을 추천해 주어 난독증으로 가려졌던 트리샤의 재능이 발현된다. 이 책은 아이의 재능을 발견하고 끄집어내 줄 수 있는 선생님의 역할에 대하여 깊은 울림을 준다.

진로탐색 #무엇을 더 볼까

관련매체 : 영화 <지상의 별처럼>

관련도서 : 『아빠는 언제나 너를 사랑한단다』(맥스 루케이도, 고슴도치)

진로토론 #무엇을 이야기해 볼까

1. 주인공 패트리샤 폴라코처럼 학급에서 학업에 어려움을 겪는 친구가 있다면 어떤 도움을 줄 수 있을까? 친구들과 서로의 생각을 공유해 보자.
2. 학급 친구들과 내가 발견한 친구의 재능에 대하여 서로 말해 보자.
3. 미술 교사가 갖추어야 할 역량에는 무엇이 있을지 친구들과 이야기를 나눠 보자.

진로활동 #무엇을 해 볼까

1. 친구들과 나를 대조해 볼 때, 특히 내가 느끼는 흥미나 관심 분야가 무엇인지 정리해 보자.
2. 만약 내가 선생님이라면 패트리샤 폴라코처럼 난독증을 앓고 있는 친구를 위해 무엇을 해 줄 수 있을지 3가지만 정리해 보자.
3. 학급 친구 중 한 명을 골라 친구의 재능이 무엇인지 분석해 보고, 설명하는 글을 써서 친구에게 전달해 보자.

17. 학교 가기 싫은 선생님

도서정보	박보람 / 노란상상 / 2020년 / 40쪽 / 13,000원	
진로정보	교육 - 초등교사	
교과정보	도덕	교직 생활에 긍정적 태도 취하기

도서소개 #어떤 책일까?

　　새 학기 등교 전날 밤, 새로운 만남에 설레기도 하겠지만 낯선 환경에서 새로운 친구들과 새 학교생활을 시작하는 것을 걱정하고 겁이 나기도 한다. 그런데 이렇게 걱정하는 주인공이 바로 학생이 아닌, 선생님이라면? 선생님이 학교에 가기 싫다니, 그래도 되는 걸까? 선생님은 왜 학교에 가기 싫은 걸까? 완벽하고 빈틈없을 것 같은 선생님은 어떤 걱정과 어려움을 갖고 있는 것일까?

　　무섭고 두렵고 조마조마한 마음을 뒤로하고 드디어 학교에 도착하고 교실 문을 여는 순간! 너무나 사랑스럽고 천진난만한 친구들이 활짝 웃으며 기다리고 있었고, 그 친구들의 환한 미소에 비로소 선생님의 무거웠던 마음도 사르르 녹아내렸다. 학교라는 공간은 우리에게 어떤 의미이며, 어떤 곳이어야 하는지 생각해볼 수 있고, 선생님은 어떤 존재인지에 대해 생각해 볼 수 있는 책이다.

진로탐색 #무엇을 더 볼까

관련매체 : 교사의 소소한 행복 https://youtu.be/zOu0DkWoF3A?si=0oVWSPXvPsTO4Kur

관련도서 : 『학교가 뭐가 무섭담』 (다니엘 포세트, 비룡소)

진로토론 #무엇을 이야기해 볼까

1. 학교는 우리에게 어떤 의미인가?
2. 책 속에서 선생님이 학교에 가기 싫어한 이유들을 정리해 보고, 그중에서 가장 공감 되었던 것을 말해 보자.
3. 선생님은 모든 학교생활을 완벽하게 해내야 한다. (찬반토론)
4. 무섭고 두려워서 하기 싫을 때 이것을 이겨내는 방법은 무엇일까?
5. 선생님이 학교에 가고 싶어지려면 무엇이 어떻게 바뀌어야 할까?

진로활동 #무엇을 해 볼까

1. 학교가 개인과 사회의 발전에 이바지한 부분에 대해 알아보고 발표해 보자.
2. 선생님과 학생이 서로 대할 때 어떤 걱정을 하고 있는지 알아보고 이를 해결하는 방법은 무엇인지 발표해 보자.
3. 선생님과 학생이 모두 행복한 학교는 어떤 학교인지 상상하여 글과 그림으로 표현해 보자.

초등학교 진로독서 가이드북

제4장

문학

◆ 문학 영역 소개 ◆

#여러분의 글로 더 나은 세상을 만들어 갈 수 있어요.

책을 좋아하고 글로 이야기를 쓰는 것을 좋아하는 친구들에게 추천하고 싶은 진로 영역은 문학 영역입니다. 문학 영역의 대표적인 직업인 작가는 자기 생각과 마음을 글이라는 그릇에 담아 사람들에게 전달합니다. '펜은 칼보다 강하다'라는 말이 있지요. 이 말은 글의 힘을 말해줍니다. 글은 사람들의 마음을 울리고, 힘을 북돋워 주고, 긍정적인 변화도 가져올 수 있습니다. 글을 매개로 할 수 있는 일들은 무척 많습니다. 그래서 문학 영역과 관련된 직업도 다양합니다.

다음 장에서 소개하고 있는 직업을 살펴보고 탐색해 보세요. 무엇보다 초등학생 때는 자아개념을 잘 형성하고, 꾸준히 진로 탐색을 하면서 기본적인 소양과 역량의 틀을 다져나가는 것이 중요해요. 자기 적성과 흥미가 무엇인지 잘 관찰하고 다양한 영역에 도전해 보면서 여러분의 진로를 계획해 보세요.

#작가가 되기 위해서는 어떻게 해야 할까요?

먼저 자신이 쓰고 싶은 이야기를 찾아야 합니다. 평소 호기심을 가지고 세상과 주변을 관찰하다 보면, 그리고 사람들의 마음을 섬세하게 들여다보고 공감하다 보면, 여러분이 쓰고 싶은 이야기가 무엇인지 찾을 수 있을 겁니다. 또한 전문적인 조사도 필요합니다. 무엇보다 다양한 책을 읽어서 풍부한 지식을 갖추는 것이 필요합니다. 책을 통해 간접적으로 경험한 것, 그리고 여행이나 생활을 통해 직접적으로 경험한 것, 이러한 모든 것이 작가가 되기 위한 좋은 밑거름이 됩니다.

#문학 계열은 창작, 비평, 언어, 출판 등으로 구성되어 있어요.

창작	시, 소설, 대본, 수필 등 생각을 글로 만들어 내는 분야.
비평	창작된 작품이나 사회 현상을 분석하고 평가하여 전달하는 분야. 평론, 기사 등이 포함된다.
언어	우리말을 포함하여 각 나라의 언어들을 연구하고 활용하는 분야. 언어학, 통역, 번역, 교육 등이 포함된다.
출판	창작된 글들을 책으로 구성하여 독자들에게 전달하는 분야. 교정, 각색, 편집 등이 포함된다.

◈ 문학 도서 목록 ◈

순	영역	진로정보	교과정보	도서명	집필자	비고
1	문학	작가	국어	5번 레인	한상희	대표
2	문학	언어학연구원	국어	프린들 주세요	김은정	대표
3	문학	시인	국어	Z 교시	권위숙	
4	문학	기자	국어/도덕	가짜 뉴스 방어 클럽	김은정	
5	문학	작가	국어	긴긴밤	한상희	
6	문학	시인	국어	꼬마 시인의 하루	김은정	
7	문학	교사	국어/도덕	나쁜 어린이표	권위숙	
8	문학	작가/출판	국어	덕질로 배운다! 10대를 위한 책쓰기 특강	김명주	
9	문학	작가	국어	도서관 생쥐	문지영	
10	문학	여행작가	국어/사회	마지막 거인	문지영	
11	문학	소설가	국어	백산의 책	오여진	
12	문학	비평가	국어	악당의 무게	한상희	
13	문학	시인	국어	우리 반 윤동주_시인 윤동주, 소년과 희망을 노래하다!	안란희	
14	문학	작가/출판	국어	작가가 될 거야!	문지영	
15	문학	작가	국어	장복이, 창대와 함께 하는 열하일기	한상희	
16	문학	스토리텔러	국어/사회	책과 노니는 집	한상희	
17	문학	극작가	국어	해리엇	오여진	

I. 5번 레인

도서정보	은소홀 / 문학동네 / 2020년 / 240쪽 / 12,500원	
진로정보	문학 - 작가	
교과정보	국어	등장인물의 성격

도서소개 #어떤 책일까?

　　이 책은 한강초 수영부 아이들의 반짝이는 꿈 이야기이다. 수영부 아이들은 수영하는 이유, 수영하면서 드는 고민과 생각들이 모두 제각각이다. 하지만 수영하면서 아이들의 미래와 삶을 고민하게 되고 한 뼘씩 성장해 간다. 매일 운동을 하면서 신체를 단련하고, 불안과 걱정을 견뎌내며 마음을 단련하는 수영부 아이들의 모습 속에 나의 고민이 투영된다. 저마다 간직한 소중한 꿈은 불안과 시련을 견뎌내며 더욱 반짝인다.

　　이 책은 나와 비슷한 상황의 인물에 나 자신을 투영하여 문학 작품을 감상할 수 있게 해 주고, 이를 통해 나를 성찰하며 꿈을 향해 나아갈 수 있게 한다.

진로탐색 #무엇을 더 볼까

관련매체 : [지성과 감성] 은소홀 작가의 '5번 레인'

관련도서 : 『긴긴밤』(루리, 문학동네)

진로토론 #무엇을 이야기해 볼까

1. 이 책에서 가장 인상 깊은 문장은 무엇인가? 최고의 명문장이나 명대사를 찾아 말해 보자.
2. 수영부 아이들은 수영하면서 무슨 생각을 하는지, 고민은 무엇이고 꿈은 무엇인지 말해 보자.
3. 나와 비슷한 생각이나 고민을 한 인물은 누구인가? 그 아이가 어른이 된 모습을 상상해 보고, 뒷이야기를 상상해 보자.
4. 나루가 수영대회에서 떨리는 순간을 견디고 이겨내며 꿈을 이루기 위해 노력하는 것처럼 여러분도 떨리고 긴장되는 순간을 견뎌낸 경험을 말해 보자.

진로활동 #무엇을 해 볼까

1. 힘들고 지칠 때 나에게 용기와 희망을 줄 수 있는 것을 찾아보자.
2. 내가 꿈꾸는 나의 미래는 어떤 모습인지 생각해 보고, 미래의 나를 주인공으로 하는 동화 이야기를 상상하여 써 보자.

◈ 책 이야기 ◈

1. 이 책에서 가장 마음이 와 닿는 문장은 무엇인가? 인상 깊은 명문장, 명대사를 찾아서 적어 보자.

2. 버들이가 수영을 그만둔 이유는 무엇인가?

3. 나루는 시합에서 진 영상을 보고 초희의 수영복을 수상하게 생각한다. 그렇게 생각한 이유는 무엇이고, 그것은 타당한 판단일까?

4. 코치님은 나루에게 이기고 지는 게 수영의 전부가 아니라고 말했다. 코치님은 무엇을 말하고 싶은 걸까?

5. 수영대회에서 결과에 상관없이 최선을 다하기를 바란다는 교장선생님 말씀의 의미는 무엇인가?

6. 나루는 '결과가 좋든 나쁘든 나루 손으로, 나루의 두 팔과 다리로 만들어야 했다'라는 것을 깨달았다. 무슨 의미일까?

◈ 질문하고 토론하고 ◈

※ 영상자료를 통해 알게 된 내용들을 질문에 따라 정리해 보세요. (1~3)

[영상자료]
[지성과 감성] 은소홀 작가의 '5번 레인'

https://www.youtube.com/watch?v=irKVXz9PG8k (2:50

1. 나루에게 '5번 레인'은 어떤 의미인가?

2. 나루가 수영대회에서 긴장과 설렘의 순간을 맞이하듯 나에게 긴장과 설렘을 주는 것은 무엇인가?

3. '결과보다 과정이 중요하다.' 논제로 찬반 토론을 해 보자.
   * (찬성) 결과보다 과정이 중요하다.
   * (반대) 과정보다 결과가 중요하다.

논제	결과보다 과정이 중요하다.	
	찬성	반대
주장과 근거		

4. 나루와 태양이가 미술 시간에 자신의 명함을 만든 것처럼 미래의 나의 명함을 만들어 보자.

◈ 진로 이야기 ◈

1. 등장인물을 탐구해 보자. 수영부 아이들의 성격을 짐작할 수 있는 말과 행동 등을 찾아서 인물의 성격이나 장점 등에 대해서 알게 된 점을 적어 보자.

인물	인물의 말과 행동	인물의 생각과 성격
강나루		
김초희		
지승남		
정태양		
강버들		

2. 한 인물을 골라 그 아이가 어른이 된 모습을 상상해 보고, 뒷이야기를 써 보자.

3. 『5번 레인』 속 아이들은 자신의 목표를 위해 매일 열심히 운동하고 훈련한다. 꿈에 더 다가가기 위해서 내가 실천하고 있는 방법은 무엇인지, 어떤 노력을 하고 있는지 소개해 보자.

2. 프린들 주세요

도서정보	앤드루 클레먼츠(햇살과나무꾼) / 사계절 / 2001년 / 154쪽 / 9,500원	
진로정보	문학 - 언어학연구원	
교과정보	국어	언어의 특성

도서소개 #어떤 책일까?

　　링컨초등학교 5학년인 닉은 기발한 생각을 많이 하고, 그 생각을 어떻게 실천해야 할지도 잘 아는 어린이다. 5학년이 되어 "사전"이라는 제목으로 발표를 한 닉은 수업이 끝난 후 펜을 "프린들"이라고 부르기 시작한다. 많은 아이가 닉을 따라 펜을 프린들이라고 부르고, 그레인저 선생님은 그 말을 쓰지 못하게 하면서 이 일은 "낱말 전쟁"으로 발전한다. 이 책은 링컨초등학교에서 벌어진 한 사건을 통해 언어의 사회성을 재미있게 풀어내고 있다. 어린이들이 언어의 속성들을 흥미롭게 살펴볼 수 있는 좋은 책이다.

■ 진로탐색 #무엇을 더 볼까

관련매체 : 국어원은 오늘도, 열일 중! - 사전 팀 방문기
관련도서 : 『책상은 책상이다』 (페터 빅셀, 위즈덤하우스)

■ 진로토론 #무엇을 이야기해 볼까

1. 닉은 어떤 아이라고 말할 수 있을까?
2. 그레인저 선생님이 말씀하신 "낱말이 사전에 실리는 과정"을 설명해 보자.
3. 같은 뜻에 대해 나라마다 낱말이 다른 것은 언어의 어떤 속성 때문일까?
4. '닉이 프린들을 만든 것은 잘한 일이다'로 찬반 토론을 해 보자.
5. 닉의 어려움을 아신 그레인저 선생님께서는 닉을 어떻게 격려해 주셨는가?

■ 진로활동 #무엇을 해 볼까

1. 나만의 낱말 사전을 만들어 보자.
2. 신조어를 조사해서 신조어 사전을 만들어 보자.
3. 틀리기 쉬운 맞춤법은 어떤 것이 있는지 조사해 보자.

◈ 책 이야기 ◈

1. 닉은 선생님의 수업을 떠올리며 "프린들"이라는 단어를 만들었다. 닉이 국어 수업 시간에 배운 내용을 어떻게 적용했는지 설명해 보자.

2. 어떤 사물을 두고 사람마다 각자 부르고 싶은 이름으로 부른다면 어떻게 될까?

3. 학생들은 프린들이라는 단어를 사용하는 것을 좋아했고, 그레인저 선생님은 프린들 단어를 사용하면 방과 후에 남아 반성문을 쓰는 벌을 주셨다. 닉이 프린들이라는 단어를 만든 건 잘한 일이었는지 나의 의견을 쓰고 찬반을 나누어 토론해 보자.

◈ 질문하고 토론하고 ◈

※ 영상자료를 참고하고 질문에 따라 정리해 보세요. (I~3)

[영상자료]
조안나 쌤의 달콤한 책 읽기_책상은 책상이다.
ANNA CHO 제공 (2020.5.23.)

[참고자료]
책상은 책상이다, 피터 빅셀

I. 〈책상은 책상이다〉와 〈프린들 주세요〉를 비교해 보자.

2. 언어의 중요성에 대해 생각해 보고 정리하여 나누어 보자.

3. 우리만의 "새로운 낱말 사전"을 만들어 소개해 보자.

◈ 진로 이야기 ◈

※ 영상자료를 참고하고 질문에 따라 정리해 보세요. (1~3)

[영상자료]
국어원은 오늘도, 열일 중! – 사전 팀 방문기–
국립국어원 제공 (2023.9.15.)

1. 사전을 만들 때 고려해야 할 점은 무엇일까?

2. 사전에 꼭 실렸으면 하는 말이 있나요? <우리말샘 사전>에 어떤 낱말을 제안하고 싶은가?

3. 국립국어원 홈페이지를 방문해서 다른 업무들도 조사해 보자.

3. Z 교시

도서정보	신민규 / 문학동네 / 2017년 / 112쪽 / 12,500원	
진로정보	문학 - 시인	
교과정보	국어	동시로 나를 찾아 떠나는 여행

도서소개 #어떤 책일까?

동시란 짧은 글에 운율이 들어있는 글이다. 하지만 이 책은 동영상으로 북트레일러를 제작해 함께 제공하며 동시를 Z세대에게 맞게 다가가고 있다.

신민규 시인의 쉽고 재밌다. 술술 익힌다. 경고! "절대 읽지 마시오, 한 글자도 절대 읽지 마시오." 경고가 절대 먹히지 않는다. 다양한 말놀이로 책을 한 번 잡으면 끝까지 읽어버리고야 마는 책이다. 다른 동시집과 달리 디지털 미디어가 동심 속으로 들어와 아이들의 마음속을 차곡차곡 읽어가면서 자기 생각을 짧은 글과 리듬으로 풀어놓게 만드는 마법의 동시집이다.

진로탐색 #무엇을 더 볼까

관련매체 : 문학동네 동시집 https://youtu.be/G5U24ZaQkjQ?si=OtaWGCg04-z0NTOw
관련도서 : 『고양이 약제사』 (박정완, 문학동네)

진로토론 #무엇을 이야기해 볼까

1. 시인이 된다는 것은 예술적 감각, 상상력, 언어 능력, 그리고 깊은 감정 경험이 필요하며, 자신의 시적인 목소리를 찾아내는 것이 중요하다. 시인이 된다면 어떤 능력이 나에게 필요할까?
2. 풍부한 어휘와 다양한 표현 수단을 활용하여 감정이나 생각을 전달할 수 있어야 한다. 그렇다면 '시인은 사회적인 문제나 현상에 대해 비판적인 시각을 가지고 표현해야 한다' 로 찬반토론 해 보자.

진로활동 #무엇을 해 볼까

1. 동시로 자신의 이름으로 3행시를 적고 영상으로 만들어 보자.
2. 신민규 작가 "꿈 사용 설명서"를 재구성해서 나 사용 설명서로 제작해 보자.
3. 관련 분야의 전문가나 현직자와 인터뷰하거나 멘토링을 해 보자.
4. 교내·외 진로 행사에 참여하여 다양한 직업이나 전공에 대해 알아보자.

4. 가짜 뉴스 방어 클럽

도서정보	임지형 / 국민서관 / 2020년 / 124쪽 / 12,000원	
진로정보	문학 - 기자	
교과정보	국어, 도덕	가짜뉴스 구별하기

도서소개 #어떤 책일까?

　　소담이는 화재 사건의 범인이 간첩이라는 글을 보고 별 의심 없이 받아들이지만, 윤호는 가짜 뉴스라고 말해서 서로 다투게 된다. 소담이는 가짜 뉴스인지 아닌지를 조사하는 숙제를 하게 되었고, 그 과정에서 기사가 가짜였음을 알게 되어 충격을 받는다. 그때 소담이가 좋아하는 가수가 비난받는 가짜 뉴스가 퍼지게 되었다. 다행히 그 가수의 선행을 직접 목격한 적이 있기에, 소담이는 그 기사가 가짜임을 밝히는 글을 써서 진실을 밝히고, 그 보답으로 콘서트에 초대받게 된다. 이 책은 어떻게 가짜 뉴스가 퍼지는지, 또 가짜 뉴스를 판별하기 위해서는 어떤 점을 주의 깊게 봐야 하는지를 알려주는 책이다.

진로탐색 #무엇을 더 볼까

관련매체 : 기자 - 국민의 알 권리를 위해 땀 흘리는 직업을 소개합니다!
　　　　　https://www.youtube.com/watch?v=McN99EycZRg
　　　　가짜 뉴스 구별법 http://tinyurl.com/yu5shwt4
관련도서 : 『어린이가 알아야 할 가짜 뉴스와 미디어 리터러시』 (채화영, 팜파스)

진로토론 #무엇을 이야기해 볼까

1. 윤호가 가짜 뉴스에 관심을 가지게 된 계기는 무엇인가?
2. '기사의 댓글을 실명으로 달게 해야 한다'라는 논제로 찬반 토론을 해 보자.
3. 가짜 뉴스를 독버섯이라고 비유한 이유를 말해 보자.
4. 윤호는 기사가 가짜 뉴스라는 걸 어떻게 판별했는가?

진로활동 #무엇을 해 볼까

1. 가짜 뉴스를 판별하는 방법을 정리해 카드뉴스로 만들어 보자.
2. 내 주변에서 일어난 일들이나 알리고 싶은 것을 취재하고 수첩에 요약해 보자.
3. 육하원칙에 따라 기사문을 작성해 보자.

5. 긴긴밤

도서정보	루리 / 문학동네 / 2021년 / 144쪽 / 11,500원
진로정보	문학 - 작가
교과정보	국어	자기 삶과 연관 지어 성찰하는 태도

도서소개 #어떤 책일까?

　　이 책은 세상에 마지막 남은 흰바위 코뿔소 노든과 버려진 알에서 태어난 어린 펭귄이 수없는 긴긴밤을 함께하며 바다를 찾아 떠나는 이야기이다. 노든은 사랑하는 가족을 잃고 불운의 나날을 보내면서도 노든의 옆에서 말벗이 되어주고 서로 체온을 나눠주며, 바다를 향해 나아갈 수 있는 용기를 준 펭귄과 마지막 여행을 떠난다.
　　마침내 바다에 도착한 어린 펭귄은 자신을 살아있게 한 친구들의 마음을 모두 끌어안은 채 긴긴밤이 기다리는 바닷속으로 뛰어든다. 자신과 이어진 소중한 이들과의 관계 속에서 살아가는 이유를 생각하게 해 준다.

진로탐색 #무엇을 더 볼까

관련매체 : 『마지막 수컷 북부흰코뿔소 '수단' 숨지다』 (경향신문, 2018.03.20.)
관련도서 : 『해리엇』 (한윤섭, 문학동네)

진로토론 #무엇을 이야기해 볼까

1. 노든은 펭귄에게 살아야 하는 이유를 무엇이라고 말했는가?
2. 책의 제목 '긴긴밤'의 의미는 무엇인가?
3. 여러분은 바닷물 속으로 들어간 펭귄이 어떻게 살아가길 바라는가?
4. 노든과 펭귄처럼 여러분이 살아가는 이유에 관련 있는 사람은 누구인가?
5. 동물을 위해 우리가 할 수 있는 일은 무엇이 있을까?

진로활동 #무엇을 해 볼까

1. 『마지막 수컷 북부흰코뿔소 '수단' 숨지다』 기사를 찾아 읽고, 느낀 점을 말해 보자.
2. 노든처럼 나에게 든든한 버팀목이 되어주는 이에게 나의 마음을 전하는 편지를 써 보자.
3. 펭귄이 두려움을 이겨내고 바닷속으로 뛰어든 것처럼 내가 두려움을 이겨내고 도전하고 싶은 것은 무엇인지 생각해 보자.

6. 꼬마 시인의 하루

도서정보	장혜진 / 북극곰 / 2021년 / 36쪽 / 13,000원
진로정보	문학 - 시인
교과정보	국어	시 창작

도서소개 #어떤 책일까?

꼬마 시인은 산책한다. 엄마는 산책하러 나가는 꼬마에게 잔소리하지만, 그래도 꿋꿋이 산책한다. 길가에 피어난 작은 꽃을 보면서 꼬마 시인은 "나는 무엇을 위해 살아가는 걸까?"라고 고민한다. 산책을 계속하면서 꼬마 시인의 고민은 깊어진다. "나는 진정 무엇을 위해 살아가는 걸까?" 이 책은 아이들의 눈높이에서 철학적 사고를 할 수 있게 도와주는 책이다. 인생에 대해 고민하는 꼬마 시인의 모습을 보면서 우리 어린이들도 무엇을 위해 살아가는지 진지하게 고민해 보고, 마음을 담은 시도 써 보기를 추천한다.

진로탐색 #무엇을 더 볼까

관련매체 : [문화꿈지기] 나태주 시인이 청소년에게 전하는 문학의 가치
　　　　　　https://www.youtube.com/watch?v=PCzTcgkHIBM
관련도서 : 『세상은 이렇게 아름다워』 (이하율, 북앤피플)

진로토론 #무엇을 이야기해 볼까

1. "초등학생에게 부모님의 잔소리는 필요하다"라는 논제로 토론해 보자.
2. "아무것도 하지 않고 쏘다니는 시간은 유익하다"라는 논제로 토론해 보자.
3. 나는 무엇을 위해 살아가고 있는지 말해 보자.
4. 나에게 인생이란 무엇인지 짧은 글로 표현해 보자.

진로활동 #무엇을 해 볼까

1. 어제 내가 본 것, 경험한 것, 생각한 것에 대해 일기를 써 보자.
2. 일기를 바탕으로 나의 하루를 시로 써 보자.
3. 친구들과 함께 시를 낭송해 보자.

7. 나쁜 어린이 표

도서정보	황선미 / 시공주니어 / 2024년 / 76쪽 / 12,000원	
진로정보	문학 - 교사	
교과정보	국어, 도덕	교사, 학교, 친구, 칭찬

도서소개 #어떤 책일까?

　　학교에서 반장 선거가 있던 날 사건이 벌어집니다. 반장 선거에 떨어진 건우는 첫 번째 '나쁜 어린이 표'의 주인공이 되고부터 연이어 나쁜 어린이 표를 받게 됩니다. 친구의 고자질로 화장실에서 욕한 것에 노란색 스티커를 받게 된 건우는 자신만의 비밀 수첩을 쓰게 됩니다. 더군다나 친구 창기로 인해 새로운 규칙까지 더 생겨납니다. 우연히 반 대표로 과학경진대회를 출전하게 된 건우는 반장인 경식이가 대회에서 엉망진창으로 작품을 완성하지 못하고, 함께 집으로 가면서 나쁜 어린이 표를 처음으로 받았던 때를 떠올리며 경식이의 마음을 조금은 이해하게 됩니다. 스티커 뭉치를 우연히 발견해 변기에 버리고 화장실에서 나오고 있지 못하던 건우를 선생님이 찾으러 와 겨우 밖으로 나온 경식이는 선생님과 서로의 비밀을 간직하게 됩니다. 처음으로 선생님의 입장에서 생각하고 인간적인 모습에 친근감을 느끼며 고마움을 느끼게 되는 이야기입니다.

진로탐색 #무엇을 더 볼까

관련매체 : 선생님을 신나게 하자. 교권 존중
　　　　　https://youtu.be/EYK1412aUAU?si=0aMgMBIRpkg333Sb
관련도서 : 『고정욱 선생님이 들려주는 다정한 말, 단단한 말』 (고정욱, 우리학교)

진로토론 #무엇을 이야기해 볼까

1. 칭찬받은 자기 경험을 바탕으로 짝과 함께 칭찬하기 1대1로 하브루타 해 보자.
2. 착한 어린이 표와 나쁜 어린이 표를 구별하는 방법을 서로 토의해 보자.
3. 상벌제도는 학교생활에서 필요한 제도일까? 찬성과 반대로 나눠 토론해 보자.

진로활동 #무엇을 해 볼까

1. 좋은 선생님이 되기 위한 십계명을 만들어 보자.
2. 선생님이 되기 위한 나만의 비밀수첩을 만들어 보자.
3. 내가 만약 선생님이 된다면 가져야 할 핵심 가치와 목표를 설정해 워크시트로 만들어 보자.

8. 덕질로 배운다! 10대를 위한 책쓰기 특강

도서정보	윤창욱 / 책밥 / 2023년 / 304쪽 / 18,000원	
진로정보	문학 - 작가, 출판	
교과정보	국어	글쓰기와 책 쓰기

도서소개 #어떤 책일까?

　　이 책은 쨍하게 노란 책 표지를 열면 1장부터 4장까지 책을 쓰기 위한 동기부여부터 즐겁고도 의미 있는 책 쓰기의 완성까지 친절하고 꼼꼼하게 안내한다. 이렇게 가려운 곳을 시원하게 긁어주는 안내가 가능했던 것은 저자가 학교 현장에서 다양한 학생들과 직접 사제동행을 통해 서로 배우는 과정이 쌓였기 때문에 가능했다고 본다.

　　따라서 학생들이 무엇을 어려워하고 어떤 부분에서 부족한가를 누구보다 잘 알고 있어서 누구나 글을 쓰거나 책을 출판하고자 할 때 겪을 수밖에 없는 일들에 대해 문제해결의 실마리를 준다.

　　초등 고학년 학생에게는 글밥이 다소 많아 혼자 읽기가 부담스러울 수도 있으므로 교사나 학부모가 학생과 함께 벗이 되어 읽고 적용해 보기를 추천한다.

진로탐색 #무엇을 더 볼까

관련매체 : [스터디언] 세계적인 베스트셀러 작가의 글쓰기 조언

　　　　　https://www.youtube.com/watch?v=XdKgLxGNa_0

관련도서 : 『이야기로 펼치는 창의적 글쓰기』 (신정은, 북랩)

진로토론 #무엇을 이야기해 볼까

1. '당신의 삶을 기록하면 하나의 작품이 된다.'라는 말은 무슨 의미일까?
2. 책을 쓰려면 아는 것이 많고, 글솜씨가 좋아야 할까?
3. 일과 삶의 조화로 몰입을 강조하는 '워라벨의 시대'에 덕업일치가 중요하다고 한다. 그렇다면 나는 무엇에 푹 빠져 있을 때 가장 나답고 행복한가?
4. 책 한 권이 한 사람의 인생을 바꿀 수도 있다고 생각하는가?
5. 저작권법을 모르고 저작권법을 지키지 못한 것에 대한 처벌은 어떻게 해야 한다고 생각하는가?

진로활동 #무엇을 해 볼까

1. 나의 덕질을 글쓰기로 표현해 보자. 아직 덕질하는 것이 없다면 찾아보자.
2. 글쓰기 동아리를 만들거나 가입하여 함께 쓰기 프로젝트에 동참해 보자.
3. 내가 쓰고 싶은 책의 샘플 원고를 작성해 보자.

9. 도서관 생쥐

도서정보	다니엘 커크(신유선) / 푸른날개 / 2007년 / 40쪽 / 8,500원	
진로정보	문학 - 작가	
교과정보	국어	나의 이야기 쓰기

도서소개 #어떤 책일까?

　　도서관의 어린이 참고서 칸 뒤쪽 벽에 난 구멍에 살고 있는 생쥐 샘은 사람들로 북적이는 낮에는 작은 쥐구멍 안에서 잠자다가 밤이 되면 구멍에서 나와 도서관의 책을 읽는다. 다양한 종류의 책을 수십 권 읽으며 알게 된 것과 상상의 세계를 여행하며 마침내 책을 쓰기로 결심한다. 작은 종이를 접어 글쓰기 책에서 '자신이 아는 것을 써라'라는 글을 떠올리고 자신의 이야기를 써서 전기 및 자서전 칸에 자기 작품을 꽂아둔다. 자신의 책을 재밌게 읽는 모습을 본 샘은 새로운 책을 계속 써서 신간 자리에 올려두고, 작가와의 만남까지 갖게 된다. 샘은 누구나 작가가 될 수 있음을 알려주고 모두 자신만의 책을 쓰게 된다. 작가 샘을 통해 책 읽는 즐거움과 글쓰기의 즐거움을 알게 해주는 책이다.

진로탐색 #무엇을 더 볼까

관련매체 : 미니그림책만들기 https://youtu.be/jS_a_476aGM?si=V_J1ahsatUYffgKr

관련도서 : 『도서관 생쥐2 -글짓기 친구-』 (다니엘 커크, 푸른날개)
　　　　　『어린이 작가들의 일기 모음』 (장석천, 은성문고)

진로토론 #무엇을 이야기해 볼까

1. 내가 좋아하는 분야의 책은 어떤 분야인지 차례로 돌아가며 말해 보자.
2. 샘이 처음 자신의 이야기를 책으로 썼을 때 어떤 기분이었을까?
3. 내가 만나고 싶은 작가는 누구인지, 그 이유는 무엇인지 말해 보자.
4. 책 쓰기를 할 때 주의할 점은 무엇일까?
5. 글쓰기의 어려움은 무엇인지 이야기 나누고, 샘의 책 쓰기 과정에서 도움이 되는 부분을 찾거나 해결 방안을 함께 찾아보자.

진로활동 #무엇을 해 볼까

1. 영상자료를 참고하여 8절 도화지를 8면 접기를 하여 샘처럼 자신의 이야기를 책으로 써 보자.
2. 내가 관심 있는 주제에 관해 책을 읽고 정리하여 나만의 책을 써 보자.
3. 내가 쓴 책을 전시하거나 직접 읽어줘 보자.

IO. 마지막 거인

도서정보	프랑수아 플라스(윤정임) / 디자인하우스 / 2002년 / 87쪽 / 8,800원	
진로정보	문학 - 여행작가	
교과정보	국어, 사회	여행작가 되기

도서소개 #어떤 책일까?

지리학자인 아치볼드 레오폴드 루트모어는 우연히 뱃사람에게 거인의 이를 사서 관찰하던 도중 그것에 그려진 지도를 보고 거인족의 나라임을 발견하고 그곳을 찾아가게 된다. 생사를 건 긴 탐험 끝에 결국 거인들의 나라를 찾아내 그들과 우정을 나누고 약 2년 8개월 만에 집으로 돌아와 거인들에 관한 책을 쓴다. 드디어 책이 나왔지만, 거인들의 이야기를 사람들이 믿어주지 않자, 전국 순회강연을 한다. 마침내 두 번째 원정단을 꾸리게 되었고 그곳에 도착했을 때는 놀랍게도 이미 많은 사람이 앞다퉈 거인들의 나라를 찾아내서 거인들을 비참하게 살육한 뒤였다. 거인들이 실재하고 있다는 달콤한 비밀을 폭로하고 싶었던 어리석은 이기심에 쓴 책이 불행의 원인이 되었음을 깨닫고 그 이후 더 이상 글을 쓰지 않게 된다. 학자와 작가의 양심에 대해 생각해 보게 하는 책이다.

진로탐색 #무엇을 더 볼까

관련매체 : 마지막거인 읽기영상 https://youtu.be/sd0jfeypkos?si=RSwqGqcUB8Jzkyfd

관련도서 : 『열하일기-청소년들아, 연암을 만나자』(박지원, 보리)

진로토론 #무엇을 이야기해 볼까

1. 아치볼드가 여행에서 돌아와서 거인들의 나라에 관한 책을 9권이나 써낼 수 있었던 비결은 무엇일까? 일기를 어느 정도로 써야 할까?
2. 여행에서 발견한 새로움을 기록하여 발간한 책의 가치는 무엇인가?
3. 마지막 거인의 내용처럼 요즘에도 책이나 연구논문, SNS, 유튜브 등으로 새로운 것을 공개하였을 때 그들의 존재가 피해를 보게 된 사례를 찾고, 기록자가 갖추어야 할 윤리적인 태도를 이야기해 보자.

진로활동 #무엇을 해 볼까

1. 아치볼드처럼 수첩에 하루 동안 집에서 출발하여 다닌 곳을 중심으로 보고 들은 일, 일어난 일, 느낌 등을 상세히 글로 쓰고 그림으로도 나타내어 보자.
2. 아치볼드의 여행길을 지도에 그려보고, 내가 여행하고 싶은 길도 지도에 그려보고 가상의 여행 기록을 써 보자.

Ⅱ. 백산의 책

도서정보	하은경 / 낮은산 / 2010년 / 183쪽 / 13,000원	
진로정보	문학 – 소설가	
교과정보	국어	이야기 속 사건의 름 이해하기

도서소개 #어떤 책일까?

　　세상을 바꾸고자 했던 양반 허균이 가난한 좀도둑 소년 백산을 만나 마음을 나누며 홍길동전을 만든 이야기이다. 좀도둑질하다가 우연히 허균과 인연이 된 백산은 배가 고파 양반인 허 참판 집에 종으로 들어가길 간청한다. 허 참판은 백산을 받아들이고, 이야기를 좋아하는 백산과 도적 홍길동에 관한 이야기를 주고받으며 소설을 만들어 간다. 차별 없이 인간을 사랑했던 허균은 결국 완성된 소설책을 백산에게 맡긴 채 역적으로 죽임을 당하고, 좀도둑이었던 백산은 그와 같은 꿈을 꾸며, 성실하고 바른 삶을 살 것을 결심한다. 시대의 개혁가 허균이 사람을 대하는 태도와 그를 만난 백산의 성장을 통해 우리가 어떤 삶을 살아야 할지 생각해 볼 수 있게 해주는 책이다.

진로탐색 #무엇을 더 볼까

관련매체 : 허균의 일생
　　　　　https://www.youtube.com/watch?v=fGHmUUvEfIo / (20:28)
관련도서 : 『홍길동전』(정종목, 창비)

진로토론 #무엇을 이야기해 볼까

1. 허 참판이 끔찍한 죽임을 당한 이유는 무엇인가?
2. 백산은 허 참판이 죽은 뒤 이야기꾼에게서 홍길동전을 듣고 훔쳤던 돈을 개천에 던진다. 그 이유는 무엇인가?
3. 좁은 땅에서 재주 있는 사람을 뽑으려면 출생이나 집안을 따지지 말아야 한다는 허균의 말은 옳다. 지금은 우리 땅에서 사람을 뽑을 때 온전히 그 사람의 능력으로 공정하게 뽑는다고 생각하는가?

진로활동 #무엇을 해 볼까

1. 이야기를 재미있게 잘 만들려면 어떤 연습을 많이 하는 것이 좋을까?
2. 내가 상상하여 이야기를 만든다면 주인공을 어떤 인물(혹은 동물) 만들고 싶은가?

12. 악당의 무게

도서정보	이현 / 휴먼어린이 / 2014년 / 180쪽 / 12,000원	
진로정보	문학 - 비평가	
교과정보	국어	이야기의 구성요소 알아보기

도서소개 #어떤 책일까?

　　이 책은 들개와 소년의 가슴 뭉클한 이야기이다. 주인공 수용이는 우연히 들개와 마주치게 되고, 길들지 않은 서늘한 눈빛과 꼿꼿한 자세의 들개는 수용이를 압도한다. 수용이는 들개에게 매료되어 악당이라는 이름을 붙여주지만 어른들 눈에 비친 악당은 인간을 위험에 빠트리는 존재이다. 악당과 친구가 된 수용이는 인간에 의해 위협받고 있는 악당을 지켜내기 위해 고군분투한다.
　　세상에는 사람 말고도 수많은 생명이 있다. 이 책은 사람과 동물의 관계, 사람과 자연의 관계, 모든 생명과 사람과의 관계에 대해서 되돌아볼 수 있게 한다. 우리가 사는 세상에는 사람과 동물, 모든 생명이 저마다의 자리가 있음을 깨닫게 하는 책이다.

진로탐색 #무엇을 더 볼까

관련매체 : 우리가 소설을 읽는 이유
　　　　　https://www.youtube.com/watch?v=5m-GX7Aqqnk (1:32)
관련도서 :『푸른사자 와니니』(이현, 창비)

진로토론 #무엇을 이야기해 볼까

1. 집에서 기르는 개와 바깥에서 사는 개는 어떤 점이 같고 어떤 점이 다른가?
2. 악당의 몸에 있는 붉은 스프레이 자국은 누가 남긴 것일까? 빨간 스프레이 자국이 의미하는 것은 무엇일까?
3. 사람을 문 악당을 보호센터로 보내어 안락사시키는 것은 정당한가?
4. 인간 생명의 무게와 동물 생명의 무게는 같을지 생각해 보자.

진로활동 #무엇을 해 볼까

1. 위 영상을 보고 내가 문학 작품을 읽는 이유는 무엇인지 생각해 보자.
2. 동화 속 등장인물을 떠올려 보고, 나와 가장 닮은 인물은 누구인지 말해 보자.
3. 동화 속 주요 사건을 정리해 보고, 내가 주인공이라면 그 사건을 어떻게 풀어 나갈지 이야기를 구성하여 써 보자.

13. 우리 반 윤동주 - 시인 윤동주, 소년과 희망을 노래하다!

도서정보	장경선 / 리틀씨앤톡/ 2021년 / 212쪽 / 12,000원	
진로정보	문학 - 시인	
교과정보	국어	나의 이야기 쓰기

도서소개 #어떤 책일까?

　　일제 강점기 시대 일본은 우리말과 우리글을 사용하는 것을 철저히 탄압했다. 그런데도 윤동주 시인은 한글로 시를 쓰는 것을 포기하지 않았다. 비록 생전에는 시집을 한 권도 출판하지 못했지만, 정병욱 선생에게 맡긴 원고로 인해 유고 시집이 출판되었다고 한다. 시인의 시에는 그의 삶이 쓰여 있다. 창씨개명을 하고 부끄러운 마음을 담아 쓴 「참회록」, 고향에 대한 그리움을 담아 쓴 「별 헤는 밤」.

　　이 책에서는 열두 살 윤해환의 모습으로 시인을 등장시켜 시인의 삶과 생각을 알려준다. 소설 속 이야기지만 시인이 자신의 시집을 보았을 때 느껴지는 뭉클함이 독자의 마음을 울린다.

진로탐색 #무엇을 더 볼까

관련매체 : 영화 『동주』(2016, 이준익 감독)

관련도서 : 『나태주 시인이 들려주는 윤동주 동시집』 (나태주, 북치는마을)

진로토론 #무엇을 이야기해 볼까

1. 일본은 왜 한글을 사용하지 못하게 했을까?
2. 아름답다고 생각하는 우리말에는 어떤 것이 있는가?
3. 윤동주 시인은 왜 시집의 제목을 『병원』이 아닌 『하늘과 바람과 별과 시』 라고
   지었을까?
4. 문학이란 무엇인가?
5. 글과 삶은 일치해야 하는가? (찬반토론)

진로활동 #무엇을 해 볼까

1. 책 속에 등장한 시 중 가장 인상 깊은 시를 낭송하고, 그 이유를 이야기해 보자.
2. 윤동주 시인은 자신의 삶을 시로 표현하였다. 내 삶에서 기뻤던 일, 행복했던 일,
   슬펐던 일, 힘들었던 일 등을 떠올려 보고 시로 표현해 보자.

14. 작가가 될 거야!

도서정보	헬렌 레스터(신형건) / 보물창고 / 2009년 / 32쪽 / 9,800원	
진로정보	문학 - 작가, 출판	
교과정보	국어	작가와 출판

도서소개 #어떤 책일까?

거울 글씨 작가였던 주인공은 여러 사람의 도움 덕분에 마침내 올바른 방향으로 글씨를 쓸 수 있게 되었다. 그런데 글쓰기는 너무나 어려운 일이었다. 때로는 아무 생각도 떠오르지 않고, 중간에 이야기가 막히거나 제목 정하기도 어렵고 글을 고쳐야 하는 게 힘들고 왜 이야기를 쓰고 있는지도 몰라서 힘들어했다. 커서 뭐가 되고 싶은지 꿈을 꾸다 결국 선생님이 되었다. 가르치는 일이 재밌었는데 가장 가르치기 좋아하는 과목은 글쓰기였다.

어느 날 한 친구가 아이들을 위한 책을 써 보라고 권하였고, 10년간 가르친 경험으로 책을 써서 출판사에 보냈다. 그러나 출판사에서는 거절했고 계속해서 책을 썼지만, 거절되는 것을 반복하다 일곱 번째 출판사로 보낸 책이 드디어 출판되어 작가가 되었다. 그 후 글쓰기를 사랑하며 작가로 사는 삶을 살아간다.

진로탐색 #무엇을 더 볼까

관련매체 : 1인 출판 작가 https://youtu.be/iBJ2CNYezn0?si=cuHkt6mSV5yMy8wr

관련도서 : 『난 작가가 될 거야!』 (재클린 윌슨, 시공주니어)

진로토론 #무엇을 이야기해 볼까

1. 내가 쓴 글을 출판사에 보냈지만, 출판을 거절당하면 어떤 기분이 들까?
2. 일곱 번째 쓴 글을 드디어 출판할 수 있게 되었을 때는 어떤 마음일까?
3. 주인공은 작가로서 날마다 앉아서 글을 쓰지만 이야기를 쓰는 일이 너무너무 힘들다고 하는 데 어떤 어려움이 있을까?
4. 주인공이 말한 작가의 '실패 상자'에 대해 생각을 이야기 나눠 보자.
5. 때와 장소를 가리지 않고 글을 쓰려면 어떻게 해야 할까?

진로활동 #무엇을 해 볼까

1. 내가 쓰고 싶은 이야기는 무엇인지 간단하게 내용을 적어 보자.
2. 나의 첫 책의 출간회, 사인회 등을 연다면 책을 홍보하는 방법을 적어 보자.
3. 작가가 되기 위해 노력할 일이나 날마다 글쓰기를 하기 위해 노력할 일을 구체적으로 찾아보고, 꾸준히 글을 쓰는 하루 생활 시간표를 만들어 보자.

15. 장복이, 창대와 함께하는 열하일기

도서정보	강민경 / 현암주니어 / 2020년 / 180쪽 / 13,000원	
진로정보	문학 – 작가	
교과정보	국어	체험한 일에 대한 감상을 나타내는 글쓰기

도서소개 #어떤 책일까?

   이 책은 조선시대 실학자 박지원이 청나라를 다녀와서 쓴 기행문이다. 청나라를 여행하면서 보고 들은 것, 경험한 것, 느낀 것을 바탕으로 우리가 미처 알지 못했던 청나라의 진짜 모습을 담았으며 청의 선진 문물과 실용 정신에 대한 깊은 통찰이 담겨있는 책이다.

   연암 나리를 보필하면서 동행했던 장복이와 창대는 청나라 기행을 통해 열린 마음으로 세상을 바라보게 되고, 청의 선진 문물과 실용 정신이 깃든 여정을 따라가면서 어느새 가슴 깊은 곳에 큰 꿈을 품게 된다. 이처럼 어린이들이 가슴 속에 설레는 꿈을 품고, 꿈을 향해 정진할 수 있게 도움을 주는 책이다.

진로탐색 #무엇을 더 볼까

관련매체 ① EBS 교양 열하일기 (5:06) http://home.ebs.co.kr/semo/main
        ② EBS 다큐 세계테마기행
        https://www.youtube.com/watch?v=swunQXWp67I

진로토론 #무엇을 이야기해 볼까

1. 위 도서를 읽고 마음에 남는 부분을 이야기해 보자.
2. 연암이 한양을 떠나 열하까지 걸어간 여정을 요약해서 말해 보자.
3. 연암은 오랑캐 나라인 청나라가 조선보다 잘 사는 이유를 무엇이라고 생각했는가?
4. '청나라 문물을 수용해야 한다.'는 주제로 찬반 토론을 해보자.
5. 창대가 열하에 가면서 생긴 꿈은 무엇인가? 그리고 여러분의 꿈은 무엇인가?

진로활동 #무엇을 해 볼까

1. ②번 영상 세계테마기행 프랑스 랜선 여행을 감상하고 랜선 여행 기행문을 작성해 보자.
2. 세계 문화를 기행 할 수 있는 나만의 독창적인 '여행 상품'을 구상하고 발표해 보자.

16. 책과 노니는 집

도서정보	이영서 / 문학동네 / 2022년 / 192쪽 / 12,500원	
진로정보	문학 - 스토리텔러	
교과정보	국어, 사회	조선 후기 사회 모습

도서소개 #어떤 책일까?

　　이 책은 조선 후기 천주교가 탄압받던 시기를 배경으로 한다. 주인공 장이의 아버지는 천주학책을 필사했다는 이유로 매를 맞고 사경을 헤매다 죽음을 맞이한다. 아버지의 죽음과 천주교 박해라는 사건이 한순간에 태풍처럼 불어닥치고, 장이는 그 한복판에서 책을 쓰고 전하는 상황에 놓이게 된다.

　　책을 사랑하고 새로운 삶을 위해서 위험을 감수하는 주인공 장이의 모습을 통해서 그 힘든 시절 새로운 희망을 갈구했던 백성들의 모습을 엿볼 수 있다.

　　또한 천주교 박해와 더불어 한글 소설이 널리 퍼진 시대적 배경도 담고 있어 시대적 배경과 사회 모습이 문학작품에 어떻게 투영되는지 이해하는 데 도움을 준다.

진로탐색 #무엇을 더 볼까

관련매체 : [벌거벗은 한국사] 천주교 탄압에 산산조각 난 정약용 집안
　　　　　https://www.youtube.com/watch?v=Fu1slwO631k (19:32)
관련도서 : 『초정리 편지』 (배유안, 창비)

진로토론 #무엇을 이야기해 볼까

1. 장이 아버지는 관아로 끌려가 문초를 당했다. 그 이유는 무엇인가?
2. 낙심이는 남동생의 백일상을 차려야 하는 이유로 도리원에 팔려 간다. 이를 통해 알 수 있는 그 시대적 사회 모습에 관해 이야기해 보자.
3. 홍교리는 어려운 문제가 생겼을 때 책은 답을 알려준다고 말했다. 실제로 그런 예를 들어 이야기해 보자.

진로활동 #무엇을 해 볼까

1. 장이는 홍교리와 최서쾌로부터 <책과 노니는 집>의 언문 현판을 선물 받아 희망을 품게 된다. 여러분이 희망하는 꿈에 관해서 이야기해 보자.
2. 조선시대 후기에는 한글 소설이 널리 전해지면서 책을 옮기는 필사쟁이와 이야기를 실감 나게 읽어주는 전기수라는 새로운 직업이 생겨났다. 이처럼 책과 관련된 직업이 미래에는 어떻게 변화될지 이야기해 보자.

I7. 해리엇

도서정보	한윤섭 / 문학동네 / 2011년 / 156쪽 / 12,500원	
진로정보	문학 - 극작가	
교과정보	국어	인물이 추구하는 가치 이해하기

도서소개 #어떤 책일까?

  엄마와 헤어지고 인간에게 버림받으며 동물원에 들어온 찰리는 해리엇을 만난다. 해리엇은 갈라파고스 거북이로 175년 전 멀고 먼 섬 갈라파고스에서 잡혀 동물원에 살고 있다. 해리엇은 어린 시절 어른 거북들에게 목숨을 빚지고 고향 땅에 가야 하는 사명이 있었으나 그를 실현할 수 없다. 하지만 동물원에서 모든 동물의 진정한 어른이 되어 서로 아끼고 사랑하는 법을 보여준다. 결국 생명이 다해가는 해리엇을 바다로 보내기 위해 동물원 친구들은 하나가 되어 용기를 낸다. 진정한 어른이 된다는 것은 무엇이며, 갈라파고스를 떠난 해리엇과 동물원 속 찰리를 통해 삶의 의미를 생각해 본다. 또한 인간이 동물을 어떻게 만나야 할지 한 번쯤 고민해 보게 하는 책이다.

진로탐색 #무엇을 더 볼까

관련매체 : 해리엇 연극으로 만나기
　　　　　 https://www.youtube.com/watch?v=D5qbkh8nZD0 (10:48)
관련도서 : 희곡 『해리엇』 (한윤섭, 문학동네)

진로토론 #무엇을 이야기해 볼까

1. 해리엇은 결국 갈라파고스 동물들을 구하지 못했다. 하지만 동물원에 갇힌 그가 가치 있는 삶을 살았다면 왜 그렇다고 생각하는가?
2. 개코 원숭이 스미스와 해리엇은 동물원에서 이루고자 하는 꿈이 서로 다르다. 무엇이 다를까?
3. 여러분이 어른이 되어 스스로 삶을 꾸려갈 자유를 얻게 되었을 때 가져야 할 책임이 있다면 어떤 것이 있을까?

진로활동 #무엇을 해 볼까

1. 이 이야기를 연극으로 만든다면 어떤 장면을 표현해 보고 싶은지 이야기하고 정지 동작으로 나타내 보자.
2. 수많은 동물과 비글호를 탔던 찰스 다윈이 어떤 인물인지 검색해 보고 찾은 내용을 서로 이야기해 보자.

초등학교 진로독서 가이드북

◈ 인문 영역 소개 ◈

#인간의 문화와 문명, 바로 알기

인문이란 인간의 삶, 사고 또는 인간다움 등 인간의 근원 문제에 관해 탐구하는 것을 의미합니다. 초등학생에게 인간과 인간의 근원 문제, 인간의 문화에 관심을 두거나 인간의 가치와 인간만이 지닌 자기표현 능력을 바르게 이해하기 위한 과학적인 연구 방법에 관심을 두는 것은 중요한 일입니다. 인문계열의 직업에는 문화예술 관련 종사자, 역사학자, 철학연구원, 시인, 법률 관련 관리자, 사진작가 등 다양합니다. 오늘날에는 다양한 직업과 관련된 핵심적인 역량이 중요한 시대가 되었습니다. 이러한 시대에 미래 사회의 핵심 인재로 교양을 갖추고, 세상을 올바르게 바라볼 눈을 갖춘다는 것은 필수적입니다. 인문 영역의 도서들은 우리가 하는 말과 언어, 철학, 역사, 예술, 정치와 권리, 윤리 등 우리 어린이들이 살아갈 세상에 대한 올바른 인식과 이해를 형성하는데, 바탕이 되는 힘을 제시할 것입니다. 학생 스스로 인문 영역의 가치를 깨닫고, 사고하는 힘, 세상에 대한 이해의 자세 등을 형성해 나가야 할 것입니다. 인문 영역의 다양한 도서를 통해 자신의 진로를 탐색하고, 세상의 다양한 측면과 상호 작용하는 기본적인 소양과 역량의 기반을 다지는 데 노력하는 것이 중요합니다.

#인문 영역과 관련된 질문이나 학문에는 무엇이 있을까요?

'인문'이란 인간과 인간의 근원 문제와 인간의 사상과 문화를 말합니다. 그러므로 인문 영역의 진로 독서 활동은 초등학생들이 인간과 인간의 근원 문제, 삶을 둘러싸고 있는 사상, 문화에 대해 생각해 볼 수 있는 기회가 될 것입니다. 인문 영역과 관련된 질문은 다양한 학문의 범주와 연결될 수 있습니다. 인간, 예술, 정치와 권리, 문화, 윤리 등 우리가 살아가는 삶과 관련된 다양한 질문들이 우리 삶의 방향을 올바르게 인도할 것입니다. 또한, 행복한 삶을 위해 우리는 어떠한 노력을 해야 하는가, 꿈은 필요한가, 철학이 세상을 바꿀 수 있는가, 예술이 인간과 현실 사이의 관계를 변화시킬 수 있는가, 의무를 다하지 않고도 권리를 행사할 수 있는가, 도덕적으로 행동한다는 것은 무엇인가 등 다양한 질문을 통해 자신의 진로와 연관된 다양한 사회적 이유와 문제들을 연결하여 심층적으로 생각해 볼 수 있답니다.

#인문 영역은 문화예술, 역사, 정치, 철학 등으로 구성되어 있어요.

문화예술	문학예술, 영상예술, 공연예술, 전통예술, 음악 예술 등 문화 및 예술 활동 분야
역사	인류 사회의 발전과 관련된 의미 있는 과거 사실들에 대한 인식과 관련된 분야
정치	사회 구성원들의 다양한 이해관계를 조정하거나 통제하고 국가의 정책과 목적을 실현하는 일과 관련된 분야
철학	인간이 살아가는 데 있어 중요한 인생관, 세계관 등을 탐구하는 학문 분야

◈ 인문 도서 목록 ◈

순	영역	진로정보	교과정보	도서명	집필자	비고
1	인문	정치 관련 종사자	사회	어린이를 위한 정치란 무엇인가	신윤경	대표
2	인문	역사학 연구원/ 사회 교사	도덕/사회	일곱 빛깔 독도 이야기	신윤경	대표
3	인문	예술가	도덕/국어	공부를 못해도 잘 나가는 법	신윤경	
4	인문	역사학 연구원	사회	내가 SNS에 올린 글도 역사가 된다고?	양미현	
5	인문	작가	국어	내가 하고 싶은 일, 작가	양미현	
6	인문	역사학자	사회	멈출 수 없는 우리 1	민혜원	
7	인문	철학 연구원	도덕	생각이 크는 인문학 ① 공부	한상희	
8	인문	철학 연구원	도덕	생각이 크는 인문학 ⑮ 빅데이터	신윤경	
9	인문	국어학자	국어	선생님도 헷갈리는 맞춤법 띄어쓰기	신윤경	
10	인문	인공지능 연구원	국어	어린이를 위한 인공지능과 4차 산업혁명 이야기	신윤경	
11	인문	사서/역사학자	국어	외규장각 의궤의 귀환 문화영웅 박병선	김은정	
12	인문	다큐 사진작가	미술	진실을 보는 눈	문지영	
13	인문	법률 관련 관리자	사회	차별은 원숭이도 화나게 한다	김명주	
14	인문	사서/사서교사	국어	책 어디까지 아니?	김은정	
15	인문	철학자	국어	초등 국어 표현력 사전	신윤경	
16	인문	외교관	사회	평화가 평화롭기 위해	권위숙	

I. 어린이를 위한 정치란 무엇인가

도서정보	이은재 / 주니어김영사 / 2012년 / 168쪽 / 12,000원	
진로정보	인문 - 정치 관련 종사자	
교과정보	사회	삶과 정치

도서소개 #어떤 책일까?

　　이 책은 스토리텔링 가치토론 교과서의 첫 번째 책이다. 전교 회장 선거를 소재로 한 동화에서는 선거의 절차, 대통령의 역할, 민주주의의 의미, 정치 참여의 중요성 등을 알려준다. 삼권 분립과 국회, 정부, 법원이 하는 일, 국민의 권리 등 초등 사회 교과서에서 다루는 내용들도 제시하고 있다. 아이들은 어른들의 정치 현실과 꼭 닮은 회장 선거 모습을 그려낸 동화를 읽고 즐거워하며, 더불어 동화를 토대로 쓰인 정보 글을 통해 '정치란 무엇인지'에 대해 쉽게 이해할 수 있다. 또한, 현재 주변에서 벌어지는 정치적인 현상에 관심을 두고, 자신의 상황을 적용해 보는 등 '정치와 나'를 관련지어 생각해 볼 수 있다.

진로탐색 #무엇을 더 볼까

관련매체 : 흥선대원군! 백성들의 영웅
관련도서 : 『초등학생이 알아야 할 참 쉬운 정치』
　　　　　(알랙스 프리스, 어스본코리아)

진로토론 #무엇을 이야기해 볼까

1. 이 사회에 도움이 되는 정치가는 어떤 자질을 갖추어야 하는가?
2. 정치란 무엇이라고 말할 수 있는가?
3. 민주 정치는 왜 필요하고, 어떤 특징이 있는가?
4. 민주주의 의미를 잘 알고 실천해야 하는 까닭은 무엇인가?
5. 정치에 참여하는 자세가 중요한 까닭은 무엇인가?

진로활동 #무엇을 해 볼까

1. 내가 존경하는 정치가를 소개해 보자.
2. 사회 속에서 사람들에게 도움을 주는 정치가의 특징을 정리해 보자.
3. 우리나라의 정치가 올바른 방향으로 나아가기 위해서 시민들이 할 수 있는 노력 방안을 적어 보자.

◈ 책 이야기 ◈

1. 도현이와 영교의 모습을 보고, 현명한 리더란 어떤 역량을 갖추어야 하는지 적어 보자.

2. 이 책을 읽고, 공정한 선거란 무엇인지, 올바른 정치란 무엇인지 생각을 정리해 보자.

3. 전교 회장이나 부회장 선거에 선거 운동을 하며 꼭 지켜야 할 자세를 써 보자.

◈ 질문하고 토론하고 ◈

※ 초등학교 전교 임원 선거의 열기를 느껴 보자.

[영상자료]

어른 가르치는 아이들 선거…

"달콤한 약속은 하지 않을래요"

1. 위 기사문의 영상자료를 보고, 느낀 점을 말해 보자.

2. 전교 회장 선거에서 입후보자들이 서로 지켜야 할 규칙은 무엇인지 적어 보자.

3. 만약 내가 전교회의 선거에 후보자로 나간다면 어떤 공약을 할 것인지 써 보자.

4. 서로를 존중하고 배려하는 선거 문화를 만들기 위해서 어떤 점을 실천해야 할지 정리해 보자.

◈ 진로 이야기 ◈

1. 민주사회에 꼭 필요한 리더의 조건을 세 가지 적어 보자.

2. 민주적인 절차를 거쳐 법을 만들기 위해서 우리는 어떠한 노력을 해야 하는지 생각해 보자.

3. 성공하는 리더가 되기 위해 실천해야 할 점을 두 가지 적고, 구체적인 실천 방안을 정리해 보자.

4. 공정하게 이루어져야 할 선거에서 불공정한 상황을 목격했다면 나는 어떻게 할 것인지 적어 보자.

5. 사회와 이웃에 관심과 애정을 갖기 위해서 나는 어떠한 노력을 해야 할지 구체적으로 써 보자.

2. 일곱 빛깔 독도 이야기

도서정보	황선미 / 이마주 / 2018년 / 168쪽 / 12,000원	
진로정보	인문 - 역사학 연구원, 사회 교사	
교과정보	도덕, 사회	지리

도서소개 #어떤 책일까?

이 책에서 환이는 여름방학을 맞아 독도에 간다. 독도 이장님인 할아버지를 만나기 위해서다. PC방도, 친구도 없지만 전혀 지루하지 않다. 할아버지의 고깃배를 타고 독도를 한 바퀴 돌고, 이웃집 독도 관리사무소 아저씨와 배드민턴도 치고, 삽살개 '지킴이'와 놀수도 있다는 점이 나온다. 독도경비대원 형들과 등대지기 아저씨도 환이를 반겨 준다. 방학마다 가던 독도이지만 올해는 좀 다르다. 환이는 독도에 사는 사람들을 통해 독도에는 오래된 역사가, 아름다운 자연이, 힘찬 삶이, 뜨거운 애국심이, 부푼 꿈이, 눈부신 미래가 함께 숨 쉬고 있다는 것을 느끼게 된다. 이 책을 통해 독도의 소중함과 우리 역사를 다시 돌아볼 수 있다.

진로탐색 #무엇을 더 볼까

관련매체 : 독도, 어디까지 알고 있니? [독도의 역사]편
관련도서 : 『독도 바닷속으로 와 볼래?』 (명정구, 봄볕)

진로토론 #무엇을 이야기해 볼까

1. 우리가 독도를 잘 지켜야 하는 까닭은 무엇인가?
2. 독도의 역사를 정리해서 발표할 수 있는가?
3. 독도를 소중히 여기는 마음을 표현하는 방법은 무엇인가?
4. 우리나라의 역사에서 독도와 관련된 사건은 무엇인가?
5. 독도의 아름다운 자연에 관해 소개하기 위해서는 어떤 자료가 필요한가?

진로활동 #무엇을 해 볼까

1. 독도와 관련된 기사문을 검색해 정리해 보자.
2. 친구들에게 독도를 어떻게 소개하고 싶은지 써 보자.
3. 독도와 관련된 우리 역사를 찾아 적어 보고, 친구들에게 소개해 보자.

◈ 책 이야기 ◈

1. 이 책에서 독도가 대한민국의 꿈과 미래가 있다고 하는 까닭은 무엇인지 적어 보자.

2. 이 책을 읽고, 독도에는 어떤 사람들이 살고 있는지, 독도에서 근무하는 사람들은 누구인지 정리해 보자.

3. 독도가 역사적으로 한국 고유의 영토인 것은 여러 문헌에 드러나 있다. 독도가 우리 땅인 역사적 근거를 정리해서 적어 보자.

◈ 질문하고 토론하고 ◈

※ 다음 영상을 보고, 독도에 대해 생각해 보자.

"내가 너무 늦게 왔지? 미안해"

[영상자료]
독도가 한국 땅인 이유 FULL 공개합니다.

1. 위 영상자료를 보고 느낀 점을 말해 보자.

2. 영상자료를 통해 새롭게 알게 된 독도의 특징을 정리해 보자.

3. 독도는 해양 동식물들의 천국이라고 할 수 있는 까닭을 적어 보자. 인터넷 검색을 통해 독도에 어떠한 동식물들이 살고 있는지 찾아 적어 보자.

4. 그동안 독도는 크고 작은 변화를 겪어왔다. 우리가 모두 바라는 독도의 미래를 적어 보자.

◈ 진로 이야기 ◈

1. 나의 꿈을 위해서 관심을 가져야 할 우리나라의 역사가 있다면 떠올려 보자.

2. 내가 바라는 성공하는 삶을 위해서 어떠한 여행을 계획하면 좋을지 적어 보자.

3. 대한민국의 꿈과 미래를 위해서 탐구하면 좋을 장소나 지역이 있다면 정해 보자.

4. 내 주변에서 내가 사랑하고 지켜가고 싶은 곳이 있다면 어떤 곳인지 소개해 보자.

5. 우리나라를 사랑하는 애국심을 가질 때, 내 삶에 어떤 변화와 영향이 있을지 정리해 보자.

3. 공부를 못해도 잘 나가는 법

도서정보	토미 그린월드(정성민) / 책읽는곰 / 2016년 / 304쪽 / 12,000원	
진로정보	인문 - 예술가	
교과정보	도덕, 국어	반성 및 성찰

도서소개 #어떤 책일까?

　책 '안' 읽기 전문가, 학교 수업이나 공부와는 담쌓은 아이가 있다. 아무것도 안 하는 게으른 방학을 열렬히 사랑하는 찰리 조 잭슨의 이야기를 담고 있다. 찰리 조 잭슨은 이번 방학, 독서 캠프에 오게 된다. 공붓벌레들만 서식하는 외계 행성에 불시착한 찰리 조는 다양한 위기를 헤쳐 간다. 책과 학문을 사랑하는 최고의 영재들 사이에서 아웃사이더로 남지 않기 위해서 주인공은 여러 가지 생각을 하며 노력한다. 그 과정을 통해 학생들이 자신이 나아갈 방향과 미래를 그려보고, 어떻게 사는 것이 잘 나가는 방법인지 고민하게 된다. 공붓벌레 캠프에서 살아남기 위한 찰리 조 잭슨의 노력과 그 과정을 살펴보며 학생들은 자신의 삶과 되돌아 보고, 생활 및 학습 계획을 재정비할 수 있다.

진로탐색 #무엇을 더 볼까

관련매체 : 그대들은 어떻게 살 것인가 초등학생에게 물었습니다. | 지식채널e
　　　　　https://www.youtube.com/watch?v=ItGPbTPfx4Y
관련도서 :『어린이를 위한 뇌 과학 프로젝트 정재승의 인간 탐구 보고서』
　　　　　(이고은, 아울북)

진로토론 #무엇을 이야기해 볼까

1. 내가 원하는 직업을 갖기 위해서 어떠한 공부를 해야 할까?
2. 공부를 잘하면 무조건 성공할 수 있는가?
3. 공부할 때, 어려움이 있다면 어떻게 해결해야 하는가?
4. 성공하는 삶을 위해 내가 열심히 할 수 있는 것은 무엇인가?
5. 영재는 타고나는 것인가, 아니면 만들어지는 것인가?

진로활동 #무엇을 해 볼까

1. 하루 또는 일주일을 공부 계획을 세워보자.
2. 내 주변에서 공부를 잘하는 사람들의 특징을 정리해 보자.
3. 내가 원하는 직업을 갖기 위해서 해야 할 공부의 종류를 분석해 보자.

4. 내가 SNS에 올린 글도 역사가 된다고?

도서정보	김대갑 / 나무를 심는 사람들 / 2017년 / 200쪽 / 13,000원	
진로정보	인문 - 역사학 연구원	
교과정보	사회	나의 역사, 가족의 역사

도서소개 #어떤 책일까?

　　광해군이 폭군이 아니라 위대한 능력의 군주였다고? 한 사람의 꿈과 취향도 개인적인 것이 아니라 그 시대 역사의 영향을 받은 것이라고? 역사에 대해 암기만 하고 어려워하는 학생들에게 쉽고 재미있게 이해하도록 호기심을 자극하는 질문과 재미있는 에피소드로 내용이 흥미진진하여 독서력이 부족해도 쉽게 읽을 수 있다.

　　역사 주변 이야깃거리에서 시작하여 주요 개념을 이해하면서 역사의 비밀을 풀어가도록 구성하여 시대와 관점에 따라 다른 평가와 역사를 보는 새로운 시각을 갖게 안내한다. 자장면 한 그릇과 동아시아의 역사, 곰 인형 테디 베어에 얽힌 미국의 역사, 사물과 그림에 담긴 역사 이야기를 통해 주변의 사물에 얽힌 역사에 관심을 갖게 될 것이다. 또한 역사 교사인 저자가 역사공부를 잘 할 수 있는 구체적인 공부법 정보를 알려 준다.

진로탐색 #무엇을 더 볼까

관련매체 : https://www.youtube.com/watch?v=LjtZMxyFkXI

관련도서 : 『초등학생을 위한 역사란 무엇인가』 (김승미, 책과함께어린이)

진로토론 #무엇을 이야기해 볼까

1. '역사가' 또는 '역사연구원'이라는 직업이 필요한 이유는 무엇일까?

　　('만약 역사를 연구하는 사람들이 거의 없으면 어떤 일이 일어날까?)

2. 내가 가장 소중하게 생각하고 갖고 있는 기간이 가장 긴 것은 무엇이며 어떤 역사가 담겨있는가?

3. 책을 읽고 잘못 알고 있던 내용이나 가장 새로운 역사적인 내용은 무엇인가?

진로활동 #무엇을 해 볼까

1. 지금까지의 나에서 가장 역사적인 사건 3가지를 정하고 육하원칙에 맞게 쓰고 역사적인 이유를 적어 보자.

2. 내가 역사가 또는 역사연구원이 된다면 좀 더 관심을 가져야 하는 역사는 무엇인지, 왜 그것이 필요한지 목록을 적어 보자.

3. 내가 사는 곳 주변의 역사적인 공간이나 장소, 나만 알고 있는 곳이 있는지 탐구해 보고 그에 대해 가족이나 친구들에게 소개해 보자.

5. 내가 하고 싶은 일, 작가

도서정보	이현 / 휴먼어린이 / 2016년 / 164쪽 / 14,000원	
진로정보	인문 - 작가	
교과정보	국어	작가가 되는 습관

도서소개 #어떤 책일까?

　이 책은 작가란 타고난 글 쓰는 재능이 있어야만 가능한 것이 아니라 엉뚱하고 기발한 생각과 관찰하는 습관인 것을 보여준다. 거짓말을 밥 먹듯 하기, 자나 깨나 두 눈 부릅뜨기, 여기저기 참견하는 버릇 기르기 등 작가가 되는 다섯 가지 방법을 소개한다. 저자가 자신의 작가 생활 경험담과 원고료를 어떻게 받고 사용하는지 등의 현실적인 문제와 국내외 작가들의 재미있는 에피소드로 작가에게 필요한 자질을 알려준다.

　글을 쓰는 능력으로 할 수 있는 직업의 영역과 사회적인 역할에 대해서도 안내한다. '말도 못 하게 위대하고 꿈도 못 꾸게 인기 있는 작가'가 되려면 재능과 기술보다 무언가를 이야기하고 쓰고 싶은 간절한 '마음'이 중요하다. 이 책은 글쓰기 재주와 재능이 없어도 자신만의 글을 쓸 수 있다고 도전하는 용기를 준다.

진로탐색 #무엇을 더 볼까

관련매체 : https://www.youtube.com/watch?v=eFKBbSbkMj8

관련도서 : 『Who? 아티스트 조앤 롤링』 (김승렬, 다산어린이)

진로토론 #무엇을 이야기해 볼까

1. 말도 못 하게 황당하고 다른 사람은 상상할 수도 없는 나만의 거짓말을 써 보자.
2. 글짓기 대회는 정해진 시간 안에 주어진 주제로 누가 잘 써는가를 평가한다. 이런 대회는 작가 재능을 볼 수 있는 필요한 것이다. (찬반토론)
3. 내가 좋아하는 작가는 누구인가? 어떤 점에서 좋아하고 닮고 싶은가?
4. 나는 어떤 영역의 이야기에 관심이 많고 쓰고 싶은가?
5. 글을 잘 쓰는 작가는 어떤 직업 활동을 더 할 수 있을까?

진로활동 #무엇을 해 볼까

1. 작가가 되려면 글 쓰는 창의성 외에 어떤 능력, 자질, 습관이 필요한지 최대한 많이 적어 보자.
2. 나의 성격과 습관 속에서 작가가 될 수 있는 장점이 되는 것은 무엇인지 5~10가지 찾아서 어떤 점에 도움이 되는지 적어 보자.
3. 한 가지 사물을 5~10분 동안 세밀하게 관찰하며 글을 써 보자.

6. 멈출 수 없는 우리 1

도서정보	유발 하라리(김명주) / 주니어김영사 / 2023년 / 172쪽 / 14,800원	
진로정보	인문 - 역사학자	
교과정보	사회	역사 탐구 방법

도서소개 #어떤 책일까?

　이 책의 저자 유발 하라리는 예루살렘 히브리 대학에서 역사학과 교수로 재직하고 있다. 유발 하라리는 앞서 《사피엔스》를 출간하여 인류 역사에 관한 이야기로 전 세계의 관심을 끌었으며, 어린이와 청소년을 위한 인류의 과거 이야기를 《멈출 수 없는 우리》에 담았다. 인간이 나약한 존재였던 역사부터 불을 사용하며 특별한 존재로 거듭나는 이야기와 수만 년 전 사피엔스가 다양한 인류 종을 이기고 지구를 지배할 수 있었던 이유 같은 흥미로운 질문들을 축구와 맥도날드 이야기 등을 통해 재미있게 풀어내고 있다.

　이 책은 아주 오랜 과거 이야기를 현재로 설명하며, 역사를 배우는 목적에 대해 생각해 보게 한다.

진로탐색 #무엇을 더 볼까

관련매체 : [EBS위대한 수업, 그레이트 마인즈]유발 하라리
　　　　　https://youtu.be/qAnXNy1VfM0?si=MQVkG6cymWdFhbZF

관련도서 : 『정재승의 인간 탐구 보고서』(이고은, 아울북)

진로토론 #무엇을 이야기해 볼까

1. 석기 시대 조상들과 같이 모든 짐을 등에 지고 자주 이사를 다녀야 했다면, 나는 가방에 어떤 짐을 챙길 것인지 이야기해 보자.
2. 수렵 채집으로 건강한 음식을 섭취하고, 전염병이 거의 없었으며, 오늘날에 비해 노동량이 적었던 과거가 가장 살기 좋은 시기였다. (찬반토론)
3. 책 속에서 소개되었던 대왕고래의 멸종위기를 도와 전 세계 정부에서 고래잡이를 금지하는 법을 통과시켰던 것과 같이 우리가 할 수 있는 또 다른 슈퍼 파워에 대해 이야기해 보자.

진로활동 #무엇을 해 볼까

1. 이 책에 따르면 우리의 조상인 사피엔스가 '슈퍼 파워'를 가질 수 있었던 것은 '협력' 덕분이라고 설명한다. 바나나를 얻기 위한 협력과 같이 인간이 협력하고 있는 부분을 찾아보고 적어 보자.
2. 우리나라의 가족 형태의 역사를 알아보고, 오늘날 가족의 형태에 대해 적어 보자.

7. 생각이 크는 인문학 ① 공부

도서정보	김윤경 / 을파소 / 2013년 / 164쪽 / 13,800원	
진로정보	인문 - 철학 연구원	
교과정보	도덕	자기 적성으로 도덕적 탐색하기

도서소개 #어떤 책일까?

　　이 책은 학교 시험 성적을 올리고 입시에서 성공하기 위한 교과 공부가 아니다. 우리는 가장 많은 시간을 공부에 쏟으면서도 왜 공부를 해야 하는지, 무슨 공부를 어떻게 얼마만큼 해야 하는지 잘 알지 못한다.

　　이 책은 우리가 해야 하는 진정한 공부란 무엇인지 그 본질을 깨닫게 해 주고, 공부하는 태도는 어떠해야 하는지, 공부를 안 하고 살 방법은 없는지, 공부는 언제까지 어떻게 해야 하는지, 공부의 참된 가치는 무엇인지 등 공부의 가장 본질적인 질문을 통해 공부의 의미를 찾게 해 준다.

진로탐색 #무엇을 더 볼까

관련매체 : 법륜스님의 즉문즉설 / 꿈을 이루기 위한 공부를 해야될지, 입시 공부를 해야될지 https://www.youtube.com/watch?v=NqCGUgm23Z8

관련도서 : 『생각하는 것이 왜 중요할까요?』 (이관호, 나무생각)

진로토론 #무엇을 이야기해 볼까

1. 여러분이 잘 하고 싶은 일은 무엇인가? 그 일을 잘하려면 어떤 공부가 필요한가?
2. 공부를 안 해도 되는 직업은 없을까? 집에서 살림하는 엄마나 아빠는 어떤 공부를 해야 할까?
3. 과거에는 암송, 의문, 토론 등이 중요한 공부법이었다. 이 방법 외에 공부를 내 것으로 만들기 위해 필요한 것은 무엇인가?
4. 귀납적 사고는 일상의 사소한 것들로부터 큰 깨달음을 얻게 해 준다. 귀납법을 이용해 새로운 사실을 발견해 보자.

진로활동 #무엇을 해 볼까

1. 지금 여러분이 가장 궁금한 문제를 하나 정하고 계속해서 왜 그런지 묻고 답을 찾아 보자. 답을 찾아낸 결과와 끝까지 찾지 못한 내용을 정리하는 궁금증 노트를 만들어 보자.
2. 즐기며 공부하는 나만의 방법을 설명해 보자.

8. 생각이 크는 인문학 ⑮ 빅데이터

도서정보	정용찬 / 을파소 / 2018년 / 176쪽 / 13,800원	
진로정보	인문 – 철학 연구원	
교과정보	도덕	우리의 삶과 미래

도서소개 #어떤 책일까?

　　이 책의 저자는 4차 산업혁명의 바탕이 되는 '빅데이터'에 대해 설명한다. 4차 산업혁명의 핵심이 바로 '데이터를 다루는 능력'이다. 그래서 "왜 빅데이터인가?" 하는 질문은 중요하다. 빅데이터 없이는 이세돌을 이긴 알파고도, 스스로 달리는 자율 주행 자동차도 실현이 불가능하다. 바로 4차 산업혁명의 바탕에 빅데이터가 있기 때문이다.

　　이 책은 앞으로 미래 사회의 첨단 기술들의 바탕이자 그 시작이 되는 빅데이터에 관해 이야기하고 있다. 지금도 수많은 데이터가 만들어지고, 어딘가에 쌓이고, 활용되고 있다. 이렇게 끝도 없이 생성되고 활용되는 빅데이터에 우리는 의존하는 일들이 훨씬 더 많아질 것이다. 그래서 이 책은 빅데이터를 어떻게 선별하고, 제대로 해석하고, 활용해야 하는지, 빅데이터 시대를 살아가면서 꼭 생각해보아야 할 것들은 무엇인지 이야기하고 있다.

진로탐색 #무엇을 더 볼까

관련매체 : 디지털 상식 27: 빅데이터
　　　　　　https://www.youtube.com/watch?v=XMSxx4evQd4
관련도서 : 『초등학생을 위한 인공지능 지식 76』(김영현, 길벗)

진로토론 #무엇을 이야기해 볼까

1. 4차 산업혁명을 대비하기 위해서 우리가 준비해야 할 일은 무엇인가?
2. 빅데이터 기술은 우리 삶을 더욱 행복하게 할 것이다. (찬반토론)
3. 친구들과 미래 사회의 첨단 기술의 종류와 그 특징을 소개하여 발표해 보자.

진로활동 #무엇을 해 볼까

1. 빅데이터가 무엇인지 정리하고, 내 친구들에게 알리는 글을 써 보자.
2. 데이터를 다루는 능력을 갖추기 위해서 어떠한 노력을 해야 하는지 조사해 보자.
3. 빅데이터를 어떻게 선별하고, 제대로 해석해야 하는지 그 방법을 알아보자.

9. 선생님도 헷갈리는 맞춤법 띄어쓰기

도서정보	고흥준 / 위즈덤하우스 / 2015년 / 264쪽 / 12,000원	
진로정보	인문 - 국어학자	
교과정보	국어	문법

도서소개 #어떤 책일까?

　　이 책은 누구나 쉽게 올바른 맞춤법을 익힐 수 있는 학습만화이다. 학생들이 글을 쓸 때 헷갈리는 낱말이나 문장 등을 다양하게 반복하여 익힐 수 있다. 또한, 맞춤법이나 띄어쓰기에서 학생들이 오류를 범하기 쉬운 부분들의 표현을 다양한 사례를 통해 제시하고 있어서 쉽게 접근할 수 있다. 또한, 어른들이 되어서도 참고할 수 있는 많은 용례와 자세한 설명이 곁들여져 있다. 기존 맞춤법 책에서 소홀히 다루었던 띄어쓰기 부분까지 알기 쉬운 그림과 도표로 친절히 설명하고 있다. 또한 관련이 있는 맞춤법끼리 분류해서 나중에도 헷갈리지 않고 기억하기 쉽게 했다. 이 책을 통해 문법 능력의 정확성을 높이고, 글쓰기의 자신감을 향상할 수 있다.

진로탐색 #무엇을 더 볼까

관련매체 : 초등학생이 가장 많이 틀리는 맞춤법 TOP 5
　　　　　 https://www.youtube.com/watch?v=kT2OL14uMuY
관련도서 : 『초등학생을 위한 맨 처음 어휘 맞춤법 띄어쓰기』(김영주, 휴먼어린이)

진로토론 #무엇을 이야기해 볼까

1. 맞춤법과 띄어쓰기 약속을 지켜야 하는 까닭은 무엇일까?
2. 자신의 언어 표현의 정확성을 높이면 어떤 장점이 있을까?
3. 일기를 쓸 때도 맞춤법을 지켜야 할까?
4. 올바른 맞춤법과 띄어쓰기를 향상하는 방법에는 무엇이 있을까?
5. 띄어쓰기 약속을 지켜 글을 쓰면 어떠한 좋은 점이 있을까?

진로활동 #무엇을 해 볼까

1. 내가 어려워하는 맞춤법을 정리해 보자.
2. 성공하는 삶을 위해서 정확한 언어생활을 해야 하는 까닭을 써 보자.
3. 친구 중에 정확하게 맞춤법과 띄어쓰기를 잘하는 친구를 추천해 보자.

10. 어린이를 위한 인공지능과 4차 산업혁명 이야기

도서정보	김상현 / 팜파스 / 2017년 / 163쪽 / 12,000원	
진로정보	인문 - 인공지능 연구원	
교과정보	국어, 사회	매체, 미래 사회

도서소개 #어떤 책일까?

어른들조차 익숙하지 않은 인공지능과 4차 산업혁명 이야기에 대해 어린이 친구들이 재미있어하는 '동화'로 풀어내며, 생생하고 즐겁게 알 수 있게 하는 책이다. 이 책은 각각 '소프트웨어 교육과 프로그래밍', '사물인터넷, 빅데이터 기술', '인공지능 로봇', '로봇과 공존하는 미래 시대 일자리와 생활상'에 대해 생생한 모습을 보여 준다. 어렵기만 한 개념을 이야기로 자연스럽게 이해하게 될 것이다. 날로 발전하는 과학기술만큼이나 꼭 필요한 인문학적 질문도 던져준다. '로봇이 인간을 대신할 수 있을까?', '과학에서 윤리는 어떤 역할을 할까?', '미래 시대에 더 중요해지는 인간의 역할과 일은 무엇일까?'와 같은 질문을 제시하고 학생들이 쉽게 접근할 수 있게 제시해 주는 책이다.

진로탐색 #무엇을 더 볼까

관련매체 : 인공지능이 무엇일까요? 컴퓨터랑 뭐가 다를까요?
　　　　　https://www.youtube.com/watch?v=NqCphEdNhZs
관련도서 : 『초등학생을 위한 인공지능 지식 76』(김영현, 길벗)

진로토론 #무엇을 이야기해 볼까

1. 인공지능은 우리 삶에 어떠한 변화를 줄까?
2. 인공지능 기술은 우리 삶에 꼭 필요하다. (찬반토론)
3. 과학기술이 발전하면 우리 삶은 더 행복해질까?
4. 4차 산업혁명의 특징은 어떻게 정리할 수 있을까?
5. 미래 사회에 대비하기 위해 내가 갖출 능력에는 무엇이 있을까?

진로활동 #무엇을 해 볼까

1. 인공지능으로 늘어날 직업에는 무엇이 있을지 정리해 보자.
2. 사람들이 과학기술을 발전시키려는 까닭을 써 보자.
3. 우리 삶이 더 행복해지기 위해서 변화해야 하는 점이 있다면 적어 보자.

II. 외규장각 의궤의 귀환 문화영웅 박병선

도서정보	조은재 / 스코프 / 2018년 / 152쪽 / 14,000원	
진로정보	인문 - 사서, 역사학자	
교과정보	국어	문화유산

도서소개 #어떤 책일까?

　　이 책은 평생 우리의 문화유산을 지키는 데 헌신하셨던 박병선 박사님의 이야기입니다. 교육 행정가가 되고 싶다는 꿈을 안고 프랑스 최초 한국인 유학생이 되어 파리로 떠난 박병선은 프랑스국립도서관 사서로 근무하면서 동양의 오래된 책 중에서 〈직지〉를 찾아내었고 세계 최초 금속활자본임을 고증해 직지의 역사적 가치를 세계에 널리 알립니다. 또한 프랑스 군인이 불법으로 약탈해 갔던 '외규장각 의궤'를 드디어 찾아내게 됩니다. 이후 한국에 있는 시민운동단체 등 여러 사람과 뜻을 모아 '외규장각 의궤 반환 운동'을 펼쳤고, 드디어 의궤는 영구 임대 형식으로 한국으로 돌아오게 됩니다.

진로탐색 #무엇을 더 볼까

관련매체 : 박병선, 외규장각 의궤에 바친 한 역사학자의 삶

　　　　　https://www.youtube.com/watch?v=LNK41RW4qIY

관련도서 : 『조선의 백만장자 간송 전형필, 문화로 나라를 지키다!』

　　　　　(최석조, 사계절)

진로토론 #무엇을 이야기해 볼까

1. 외할아버지께서 박병선에게 역사 이야기를 자주 들려주신 이유는 무엇일까?
2. 문화재의 중요성에 대해 의견을 나누어 보자.
3. '해외 반출 문화재는 환수해야 한다'라는 논제로 토론해 보자.
4. 오랜 시간 동안 고군분투하며 문화재 연구를 할 수 있었던 원동력은 무엇이었을까?

진로활동 #무엇을 해 볼까

1. 미래형 도서관 라키비움은 어떤 곳인지 찾아보자.
2. 문화재 환수에 관한 관심을 요청하는 캠페인을 카드뉴스로 만들어 보자.
3. 문화재가 반환된 경우를 조사하여 사례를 발표해 보자.

12. 진실을 보는 눈

도서정보	바브 로젠스톡(김배경) / 책속물고기 / 2017년 / 40쪽 / 12,000원
진로정보	인문 - 다큐 사진작가
교과정보	미술	다큐멘터리 사진작가의 사명감

도서소개 #어떤 책일까?

　　모든 사람이 소중하고 서로를 살펴야 한다는 진실을 담는 다큐멘터리 사진작가 도로시아 랭은 일곱 살 때 소아마비에 걸려 오른쪽 다리를 제대로 쓸 수 없게 된다. 아이들이 그녀를 놀려 대자 보이지 않는 사람이 되기로 하고 언제나 숨죽이며 지낸다. 학교가 끝나면 엄마를 기다리면서 보이지 않는 사람이 되어 거리를 돌아다니며 눈과 마음으로 사람들을 지켜본다. 고등학교를 마칠 즈음 스스로 본 세상을 다른 사람한테도 보여주고 싶어 사진작가가 되기로 마음먹고, 다리를 절뚝이면서도 여러 사진관을 찾아다니며 일할 자리를 얻고 겨우 사진을 배운다. 이름이 알려지고 돈도 벌게 되지만 눈과 마음으로 사진을 찍지 않는다는 고민으로 아픈 다리로 사진기를 들고 거리를 다니며 세상이 등 돌린 사람들과 세상이 보지 못하는 사람들을 사진에 담았고 신문과 잡지에 사진이 실리면서 정부가 그들을 지원하게 된다. 진실을 알려주는 다큐멘터리 사진작가로서의 사명감과 열정, 사람들의 아픔을 사랑하는 마음까지 배울 수 있는 책이다.

진로탐색 #무엇을 더 볼까

관련매체 : https://m.blog.naver.com/mt_gold_/221996309829
관련도서 : 『나는 사진작가가 될 거야!』 (양정원, 고래가숨쉬는도서관)

진로토론 #무엇을 이야기해 볼까

1. 도로시아가 고민한 '눈과 마음으로 사진을 찍는다'는 것은 어떤 의미일까?
2. 세상이 등 돌린 사람들, 세상이 보지 못하는 사람들은 어떤 사람들일까?
3. 도로시아가 아픈 다리로 힘들게 다니면서도 세상이 보지 못하는 사람들을 찍는 것을 멈추지 않은 이유는 무엇일까?
4. 요즘은 휴대폰으로 사진을 손쉽게 찍을 수 있지만 주의할 점이 있다. 특히 우리가 지켜야 할 윤리적인 부분은 무엇일까?

진로활동 #무엇을 해 볼까

1. 나는 주로 어떤 사진을 찍는지 내가 찍은 사진을 보면서 이야기해 보자.
2. 지금까지 내가 찍었던 사진 중에서 베스트 5를 뽑아보고 이유를 말해 보자.
3. 인물, 사물, 풍경 등 관심 있는 주제에 대해 사진을 찍고 전시회를 해보자.

13. 차별은 원숭이도 화나게 한다

도서정보	복대원 외 1 / 바다출판사 / 2019년 / 188쪽 / 12,000원	
진로정보	인문 - 법률 관련 관리자	
교과정보	사회	정의로운 사회

도서소개   #어떤 책일까?

　　차별에도 감수성이 있다는 것을 이 책을 읽고 처음 알았다. 저자는 서로 같지 않고 다른 것을 두고 '차이'라고 한다면, 차이에 가치가 더해져 등급이 매겨지는 순간 '차별'이 된다고 명료하게 소개하고 있다. 또 '차별 감수성'은 세상을 보는 눈이 넓어질수록 예민해질 수 있다고 말한다.

　　책 제목에서부터 '차별이 이렇게 흥미로운 주제일 수 있구나!', '어떻게 했길래 원숭이를 화나게 했을까?' 등 다양한 생각이 꼬리에 꼬리를 물며 일어나 책장 넘기는 것을 서두르게 한다. 꼬리감는원숭이의 '이유 없는 차별 경험'은 독자들이 공감을 불러일으키기에 충분했다. 이 책을 통해 독자들의 '차별 감수성'이 올라가 차별 없는 좋은 세상으로 거듭나기를 꿈꾸며 추천한다.

진로탐색   #무엇을 더 볼까

관련매체 : 국가인권위원회 - [모든 사람] 1, 2

진로토론   #무엇을 이야기해 볼까

1. 상대방이 매긴 등급에 따라 대우를 받는다면 어떤 기분일까?
2. 나도 모르게 '차별 감수성'을 잃고 내뱉은 말에는 어떠한 것들이 있을까?
   (예. "저 선수는 흑인이라서 빨라.", "백인은 금발 머리가 예뻐.")
3. 다수의 횡포가 가져온 불합리한 경우를 예로 들어 말해 보자.
   (예. "나라 전체를 위해 누군가는 희생할 수밖에 없지.")
4. 보이지 않는 사회 속 차별을 직간접적으로 겪은 적이 있는가?
5. '차별 감수성'을 높이려면 어떠한 노력이 필요할까?

진로활동   #무엇을 해 볼까

1. 학생자치회 활동에 적극적으로 참여해 보자.
2. 가정, 학교, 지역에서 어떤 차별을 없애고 싶은지 탐색하고, 차별을 없애기 위한 구체적인 해결 방안을 모색해 보자.

14. 책 어디까지 아니?

도서정보	김윤정 / 고래가숨쉬는도서관 / 2019년 / 128쪽 / 12,000원	
진로정보	인문 - 사서, 사서교사	
교과정보	국어	책의 역사

도서소개 #어떤 책일까?

　　엄마 손에 끌려가다시피 도서관에 간 아이가 우연히 잡은 책은 신비한 책이었어요. 책을 넘겨 책에 관한 이야기를 잘 읽어야 손이 떨어지는 마법의 책이었지요. 할 수 없이 책을 읽게 된 우리의 주인공은 책에 대해 많은 것을 알게 됩니다. 이 책을 읽다 보면 자연스럽게 책과 기록의 역사, 책의 제작 방식의 변화, 책으로 엮인 사람들, 책을 보관하는 장소인 도서관 관련 이야기, 전자책, 미래의 책 등 책과 관련한 지식을 배울 수 있습니다. 책에 대한 모든 것을 알고자 하는 학생들에게 적극 추천하는 지식 정보책입니다.

진로탐색 #무엇을 더 볼까

관련매체 : [도서관 제396호] 사서의 과거, 현재 그리고 미래
　　　　　https://www.youtube.com/watch?v=i4tu8wxC_xU
관련도서 : 『누르의 비밀 도서관』(와파타르노스카, 한빛에듀)

진로토론 #무엇을 이야기해 볼까

1. 미래의 책은 어떤 책이 나올 수 있을까?
2. 책이 가지고 있는 힘은 무엇인지 토의해 보자.
3. '종이책은 미래에 사라질 것이다'라는 논제로 찬반 토론해 보자.
4. 도서관의 발달은 사회에 어떤 변화를 가져왔을까?

진로활동 #무엇을 해 볼까

1. 도서관에서 제목이 가장 긴 책을 찾아보자.
2. 한국 십진분류법을 알아보고, 자신의 책을 한국 십진분류법 10가지 유형에 맞춰 분류해 보자.
3. 사서 선생님과의 인터뷰를 위한 질문지를 작성하고 인터뷰해 보자.

15. 초등 국어 표현력 사전

도서정보	박수미 / 다락원 / 2019년 / 392쪽 / 16,500원	
진로정보	인문 - 철학자	
교과정보	국어	문법, 삶과 문화

도서소개 #어떤 책일까?

학생들이 발표하거나 글쓰기를 할 때, 다양한 표현을 익힐 수 있도록 말과 글의 힘을 키우기 위해 발행된 책이다. 학생들이 자신의 배경지식을 떠올려 상황의 다양한 맥락을 이해하는 것은 중요하다. 이 책을 통해 어휘력을 키우고, 관용어나 예로부터 전해 내려오는 속담·성어 등을 익힐 수 있게 구성되어 있다. 이 책에는 초등학생들이 자주 쓰는 말, 관용어, 속담, 성어를 7가지 주제로 뽑아 한 권에 정리하여 담고 있다. 관용어, 속담, 성어 등 다양한 표현을 익힐 수 있고, 글쓰기나 말하기 활동에서 자신감을 가질 수 있도록 구성되어 있다. 또한, 속담, 성어, 관용어를 상황 맥락에 맞게 사용할 수 있도록 이루어져 있다.

진로탐색 #무엇을 더 볼까

관련매체 : 고사성어 이야기 https://www.youtube.com/watch?v=TyRKcQSZn58&list
=PLzgLTFwcfJNkWMAcotiNDGwXOTNq9T96F

관련도서 : 『초등학생을 위한 교과서 속담 사전』 (은옥, 바이킹)

진로토론 #무엇을 이야기해 볼까

1. 내가 좋아하는 속담에는 무엇이 있는가?
2. 다양한 관용 표현을 잘 알고 있으면 좋은 점은 무엇인가?
3. 낱말이나 문장에서 모르는 내용이 있다면 어떻게 해야 하는가?
4. 삶 속에서 다양한 맥락을 이해해야 하는 까닭은 무엇인가?
5. 속담을 넣어 말을 표현하면 어떠한 점이 좋은가?

진로활동 #무엇을 해 볼까

1. 나에게 도움이 되는 고사성어를 적어 보자.
2. 친구에게 힘과 용기를 줄 수 있는 속담을 정리해 보자.
3. 꾸준히 공부하는 습관의 중요성을 담고 있는 속담을 찾아 써 보자.

16. 평화가 평화롭기 위해

도서정보	채인선 / 뜨인돌어린이 / 2017년 / 70쪽 / 14,000원	
진로정보	인문 - 외교관	
교과정보	사회	더불어 사는 삶

도서소개 #어떤 책일까?

　　평화의 존재가 희미해지면서 최근 사회는 크고 작은 다툼과 폭력 사건이 늘어나고 있다. 평화는 우리 곁에 항상 있다고 생각했는데 이게 어찌 된 것일까? 이 책의 주인공은 평화이다. 노숙자처럼 돌아온 평화를 평화 참여연대가 보호자가 되어 평화의 쉼터에 평화를 모신다. 그곳에서 평화를 되살리기 위해 여러 사람이 모여 대책 회의를 한다. 평화를 되살리기 위한 방법은 있을까? 평화가 평화롭기 위한 방법을 우연히 한 연구원이 대책 회의에 아기를 데리고 오면서 평화 대리인을 찾게 되어 평화가 다시 피어나는 이야기이다.

　　전쟁과 평화는 늘 우리 곁에 존재한다. 평화로운 가장 쉬운 방법을 이 책을 통해 발견할 수 있을 것이다.

진로탐색 #무엇을 더 볼까

관련매체 : 제주4.3평화재단 https://youtu.be/AN383I234-o?si=gPYfrFlxrz9BxIx4

관련도서 : 『사람들은 왜 싸울까?』(이와카와 나오키, 초록개구리)

진로토론 #무엇을 이야기해 볼까

1. 평화를 느끼는 때는 언제인가? 내가 생각하는 평화란 무엇일까?
2. 평화가 평화롭기 위한 방법을 토의해 보자.
3. 전쟁을 평화로 바꾸는 방법을 이야기해 보자.
4. 다툼이 모이면 분쟁이 되고, 분쟁이 모이면 전쟁이 된다. 다툼이 일 것 같은 자리에 평화의 대리인 아기를 배석시키는 것은 옳은 것일까? 찬반 토론을 통해 평화를 좀 더 깊게 알아보자.

진로활동 #무엇을 해 볼까

1. 외교관과 관련된 도서나 영화를 읽거나 보고, 자신의 의견이나 느낀 점을 정리하고 발표해 보자.
2. 외교관의 업무와 외교부의 역사와 조직, 외교정책과 외교 사업 등 관련 자료를 수집하여 전자책을 만들어 보자.

초등학교 진로독서 가이드북

제6장

사회

◈ 사회 영역 소개 ◈

#사회계열 학문이 궁금해요!

사회계열은 사회의 다양한 현상과 문제를 이해하고 분석하여 우리 공동체의 발전과 삶의 질을 향상시키는 데 기여하는 학문입니다. 그래서 사회계열에서는 인간의 행동과 생각, 가치관, 문화와 제도 등을 연구하고 분석하지요. 예를 들면 인간의 모임이나 마을, 도시, 국가 등의 공동체는 어떻게 만들어지고 어떻게 발전해 가는지, 이런 공동체 내에 갈등이나 분쟁은 어떻게 해결해야 하는지 등에 관해서 연구할 수 있습니다. 또 돈은 어떻게 벌고, 어떻게 써야 할까? 기업가와 근로자가 함께 행복할 수 있는 기업 운영은 어떻게 해야 할까? 모든 인간에게 공정하고 정의로운 법은 어떻게 만들어질까? 등 사회 계열의 학문은 인간이 사회 속에서 살아가고 공동체를 유지하는 데 필요한 여러 사회적 문제를 다루는 학문이라고 할 수 있습니다.

#사회계열 진로 독서 왜 필요한가요?

사회의 지속적인 발전은 과학기술의 발전뿐만 아니라 사회변화를 분석하고 그 대안을 제시하는 사회과학의 발전이 뒷받침되어야 이루어질 수 있습니다. 이러한 점으로 볼 때 역동적인 사회 환경에 대처할 수 있는 전문인 양성에 그 초점을 둔 사회계열은 현대 사회 발전에 중요한 학문계열이라고 할 수 있지요. 그러므로 사회계열 진로 독서는 변화하는 사회 모습과 다양한 인간 삶의 모습을 들여다볼 수 있어야 합니다. 이 책에서는 우리 인류의 탄생과 역사는 어떻게 발전해 왔는지, 법과 윤리는 왜 필요하고 중요한지, 인권, 자유, 언론, 정치, 경제. 사회, 지구촌 등 더 나은 세상을 만들기 위한 핵심 가치는 무엇인지, 나아가 다양한 사회적 합의와 노력에 대해서 생각해 볼 수 있도록 도서를 선정하였습니다. 우리가 살아가는 공동체 사회와 인간 삶의 가치에 대해서 깊게 고민하고 서로 토론하면서 더 나은 사회로 발전과 진보에 미약하나마 이바지할 수 있길 바랍니다.

#사회계열은 경영·경제, 법학 행정, 사회과학 등으로 구성되어 있어요.

경영·경제	기업과 조직의 효율적인 운영을 위한 전략과 과정을 중심으로 연구하는 학문으로 인간의 경제활동에 기초를 둔 학문이다.
법학 행정	법학과 행정학은 사회의 다양한 문제에 대한 합리적 사고와 분석, 논리적 표현력이 요구되는 전공이며, 법학과, 행정학과, 정치외교학과 등이 있다.
사회과학	인간사회의 여러 현상을 과학적·체계적으로 연구하는 모든 경험과학을 연구하며, 사회학, 정치학, 경제학 등이 있다.

◈ 사회 도서 목록 ◈

순	영역	진로정보	교과정보	도서명	집필자	비고
1	사회	기자	사회	단독 취재, 어흥 회장의 비밀	한상희	대표
2	사회	정치인	사회	법 만드는 아이들	안란희	대표
3	사회	인류학 연구원	사회	10대를 위한 사피엔스	한상희	
4	사회	법률가/판사	사회	거꾸로 판사 똑바로 판결	권위숙	
5	사회	방송기자	사회	기자는 어때?	양미현	
6	사회	사회복지 관련 관리자	사회	노동 없는 미래, 새로운 복지가 필요해	김명주	
7	사회	법관/판사	사회/도덕	루스 베이더 긴즈버그	문지영	
8	사회	크리에이터	사회	봉쭌TV, 가짜 뉴스를 조심해!	민혜원	
9	사회	사회운동가	사회	살바도르, 기후 위기에 대한 도전	김은정	
10	사회	판사	도덕	샌지와 빵집 주인	김은정	
11	사회	공공행정 전문가	사회	세계를 움직이는 국제기구	한상희	
12	사회	기자	도덕	수상한 기자의 미디어 대소동	민혜원	
13	사회	역사학 연구원	사회	어린이를 위한 역사의 쓸모	한상희	
14	사회	역사학 연구원	국어/사회/도덕	연암 박지원의 생각 수업	신윤경	
15	사회	예능PD	실과	예능PD는 어때?	양미현	
16	사회	생산/품질관리사	사회	와글와글 어린이 경제 수업	한상희	
17	사회	기자	사회	이 기사 써도 되나요?	안란희	

I. 단독 취재, 어흥 회장의 비밀

도서정보	백연화 / 크레용하우스 / 2022년 / 128쪽 / 14,000원	
진로정보	사회 - 기자	
교과정보	사회	미디어 컨텐츠의 비판적 분석

도서소개 #어떤 책일까?

　　이 책은 '팥죽할멈과 호랑이'를 새로운 관점에서 써 내려간 이야기이다. 팥죽할멈을 도와주었던 알밤, 멍석, 자라, 물찌똥, 지게 등의 캐릭터들이 그대로 등장하고, 할머니를 위협했던 어흥이도 할멈과 함께 레드빈 푸드 회사를 설립하여 동물들에게 큰 사랑을 받는 인물로 등장한다. 그러던 어느 날 팥죽할멈이 죽게 되면서 팥죽할멈을 죽인 범인으로 어흥 회장이 지목된다. 할멈의 죽음을 둘러싼 무시무시한 소문은 유튜브 채널과 방송 뉴스로 순식간에 퍼져나가고 어흥이는 거짓 소문의 진원지를 찾아 진실을 밝히고자 한다.

　　우리가 익히 알고 있는 전래동화에 작가의 상상이 더해져 이야기가 친숙하면서도 생동감 있게 다가오는 것은 물론 오늘날 1인 미디어 문제를 되돌아보며 진실을 알리는 참언론의 모습을 생각해 볼 수 있게 해 주는 책이다.

진로탐색 #무엇을 더 볼까

관련매체 : [직업탐구생활] - 1인 크리에이터

관련도서 : 『팥죽 할멈과 호랑이』 (서정오, 보리)

진로토론 #무엇을 이야기해 볼까

1. 알밤 tv 비밀뉴스처럼 유튜브나 방송에서 과장되거나 잘못된 정보를 접한 경험을 말해 보자.

2. 댓글로 인해 사이버 폭력이 문제가 되고 있다. 이를 예방하기 위해 인터넷 실명제를 도입하자는 의견을 주제로 토론해 보자.

3. 가짜 뉴스 생산을 막기 위해 1인 미디어 방송을 규제해야 한다는 의견에 대해서 어떻게 생각하는가?

진로활동 #무엇을 해 볼까

1. 이야기 속에 등장하는 여러 인물의 직업을 떠올려 보고 '직업 카드'를 만들어 보자.

2. 여러분이 1인 미디어 컨텐츠 제작자라면 어떤 방송을 만들고 싶은지 발표해 보자.

◈ 책 이야기 ◈

1. '팥죽할멈과 호랑이' 옛이야기를 알고 있나요? 어떤 내용인지 이야기해 보자.

2. 대상 도서에 등장하는 인물에 대해서 말해봅시다. 등장하는 여러 인물 중에서 인상 깊은 인물은 누구이고 그 이유는 무엇인가?

3. 팥죽할멈의 죽음을 두고 온갖 소문이 무성하다. 알밤은 알밤 tv를 통해 팥죽할멈의 죽음을 둘러싼 비밀뉴스를 제작해서 방송합니다. 비밀뉴스는 무엇인가?

4. 비밀뉴스는 순식간에 퍼져나간다. 이처럼 과장되거나 잘못된 정보로 다른 사람에게 소문을 내거나 내 생각을 말한 적이 있나? 혹은 유튜브나 방송에서 과장되거나 잘못된 정보를 접한 경험을 말해 보자.

5. 팥죽할멈의 죽음을 둘러싸고 어흥 회장은 오해받고 재판까지 받게 된다. 어흥 회장이 억울하게 오해받게 된 것은 누구의 책임일까?

◈ 질문하고 토론하고 ◈

1. 최근 뉴스나 방송 등의 기사를 보면서 이슈라고 생각하는 것은 무엇인가? 자유롭게 이야기해 보자.

2. 방송 뉴스나 인터넷 기사 등에서 보도되는 기사를 어느 정도 신뢰하나? 신뢰하지 않는다면 그 이유는 무엇인가?

3. 오늘날 유튜브 이용자가 급증하면서 TV보다는 유튜브 방송을 많이 시청한다. 그러나 유튜브 방송은 1인 미디어 방송인 경우가 많고, 우리는 1인 미디어 방송을 여과 없이 시청하면서 가짜뉴스를 쉽게 접하기도 하고 폭력적인 영상에도 쉽게 노출되기도 한다. 이에 1인 미디어 방송에 대하여 규제해야 한다는 의견에 대해 어떻게 생각하나?

찬성 〈1인 미디어 방송을 규제해야 한다.〉	반대 〈1인 미디어 방송을 규제하면 안 된다.〉

4. 언론의 역할에 관해서 이야기해 보자. 언론은 우리 사회에서 어떤 역할을 해야 할까?

◈ 진로 이야기 ◈

1. 이야기 속에 등장하는 여러 인물의 직업을 생각해 보자. 어떤 직업이 있었나? 오늘날의 직업과 연관 지어 하는 일은 무엇인지 자세히 알아보자.

등장인물	직업	하는 일
어흥회장		
닥터이글		
알밤		
북실이		
목돌스		
슬로로리스		

2. [직업탐구생활] – I인 크리에이터 참고영상과 커리어넷 진로 정보 사이트를 참고하여 I인 미디어 크리에이터 직업에 관해서 탐구해 보자.

   *참고 영상과 진로 정보 사이트

I인 크리에이터 직업 탐구생활	
어떤 적성과 흥미가 필요할까요?	
어떻게 준비해야 하나요?	

3. 나도 유튜브 스타! 다음 참고 영상을 시청하고, I인 크리에이터로서 컨텐츠 제작 기획서를 작성해 보자.

어떤 컨텐츠를 제작하고 싶나요?	
컨텐츠 제작에 필요한 준비물은 무엇인가요?	
컨텐츠 제작 순서를 작성해 보세요.	

2. 법 만드는 아이들

도서정보	옥효진 / 한국경제신문 / 2022년 / 194쪽 / 14,000원	
진로정보	사회 - 정치인	
교과정보	사회	법의 역할

도서소개 #어떤 책일까?

　우리나라의 주인은 누구일까요? 우리 교실의 주인은 누구일까요?

　교실 국가인 '활명수'에는 대통령, 부총리, 국무총리, 국회의원 등이 존재한다. 수정이는 대통령 선거에 당선되어 나라를 다스리게 되지만 자기 마음대로 할 수 있는 것이 거의 없다는 사실을 알고 당황한다. 오히려 국민의 감시와 법에 정해진대로 활동해야 함에 답답함을 느낀다.

　이 책은 '활명수'라는 국가를 통해 법이 어떻게 만들어지는지, 정당은 어떤 이유로 형성되는지 그 과정을 잘 보여준다. 상대 정당이 낸 법안이라는 이유로 무조건 반대를 외치며 파행으로 치닫는 국회. 필요한 법은 제정되지 못한 채 점점 쌓여간다. 수정이는 과연 대통령으로 무사히 임기를 마칠 수 있을까?

진로탐색 #무엇을 더 볼까

관련매체 : 진짜 법을 만드는 어린이들/ EBS뉴스 2018.05.02.

관련도서 : 『법을 아는 어린이가 리더가 된다』

　　　　　(김숙분, 가문비어린이)

진로토론 #무엇을 이야기해 볼까

1. '활명수' 국기의 법 중 가장 마음에 드는 법은 무엇인가?

2. 내가 법을 만든다면 어떤 법을 만들고 싶은가?

3. 현재 우리나라의 주인은 누구라고 생각하는가? 그렇게 생각한 이유는?

4. 법은 꼭 필요할까? (찬반토론)

5. 키즈 유튜브는 법으로 금지해야 한다. (찬반토론)

진로활동 #무엇을 해 볼까

1. 우리 지역의 국회의원 또는 시의원이 하는 일을 조사하여 발표해 보자.

2. 친구들과 함께 우리 반 헌법을 만들어 보자.

3. 내가 만들고 싶은 법의 법률안(제안 이유, 주요 내용, 조문)을 작성해 보자.

◈ 책 이야기 ◈

1. '활명수' 국가의 법 중 가장 마음에 드는 법은 무엇인가?

2. '활명수'에서는 월급의 20%를 세금으로 걷는다. 내가 대통령이라면 몇 퍼센트를 세금으로 걷을 것인가? 타당한 이유를 들어 이야기해 보자.

3. '활명수'에서 '성적순 급식 먹기 법'이 제정된다. 이 법에 찬성하는가? 왜 이런 법이 만들어졌을까?

4. '활명수'에는 '태양당'과 '함께당'이라는 정당이 만들어진다. 정당은 왜 만들어지며 어떤 역할을 해야 하는가?

5. 민주주의 국가에서 가장 중요한 것은 무엇일까?

◈ 질문하고 토론하고 ◈

※ 청소년의 정치 참여와 관련된 영상을 보고 이야기를 나눠 보자.

[영상자료]
진짜 법을 만드는 어린이들 / EBS 뉴스

https://www.youtube.com/watch?v=VF
x2lrznt-k (2:37)

1. 핀란드 청소년 의회의 의원들은 핀란드 장관들에게 정책에 관련된 질문을 하고 장관들은 질문에 대답해야 한다. 우리나라에서도 청소년 의회가 열린다면 어떤 질문을 하고 싶은가?

2. 현재 우리나라의 주인은 누구라고 생각하는가?

3. 청소년들도 정치에 참여해야 한다고 생각하는가? 이유와 함께 이야기해 보자.

4. 프랑스에서는 어린이들이 직접 법률 제안서를 작성하여 법으로 만들어지기도 한다. 내가 법을 제안한다면 어떤 법을 제안하고 싶은가?

◈ 진로 이야기 ◈

1. 우리 사회에서 법은 왜 필요할까?

2. 법은 누가 만드는가?

3. 내가 만들고 싶은 법의 법률안을 작성해 보자.
   (어린이국회 홈페이지(https://child.assembly.go.kr)의 자료실을 참고)

_____ 에 대한 법률안

발의자: _____초등학교

___

제안 이유

주요 내용
1.
2.
3.

조문
제1조(목적)
제2조(정의)
제3조(적용 대상)
제4조(운영 방법)

3. 10대를 위한 사피엔스

도서정보	벤트 에릭 엥홀름(김아영) / 미래엔아이세움 / 2021년 / 176쪽 / 12,000원	
진로정보	사회 - 인류학 연구원	
교과정보	사회	인류문명의 역사

도서소개 #어떤 책일까?

　이 책은 영장류의 탄생부터 고대 문명과 중세 시대, 근현대 국가들의 특징, 그리고 컴퓨터와 인공지능의 발전에 이르기까지 인류 문명의 역사를 담았다. 유인원부터 인간까지 인류의 친척들을 알아보고, 45억 년 전에 만들어진 지구의 역사를 1년으로 압축했을 때 인류는 언제 출현하게 되었을지 단적으로 보여주면서 인류 문명의 역사 이야기는 시작한다.

　인류는 공동생활을 하면서 서로 의지하고 협력할 수 있었으며, 불을 사용하고 언어가 발달하면서 인지 혁명을 이루었다. 다양한 언어가 만들어지고 농업이 시작되고 법과 규칙이 생겨나는 등 다채로운 인류문명의 역사를 재미있게 풀어낸 책이다.

진로탐색 #무엇을 더 볼까

관련매체 ① 북툰사이언스 https://www.youtube.com/watch?v=kBey-XvKOKA

　　　　② 내셔널지오그래픽 https://www.youtube.com/watch?v=jtvuHGdtGnE

진로토론 #무엇을 이야기해 볼까

1. 지구의 역사를 딱 1년으로 압축해서 상상해 보자. 영장류가 세상의 빛을 본 시기는 언제인가?
2. ①번 영상을 시청하고, 우리 인류가 진화하고 이동해 온 역사를 기후변화와 연관 지어 설명해 보자.
3. ②번 영상을 시청하고 불과 함께 시작된 인류 문명의 역사를 설명해 보자.

진로활동 #무엇을 해 볼까

1. '내 인생의 3대 주요 사건'이라는 주제로 '나의 역사'를 써 보자.
2. 먼 훗날 후손들이 오늘의 역사를 공부한다고 했을 때 오늘의 생활 모습을 잘 이해할 수 있게 하는 '문화유산' 하나를 선정하여 소개해 보자.

4. 거꾸로 판사 똑바로 판결

도서정보	루치아나 브레지아(이현경) / 파랑새 / 2016년 / 112쪽 / 12,000원	
진로정보	사회 - 법률가, 판사	
교과정보	사회	법과 윤리

도서소개 #어떤 책일까?

'인공지능시대에 판사가 사라질 것이다'라는 분석이 만연한 가운데 이 책은 판사의 필요성을 다시금 우리들에게 알려주는 책이다. 겉으로 드러난 사실만 가지고 판단하지 않고 사람들의 이야기에 귀 기울여 문제의 근원을 파악하고 현명하게 판결하는 거꾸로 판사. 거꾸로 판사의 따뜻하고 지혜로운 판결 이야기를 통해 사람들의 잠들어 있는 양심을 일깨우고 스스로 잘못을 뉘우치도록 이끌어 주는 지혜를 준다. 다양한 질문을 통해 토론 활용도 가능한 이 책은 새로운 시각으로 세상을 바라보는 좋은 기회를 가지는 책이다.
5개의 각각 다른 사례로 이웃들의 문제를 해결하는 판사를 통해 진정한 판사란 무엇인지 앞으로 어떤 판사가 되어야 하는지 구체적인 실마리를 제시해 준다.

진로탐색 #무엇을 더 볼까

관련매체 : 우리나라 법의 위계 https://www.youtube.com/watch?v=PG1NdjVhGFo
         법정을 울리는 판사 https://www.youtube.com/watch?v=rqvsAIxi5J8
관련도서 :『멍멍 재판을 시작합니다』(신지영, 아르볼생각나무)

진로토론 #무엇을 이야기해 볼까

1. 내가 알고 있는 법 종류는?
2. 국회에 제안하고 싶은 법은?
3. 사형제도 폐지에 대해 찬성과 반대로 나누어 토론해 보자.
4. 법률가의 중요한 역할과 법률가에 대해 이야기를 나눠 보자.
5. 진정한 법이란 무엇일까?

진로활동 #무엇을 해 볼까

1. 내가 법률가가 된다면? 어떤 법률가가 될까? 나의 마음가짐은?
2. 최근 발생 된 사건에 대하여 직접 판사가 되어 판단하여 판결문을 작성해 보고 판결 상황극 경험해 보기.

5. 기자는 어때?

도서정보	윤경민 / 토크쇼 / 2023년 / 124쪽 / 13,000원	
진로정보	사회 - 방송기자	
교과정보	사회	기자의 습관, 나의 습관

도서소개 **#어떤 책일까?**

기자는 크고 작은 기사로 세상을 바꿀 수 있다. 이 책은 30여 년 동안 기자 생활을 한 저자가 경험을 바탕으로 기자의 일에 대해 사건 현장에서 언제 어떻게 취재하고 기록하는지 알려준다. 기자의 마음가짐과 갖추어야 할 조건에 대해서도 안내하고 미래 사회에 AI가 기사도 쓰고 기자를 대신하면 기자 직업을 어떻게 될 것인가? 에 대해서도 미래의 비전을 보여준다.

기자가 되기 위한 준비와 시험에 대해서도 구체적으로 안내해 주어 실제적인 도움을 준다. 기사가 세상을 어떻게 변화시키는지, 어떤 어려움과 매력이 있는지 취재현장 이야기와 10문 10답 인터뷰를 통해 생생하게 들려준다. 특히 기자가 되어 기사를 작성하고 취재하는 코너가 있어 실습해 볼 수도 있다.

진로탐색 #무엇을 더 볼까

관련매체 : https://www.youtube.com/watch?v=_d0fpss8JVc

관련도서 : 『불행 사총사 추적 기자단』 (최현규, 마음글)

진로토론 #무엇을 이야기해 볼까

1. 기자가 되고 싶다고 생각한 가장 큰 이유는 무엇인가?

2. 정치, 경제, 사회, 문화, 스포츠 등 다양한 영역에서 어떤 내용의 기사를 쓰는 기자가 되고 싶은가? 왜 그 영역에 관심이 많은가?

3. 나만의 '특종' 기사를 쓰게 되었는데 그 기사로 사회를 바꿀 수도 있지만 피해를 보는 사람이 있어도 보도해야 한다. (찬반토론)

진로활동 #무엇을 해 볼까

1. 기자 직업을 가졌을 때 가장 중요하게 생각하고 잊지 말아야 할 것은 무엇인지 알아보자.

2. AI가 다양한 영역의 기사를 쓰고 있는 시대에 기자는 그래도 필요할까? AI가 못하고 기자만이 할 수 있는 일들은 무엇이 있는지 책과 주변의 정보를 통해 찾아보자.

3. 책에 나와 있는 '나도 기자' 주제를 보고 취재 내용을 바탕으로 보도기사를 써 보자.

6. 노동 없는 미래, 새로운 복지가 필요해

도서정보	김상희 외 3 / 휴머니스트 / 2023년 / 212쪽 / 16,000원	
진로정보	사회 - 사회복지 관련 관리자	
교과정보	사회	사회복지

도서소개 #어떤 책일까?

고대 서양인들은 타인의 통제를 받으며 살아가는 데 필요한 것을 생산하는 행위로 '노동'을 여겼다고 한다. 자본주의 시대에 기술이 더욱 발전하면서 인간 노동의 일부를 로봇이 대체하기도 했다.

그런데 이제는 인공지능(AI)이 인간의 일자리를 위협하고 있다고 한다. 인간의 신체 능력을 넘어 인지, 감성 영역의 일자리까지 넘보고 있다. 따라서 사람들은 의사, 기자, 작곡가, 화가, 작가 등 직업 대부분을 잃게 될 수 있다.

그렇다면 인공지능(AI)과 인간이 서로 경쟁해야 할까? 24시간, 365일 지치지 않고 일하며 셀 수 없는 많은 정보를 정확하게 기억하고 출력할 수 있는 인공지능(AI)을 인간이 과연 경쟁을 통해 이기는 것이 가능할까?

이 책을 통해 인공지능(AI) 시대, 새로운 복지의 필요성과 구체적인 아이디어를 얻을 수 있기를 바란다.

진로탐색 #무엇을 더 볼까

관련매체 : 영화 '모던타임즈' - 찰리 채플린

EBS - '보편적 기본소득'은 우리를 게으르게 만드는가?

https://www.youtube.com/watch?v=hAbrQzB1Af0

진로토론 #무엇을 이야기해 볼까

1. 기술은 발전하는데 왜 불평등은 점점 심해질까?

2. 사회보장제도, 이대로 충분할까?

3. 일하는 사람만 복지를 누릴 자격이 있을까?

4. AI로 대체되어 일자리를 잃은 사람들을 위해 사회는 무엇을 해야 할까?

5. 노력이 부족해서, 부자인 사람보다 능력이 부족해서 가난한 걸까?

진로활동 #무엇을 해 볼까

1. 20살 이후, 나에게 매월 50만 원이 평생 주어진다면 무엇을 할 것인가에 대한 주제 글쓰기를 해보자.

2. 내가 봉사하고 싶은 분야를 생각해 보고, 봉사활동을 실천해 보자.

7. 루스 베이더 긴즈버그

도서정보	조너 윈터(차익종) / 두레아이들 / 2018년 / 48쪽 / 11,000원	
진로정보	사회 - 법관	
교과정보	사회, 도덕	법관과 인권운동

도서소개 #어떤 책일까?

　　1933년 유대인 부모에게서 태어난 루스 베이더는 여성이고, 유대인이며, 워킹맘으로서 불공평하고 불평등한 사회에서 수많은 어려움 속에서도 포기하지 않고 미국의 두 번째 여성 연방대법관이자 최초의 여성 유대인 대법관이 되었다. 이제 그만두라는 유혹도 물리치고 끊임없이 노력한 끝에 장애물들을 모두 뛰어넘어 크나큰 업적을 남긴 그의 삶은 우리에게 좋은 모범이 된다. 여성 최초 컬럼비아 대학교의 법학 정교수가 되고 '여성권리지킴운동'의 대표 변호사로 활약하였다. 연방대법원의 판사로 일하는 동안 가장 강력한 소수의견을 내놓으면서 불평등과 싸우는 여성 대법관으로서 미국의 '정의의 상징'이자 '법원의 상징'이 되었다. 법관으로서의 사명감과 약자들의 권리를 보호하고, 사회정의를 위해 불의에 맞서 공정한 재판에 대한 의지와 행동으로 실천하는 모습을 배울 수 있다.

진로탐색 #무엇을 더 볼까

관련매체 : EBS뉴스 https://youtu.be/oITu-_wGlhI?si=hr22IK27KbQWavno

관련도서 : 『나는 반대합니다』(데비 레비, 함께자람)

진로토론 #무엇을 이야기해 볼까

1. 여성이라는 이유로 차별받았던 경험이 있다면? 그때의 감정은 어떠한가?

2. 루스가 살았던 당시 사회의 인식에 관해 이야기해 보자.

3. 유대인 차별을 주제로 조사하고 그에 대한 자기 생각을 말해 보자.

4. 아이를 키우면서 전문적인 직업을 계속 가지기 위해서는 부부가 어떤 노력을 해야 할까?

5. 대법관으로서 공정한 재판을 하기 위해서는 어떤 태도가 필요할까?

진로활동 #무엇을 해 볼까

1. 50년 전 여성이 법률인이 되는 과정과 현대의 과정이 무엇이 다른지 조사해 보자.

2. 지방 법원과 항소법원, 대법원의 역할을 조사해 보자.

3. 내가 대법관이 된다면 누구의 인권과 자유를 보장하기 위해, 어떤 의견을 꾸준히 내놓을 것인지 생각해 보자.

8. 봉쭌TV, 가짜 뉴스를 조심해!

도서정보	윤선아 / 위즈덤하우스 / 2021년 / 48쪽 / 11,500원	
진로정보	사회 - 크리에이터	
교과정보	사회	미디어에 대한 비판적 태도

도서소개 #어떤 책일까?

　　최근 쏟아지는 콘텐츠들 속에서 미디어를 올바른 눈으로 바라보고, 가짜 뉴스를 구별하는 힘이 중요해졌다. 크리에이터인 같은 반 친구 유미의 실종 이야기를 통해 미디어란 무엇인지, 가짜 뉴스는 어떻게 생겨나는지 알아보고, 바른 정보를 구별하는 힘을 기를 수 있는 시간이 되겠다.

　　청소년들 사이에 인기 순위에 꼽히는 장래 희망인 크리에이터를 꿈꾸며 준희가 콘텐츠를 만드는 과정을 따라가 보고, 올바른 크리에이터에 대해 생각해 볼 수 있겠다.

진로탐색 #무엇을 더 볼까

관련매체 : 디지털 미디어 식별(경기도교육청TV)
　　　　　　https://youtu.be/Xh4-6sINxbU?si=pqX6Hq3wglXL_j7X
　　　　　　미래교육 플러스-디지털 리터러시 교육1부-정보를 읽는 능력을 키워라!
　　　　　　https://youtu.be/i_cPF7_Nzrw?si=nm_8z2tCunBUwH9L
관련도서 : 『유튜브 크리에이터 되기 with 곰믹스 프로』(창의콘텐츠연구소, 해람북스)

진로토론 #무엇을 이야기해 볼까

1. 내가 들어봤던 황당한 가짜 뉴스는 어떤 것이 있는가?
2. 가짜 뉴스를 구별하려면 어떻게 해야 하는가?
3. SNS 계정을 전체 공개로 하는 것은
4. SNS에 게시물을 올릴 때 어떤 점을 조심해야 하는가?

진로활동 #무엇을 해 볼까

1. 우리가 알고 있는 매체의 종류에 관해 이야기해 보자.
2. 봉쭌이 콘텐츠를 만들었던 과정을 살펴보고, 크리에이터가 콘텐츠를 만들어서 게시하기까지의 과정에 대해 적어 보자.
3. 내가 크리에이터가 된다면 콘텐츠를 만들 때 주의해야 할 점에 대해 적어 보자.

9. 살바도르, 기후 위기에 대한 도전

도서정보	살바도르 고메즈 콜론(권가비) / 다른 / 2022년 / 112쪽 / 13,000원	
진로정보	사회 – 사회운동가	
교과정보	사회	더 나은 세상 만들기

도서소개 #어떤 책일까?

　　2017년 9월 허리케인 마리아가 푸에르토리코를 강타한다. 허리케인 마리아가 휩쓸고 간 섬은 처참했다. 전기와 수도가 끊기고 섬의 모든 시설이 파괴되었다. 살바도르는 고통받는 사람들을 보면서 그들을 돕기 위한 아이디어를 내게 된다. 바로 크라우드펀딩을 기반으로 한 '빛과 희망 프로젝트'이다. 살바도르는 이 프로젝트를 성공적으로 수행하여 17개 시에 거주하는 3,500가구에 태양광 램프와 수동세탁기를 나눠주었다. 이웃의 고통을 모른 척할 수 없던 살바도르. 15세의 어린 나이였지만 문제해결을 위해 고민하고 곧바로 행동으로 나선 용감한 소년을 만나보자.

진로탐색 #무엇을 더 볼까

관련매체 : 파키스탄 인권운동가 말랄라 유사프자이
　　　　　https://www.youtube.com/watch?v=oIBoBE2qGzk
관련도서 : 『어제보다 더 따뜻한 오늘을 만들어요』(롤 커비, 피카주니어)

진로토론 #무엇을 이야기해 볼까

1. 우리가 사는 동네가 폐허가 된다면 나는 어떤 일을 할 수 있는가?
2. 재난 대피 상황에서 꼭 챙겨야 할 물품들을 적어 보자.
3. 살바도르가 사람들을 직접 만나 물품을 전해준 이유는 무엇인가?
4. '탄소세를 도입해야 한다.'라는 논제로 찬반 토론을 해보자.
5. 살바도르가 영향을 받은 사람은 누구이며, 어떤 영향을 받았는가?

진로활동 #무엇을 해 볼까

1. 우리 학교에서 개선하고 싶은 장소나 개선해야 할 부분이 있는지 살펴보고 개선 방안을 제안하는 보고서를 작성해 보자.
2. 남에게 도움이 되는 일을 할 방법은 무엇이 있는지 찾아보자.

10. 샌지와 빵집 주인

도서정보	로빈 자네스(김중철) / 비룡소 / 2019년 / 26쪽 / 14,000원	
진로정보	사회 - 판사	
교과정보	도덕	공정

도서소개   #어떤 책일까?

　　여행을 다니던 샌지는 전설의 도시 후라치아에 도착한다. 잠시 후라치아에 머물기로 결심한 샌지는 마음에 쏙 드는 방을 구한다. 무엇보다 아래층 빵집에서 올라오는 빵 냄새를 맡으며 너무 행복해한다. 그런데 빵집 주인은 빵 냄새를 맡았으니 냄새 값도 내야 한다며 샌지를 고소한다. 판사는 과연 어떤 판결을 할까? 이 재판 과정을 통해 아이들은 판사가 갖춰야 할 자질에 대해 살펴볼 수 있을 것이다. 아울러 우리나라 전래동화 <냄새 값 소리 값>과 셰익스피어의 <베니스의 상인>도 함께 읽어볼 것을 추천한다.

진로탐색   #무엇을 더 볼까

관련매체 : "한파 심한데..." 선고 직후 노숙인에게 10만 원 건넨 판사
　　　　　http://tinyurl.com/ymbn4b64
　　　　　벌거벗은 임금님을 재판한다면!? (법 모의재판)
　　　　　https://www.youtube.com/watch?v=yYj_bAvpxCc
관련도서 : 『거꾸로 판사 똑바로 판결』 (루치아나 브레지아, 파랑새)

진로토론   #무엇을 이야기해 볼까

1. 등장인물을 소개해 보자.
2. 냄새나 소리에 값을 매길 수 있는가?
3. 기계를 이용해 냄새를 맡은 샌지는 처벌받아야 한다. (찬반토론)
4. 판사가 갖추어야 할 자질은 어떤 것이 있는가?
5. 내가 판사라면 어떤 판결을 할 수 있을까요? 이유를 들어 이야기해 보자.

진로활동   #무엇을 해 볼까

1. 서로 역할(검사, 변호사, 판사 등)을 맡아 모의재판을 해보자.
2. 관련 도서를 읽고 판사가 되어 한 사건의 판결문을 써 보자.

II. 세계를 움직이는 국제기구

도서정보	박동석 / 봄볕 / 2020년 / 192쪽 / 14,000원	
진로정보	사회 - 공공행정 전문가	
교과정보	사회	지구촌의 문제, 지속 가능한 미래

도서소개 #어떤 책일까?

　　우리가 살고 있는 세계는 나라마다 경제적, 정치적, 사회적, 지리적 환경이 모두 다르다. 국제사회는 복잡한 이해관계로 얽혀 있어 나라 간의 관계는 시시때때로 변한다. 이처럼 여러 나라 간의 갈등을 조정하고 세계 공통의 문제를 해결하며, 세계 평화를 위해 함께 협력하는 국제기구의 역할이 더욱 중요해지고 있다.

　　이 책은 평화와 협력, 경제 발전, 스포츠와 건강, 인권 보호, 환경 보호 등 다양한 주제로 세계 공통의 가치를 추구하는 국제기구 이야기이며, 국제사회를 이끌어 갈 미래 글로벌 리더의 꿈을 키우게 해 준다.

진로탐색 #무엇을 더 볼까

관련매체 : 방탄소년단 유엔연설
　　　　　https://www.youtube.com/watch?v=Jp5gU_Xx1VA
관련도서 : 『지구촌 아름다운 거래 탐구생활』 (한수정, 파란자전거)

진로토론 #무엇을 이야기해 볼까

1. 내가 알고 있는 국제기구에는 어떤 것이 있는지 말해 보자.
2. 열일곱 가지 국제기구를 나만의 기준으로 분류해 보고, 각 기구에서 한 일을 정리해보자.
3. 국제기구에서 활약한 인물을 소개하여 보자.
4. 만약 내가 훗날 국제기구에서 일하게 된다면 어떤 기구를 선택할 것인지 생각해 보고 세계의 발전과 행복을 위해 어떤 일을 하고 싶은지 말해 보자.

진로활동 #무엇을 해 볼까

1. 세계 지도를 펼쳐서 열일곱 가지 국제기구가 어느 나라에 있는지 표시해 보자.
2. 방탄소년단의 유엔연설처럼 내가 유엔연설을 하게 된다면 어떤 메시지를 전달하고 싶은가? 내가 전달하고 싶은 메시지로 유엔 연설문을 작성해 보자.

12. 수상한 기자의 미디어 대소동

도서정보	서지원 / 상상의집 / 2021년 / 196쪽 / 12,000원	
진로정보	사회 - 기자	
교과정보	도덕	정보통신 윤리 의식 함양

도서소개 #어떤 책일까?

아이들의 온갖 비밀이 담겨진 수상한 쪽지를 받은 냉면초등학교 아이들이 소문의 범인을 찾는 과정에서 나대기 기자를 만나 찾아가는 미디어 이야기.

말로써 시작된 정보가 점토판과 파피루스에 기록되면서부터 인류의 역사가 오늘날까지 전해질 수 있었던 이야기를 담았다.

최초의 미디어 종이에서부터 전화의 발명, 라디오와 텔레비전을 거쳐 세계를 잇는 인터넷과 스마트 미디어까지 냉면초등학교 아이들과 나대기 기자가 함께 하는 에피소드들을 통해 재미있게 설명했다.

매일 다양한 미디어에서 나오는 정보를 접하게 되는 어린이들에게 미디어에 대한 이해를 도와 올바른 정보 탐색을 할 수 있게 돕는 책이다.

진로탐색 #무엇을 더 볼까

관련매체 : 신문박물관 http://presseum.or.kr/

관련도서 : 『가짜 뉴스를 시작하겠습니다』(김경옥, 내일을여는책)

『가짜 뉴스와 미디어 리터러시』(채화영, 팜파스)

진로토론 #무엇을 이야기해 볼까

1. 가짜 뉴스가 만들어지는 이유에 대해 말해 보자. (알고리즘, 언론의 경쟁 등)

2. 소셜미디어가 가짜 뉴스를 만들어 전파하게 만든다. (찬반토론)

3. 뉴스의 알 권리와 책임은 어떻게 균형을 유지하는 것이 좋을까.

진로활동 #무엇을 해 볼까

1. 가짜 뉴스는 어떤 것을 말하는지 알아보고, 가짜 뉴스를 구별하는 방법에 대해 적어 보자.

2. 오늘날 가장 많이 사용하는 미디어에 대해 알아보고, 나는 미디어를 통해 어떤 정보를 얻고, 남기는지 써 보자.

13. 어린이를 위한 역사의 쓸모

도서정보	최태성 / 다산어린이 / 2022년 / 208쪽 / 15,000원	
진로정보	사회 – 역사학 연구원	
교과정보	사회	유적과 유물로 살펴본 옛사람들의 생활

도서소개 #어떤 책일까?

　이 책은 대한민국의 대표 역사 강사 큰별샘이 어린이들을 대상으로 역사의 쓸모를 이야기한다. 역사적 사실을 학습하도록 하는 것이 아니라, 역사를 통해 궁금증을 질문하고, 질문에 대한 답을 하면서 문제를 올바로 인식하고 해결하도록 돕는 책이다.

　선사시대 역사에서부터 독립운동사까지 역사의 흐름을 이해하되, 그날의 역사가 오늘의 나의 삶과 어떤 관련이 있는지 간결하면서도 핵심적인 메시지를 제시한다. 구성진 입담으로 강의하듯 술술 읽힐 수 있도록 집필되어 페이지 곳곳에서 큰별샘이 목소리가 들리는 듯하여 살아 숨 쉬는 역사 공부를 하게 도와준다.

진로탐색 #무엇을 더 볼까

관련매체 : 최태성 초등TV youtube.com/@user-tz4yf1lk1n/featured

관련도서 :『한국사편지 1~5권』(박은봉, 책과함께어린이)

진로토론 #무엇을 이야기해 볼까

1. 지나간 일을 굳이 배워야 하는가? 역사를 배워야 하는 까닭을 말해 보자.

2. 구석기 사람들은 무리 지어 함께 생활하면서 발전할 수 있었어요. 석기 시대보다 훨씬 발전한 지금도 우리는 함께 살아야 하는가?

3. 큰별샘은 어린이의 미래에 필요한 모든 답은 역사에 있다고 했어요. 이 말의 의미는 무엇인가?

진로활동 #무엇을 해 볼까

1. 인상 깊은 역사적 인물을 선정하여 '시대, 업적, 배울 점' 등이 나타나도록 '역사인물 카드'를 만들어 보자.

2. 위 도서에서 우리 역사를 이해하는 데 결정적인 역할을 했던 문화유산 3가지를 선정하여 소개하여 보자.

I4. 연암 박지원의 생각 수업

도서정보	강욱 / 스콜라 / 2007년 / 165쪽 / 9,000원	
진로정보	사회 – 역사학 연구원	
교과정보	국어, 사회, 도덕	인물, 사고

도서소개 #어떤 책일까?

　　조선 후기의 대표 문인 연암 박지원은 세상을 보는 관찰력과 통찰력이 뛰어났던 인물이었다. 박지원이 남긴 수많은 작품에는 창의적이고 깨어있는 생각이 가득 담겨있다. 이 책은 연암의 고전을 통해 독창적인 사고가 부족한 요즘 어린이들에게 새로이 생각하는 방법을 알려준다. 사람들은 무언가를 새롭게 바꾸어야 한다는 데는 입을 모아 찬성한다. 하지만 막상 바꾸려 하면 다들 꺼린다. 그냥 있으면 편해서라기보다 바꾸기가 귀찮기 때문이다. 또한 섣불리 바꾸다가 전보다 더 나쁘게 될지 두려워하기도 한다. 하지만 연암은 그런 두려움을 가볍게 뛰어넘었다. 그리고 보다 많은 사람이 좀 더 새로운 생각을 해내기를 원했다. 이 책을 통해 생각 수업을 받다 보면 연암처럼 새롭고도 좋은 생각을 할 수 있다.

진로탐색 #무엇을 더 볼까

관련매체 : https://www.youtube.com/watch?v=vENHKiAvfx4
　　　　　조선 후기의 실학자 박지원
관련도서 : 『연암 박지원』 (임채영, 북스토리)

진로토론 #무엇을 이야기해 볼까

1. 연암 박지원의 삶을 조사해 보자.
2. 사회에 필요한 인물은 어떤 특징을 지니는가?
3. 새로운 생각을 하는 방법에는 어떠한 것이 있는가?
4. 관찰력과 통찰력을 키우기 위해 무엇을 하면 좋은가?
5. 좋은 생각인 것은 어떤 특징이 있으며 세상을 변하게 할 수 있는가?

진로활동 #무엇을 해 볼까

1. 우리 가족의 삶을 변화시킬 좋은 생각을 적어 보자.
2. 통찰력이란 무엇이며 내 삶의 통찰력이 필요한 영역은 무엇인지 적어 보자.
3. 새롭고 좋은 생각이 나의 삶에 어떠한 장점이 될 수 있는지 정리해 보자.

15. 예능 PD는 어때?

도서정보	신정수 / 토크쇼 / 2022년 / 128쪽 / 13,000원	
진로정보	사회 - 예능PD	
교과정보	실과	예능PD의 하는 일과 자질

도서소개 #어떤 책일까?

　　예능PD는 사람들에게 재미와 감동을 주는 프로그램을 만들고 기획에서 참여 대상 섭외와 촬영 등 제작과 관련한 모든 일을 총괄하고 책임을 지고 있다. 이 책은 예능PD로 25년간 일하고 있는 저자가 예능PD가 하는 일, 이 일을 위해 준비해야 하는 것들이 무엇인지 경험을 토대로 직업 지식과 노하우를 알려준다.

　　저자는 예능 PD로서 시청자들에게 웃음과 감동을 주기 위해서는 창의력보다 더 중요한 능력이 필요하다고 한다. 10가지 질문과 그에 대한 답을 통해 PD 직업에 대한 궁금증을 풀어가고 나의 PD로서 자질과 능력을 찾아볼 수 있다.

진로탐색 #무엇을 더 볼까

관련매체 : https://www.youtube.com/watch?v=IsTstv0z5eg
관련도서 : 『소심한 미호 방송PD 되다』 (신승철, 주니어김영사)

진로토론 #무엇을 이야기해 볼까

1. 내가 가장 좋아하는 예능 프로그램은 무엇이며 그 이유는 무엇인가?
2. 예능PD 일을 하기에 내가 가진 큰 장점은 무엇인가?
3. 예능 프로그램은 쇼, 오락, 개그, 시트콤, 오디션 등 다양한 영역이 있다. 어떤 예능 프로그램의 PD가 되고 싶은가?
4. PD는 프로그램 기획부터 섭외, 촬영, 편집, 예산 편성과 집행 등 방송 제작에 관한 모든 과정을 맡아서 책임지는 일을 한다. 그중에서 어떤 일이 가장 힘들까? 왜 그렇게 생각하는가?

진로활동 #무엇을 해 볼까

1. 내가 예능PD로서 일을 하기에 부족한 능력은 무엇이며 어떻게 해결할 수 있는지 알아 보자.
2. 별로 재미가 없는 예능 프로그램을 1가지 찾아 평가해 보고 내가 PD가 되어 어떤 점을 바꾸면 좋은지 찾아보자.

16. 와글와글 어린이 경제 수업

도서정보	김세연 / 다림 / 2019년 / 100쪽 / 12,000원	
진로정보	사회 - 생산, 품질관리사	
교과정보	사회	생산과 소비활동

도서소개 #어떤 책일까?

이 책은 세계 경제를 움직이는 나의 주머니 속 용돈에서부터 경제가 세계와 국가, 우리 생활에 어떤 영향을 끼치는지 알 수 있게 한다. 화폐의 등장부터 금융의 역할, 소비자와 생산자, 시장이 각각 어떤 역할을 하는지 알아보면서 경제활동의 의미를 알게 해준다.

각 장의 도입부에 제시된 한 장의 삽화에서는 각 장의 주제를 쉽고 재미있게 안내하면서 일상에서 적용되는 경제활동 모습을 단적으로 보여준다. 나아가 사회적인 문제까지 함께 제시해 주어 주제별 경제 문제를 토론활동으로 확장할 수 있으며, 우리가 잘 몰랐던 경제 용어를 쉽게 풀이해 주어 경제가 더욱 친숙하게 해주는 책이다.

진로탐색 #무엇을 더 볼까

관련매체 : KDI경제정보센터 https://www.youtube.com/watch?v=c_fN59k2xnk

관련도서 :『열두 살 경제학교』(권오상, 카시오페아)

진로토론 #무엇을 이야기해 볼까

1. 위 영상을 보고, 경제란 무엇이고 왜 알아야 하는지 말해 보자.
2. 우리는 매일 경제활동을 한다. 우리가 하는 경제활동을 말해 보자.
3. 경제활동의 주체인 기업과 가계, 국가의 역할은 무엇인가?
4. 수요와 공급 곡선을 설명하고 상품의 가격이 어떻게 정해지는지 말해 보자.
5. 노동삼권이란 무엇이고, 노동삼권이 필요한 까닭은 무엇인가?

진로활동 #무엇을 해 볼까

1. 경제활동과 관련한 직업에는 어떤 직업이 있는가? 아는 대로 적어 보자.
2. 위에서 적은 직업 중에서 내가 관심 있는 직업을 자세히 소개해 보자.
3. 모두가 행복한 경제활동을 위하여 미래의 나는 어떤 노력을 할 수 있는가?

17. 이 기사 써도 되나요?

도서정보	송아주 / 나무생각 / 2017년 / 164쪽 / 11,800원	
진로정보	사회 – 기자	
교과정보	사회	언론의 역할

도서소개 #어떤 책일까?

신문부 동아리에 들어간 정필이는 전교 회장단 선거가 공정하게 치러지지 않았음을 알게 되고, 취재와 인터뷰를 통해 기사를 작성한다. 그러나 학교의 반대로 기사를 실을 수 없게 되고, 정필이의 기사는 교장선생님의 원고로 대체되기에 이른다. 이에 반발한 편집장은 기사 바꿔치기를 시도하지만, 신문부를 지도하고 있는 선생님께 들키고 만다.

정필이와 신문부가 사건을 해결하는 과정을 통해 언론과 언론인의 역할이 무엇인지, 여론의 형성이 사회 문제를 해결하는 데 어떤 영향을 주는지 알 수 있다. 기자를 꿈꾸는 친구들에게 꼭 추천하고 싶은 책이다.

진로탐색 #무엇을 더 볼까

관련매체 : 『유퀴즈온더블럭 115화』 6월 민주항쟁을 기록한 강형원 기자
　　　　　　https://www.youtube.com/watch?v=QgEhj9xCrHw
관련도서 : 『미디어 리터러시 쫌 아는 10대』 (금준경, 풀빛)

진로토론 #무엇을 이야기해 볼까

1. 기자란 무엇인가? 한마디로 말하면?
2. 책 속 인물 중 가장 인상 깊은 인물과 그 이유는 무엇인가?
3. 기자가 지켜야 할 취재 윤리에는 어떤 것이 있을까?
4. 민주주의 사회에서 언론과 언론인의 역할은 무엇인가?
5. 학교에서 정필이의 기사를 신문에 실어주지 않은 것은 옳지 않다.

진로활동 #무엇을 해 볼까

1. 현동초등학교 학생이 되어 백지 신문에 쓰고 싶은 내용을 작성해 보자.
2. 모둠별로 신문부 선배가 되어 신입 기자를 뽑기 위한 면접 질문을 만들어 보자.
3. 학교에서 일어난 일을 취재하여 육하원칙에 맞춰 기사문을 작성해 보자.

초등학교 진로독서 가이드북

제7장

자연과학과 수학

◈ 자연과학과 수학 영역 소개 ◈

#직업의 윤리 의식과 책임감이 우선되어야!

자연과학과 수학 분야의 직업군은 세상을 변화시키고 발전시키는 데 중요한 역할을 담당해 왔습니다. 이들의 노력과 연구는 다양한 분야에서 혁신과 발전을 이루어 내며, 앞으로도 미래 사회를 더욱 발전된 상태로 이끌 것으로 기대됩니다.

따라서 자연과학 분야의 직업군은 사회에 대한 큰 책임과 소명 의식을 가져야 합니다. 그들은 자연 현상과 과학적인 원리를 연구하고 이를 실제 문제 해결과 혁신에 적용함으로써 인류의 복지와 지속 가능한 발전을 위해 노력해야 합니다.

그러므로 자연과학과 수학 분야의 초등진로 교육은 과학적인 진실성과 정확성을 유지하고, 사회적인 영향과 윤리를 고려하며, 공공의 이익과 국가 발전을 위해 노력하는 책임감 등이 필요함을 인지 시켜주어야 합니다.

#어려운 자연과학 분야를 연구하고 싶은 이유는 무엇인가요?

윤리 의식과 공공의 이익과 국가 발전에 대한 책임감이 요구되는 어려운 자연과학 분야를 연구하고 싶은 이유는 특별한 성향과 소명 의식을 가졌기 때문입니다.

첫째로, 호기심과 탐구심이 높을 것입니다. 자연과학 분야의 직업을 가지면 우리 주변의 자연 현상과 세계를 이해하는 데 도움을 줄 뿐만 아니라 세상의 작동 방식을 알게 되면 더 넓은 시각과 지식을 얻을 수 있습니다.

둘째로, 사회적인 문제를 해결하고 공공의 이익과 국가 발전에 기여하고 싶을 것입니다. 자연과학 분야의 직업을 가지면 환경 문제, 에너지 문제, 질병 치료 등 사회적으로 중요한 문제를 해결할 방법을 발견하고 개발하여 사회에 이바지할 수 있을 것입니다.

마지막으로, 어려운 과제에 도전하고 성취감을 얻고 싶을 것입니다. 자연과학 분야의 직업을 가지면 미래에 다양한 분야에서 자기 잠재력을 발휘하고 높은 성취감을 얻을 수 있습니다.

자연과학 분야의 진로 독서 활동은 어린이의 호기심과 탐구심을 충족시키고, 사회적인 문제를 해결과 자기 잠재력을 발견하고 발전시킬 수 있는 방향으로 진행되어야 합니다. 어린이 개인적으로는 자신의 성장과 미래에 대한 가능성을 자극받는 중요한 동기가 될 것입니다.

#자연과학과 수학계열은 물리, 화학, 생명과학, 수학통계로 구성되어 있어요.

물리 관련	전자통신, 표준과학, 원자력에너지, 반도체, 신소재, 방사선, 항공 등 관련 분야
화학 관련	화학 관련 시험원, 산업안전원, 화학공학 기술자, 의약품 등 관련 분야
생명과학 관련	바이오의약품, 생명과학, 생명 정보, 생물학 관련 분야
수학 통계 관련	수학, 전산 통계, 정보통신기술, 사회조사분석, 경영 회계 등 분야

◈ 자연과학과 수학 도서 목록 ◈

순	영역	진로정보	교과정보	도서명	집필자	비고
1	자연과학과 수학	생물학자	과학	누가 숲을 만들었을까?	이명자	대표
2	자연과학과 수학	에너지연구원	과학	두 얼굴의 에너지, 원자력	한상희	대표
3	자연과학과 수학	생명과학자/ 유전공학자	과학	GMO 유전자 조작 식품은 안전할까?	권위숙	
4	자연과학과 수학	수학자	수학	개미가 된 수학자	문지영	
5	자연과학과 수학	과학자	과학	과학자와 놀자!	문지영	
6	자연과학과 수학	에너지공학자/ 전기공학기술자	과학/사회	미래 에너지 탐험 – 석유가 뚝!	권위숙	
7	자연과학과 수학	건축가	수학/미술	세계로 떠나는 수학 도 형여행	안란희	
8	자연과학과 수학	수학자	수학	수학에 빠진 아이	문지영	
9	자연과학과 수학	발명가/연구원	과학	앗! 이런 발명가 와! 저런 발명품	양미현	
10	자연과학과 수학	요리연구가	과학	위대한 발명의 실수투성이 역사	양미현	
11	자연과학과 수학	지구/기상과학 연구원	과학	장영실의 생각실험실: 해시계와 물시계	한상희	
12	자연과학과 수학	지구물리학 연구원	과학	지진의 정체를 밝혀라	김은정	
13	자연과학과 수학	식물학자	과학	파브르 식물 이야기 1	문지영	
14	자연과학과 수학	천문학자	과학	하늘에는 얼마나 많은 별이 있을까요?	김은정	

I. 누가 숲을 만들었을까?

도서정보	샐리 니콜스(김미선) / 키즈엠 / 2022년 / 36쪽 / 12,000원	
진로정보	자연과학과 수학 - 생물학자	
교과정보	과학	숲, 생태계, 식물, 동물

도서소개 #어떤 책일까?

기후 위기로 인하여 지구촌 곳곳에 대형 산불이 일어나고 있다. 숲이 불타버리고 난 후 다시 숲이 형성되려면 어떤 과정을 거치게 될까? 이 책은 숲이 생겨난 과정을 보여 준다. 돌투성이 맨땅에 이끼류와 녹조류가 생기고, 곤충이 생기고 흙이 생기는 등의 모습을 어린이들의 눈높이에 맞추어 쉽게 알려주고 있다. 무분별한 개발로 인해 숲은 한순간에 파괴되지만, 다시 숲이 되기까지는 유기체들은 오랜 시간 동안 상호작용하고, 서로 영향을 주고받는 주변의 무생물 환경들의 생태 활동으로 형성되는 것을 알 수 있다. 책의 마지막 부분을 통해 전 세계의 숲에 관한 정보와 생물학자를 꿈꾸는 학습자들에게 자연 생태계를 이해하는 데 도움이 된다.

진로탐색 #무엇을 더 볼까

관련매체 : [엠빅네이처] 아마존의 충격! 지구의 허파인줄 알았는데.. 공장 굴뚝처럼 변했다?

관련도서 : 작은 구름 이야기(태풍은 어떻게 만들어질까?)』 (조해나 워그스태프, 키즈엠)

진로토론 #무엇을 이야기해 볼까

1. 돌투성이 땅이 숲을 이루기까지 생명체들 각각의 역할에 관해 이야기해 보자.

2. 숲의 밑바닥은 매우 비옥하여 식물이 잘 자란다. 그래서 사람들은 숲을 베어내고 농지를 만들어 더 큰 이익을 얻으려고 한다. 당장 눈앞의 이익을 위해 숲을 개발하는 사람들의 행동에 대하여 자기 생각을 말해 보자.

3. 건강한 숲 생태계를 만들기 위해 국가의 정책도 매우 중요하다. 2019년 1월 집권한 브라질 정부의 아마존에 대한 정책에 대하여 알아보고, 비판할 점을 찾아 토론해 보자.

진로활동 #무엇을 해 볼까

1. 숲은 전 세계 육지의 약 3분의 1을 차지하며 우리는 무려 3조 그루나 되는 나무들과 함께 지구에 살고 있다. 숲 생태계가 인간에게 주는 이로운 점을 찾아 정리해 보자.

2. 숲마다 식물과 동물이 특색있게 섞여 살지만, 일반적으로는 적도를 중심으로 거리에 따라 세 가지로 나눌 수 있다. 세 가지 숲의 특징에 대하여 정리해 보자.

◈ 책 이야기 ◈

1. 이 책을 읽기 전에 누가 숲을 만든다고 생각했나요? 그렇게 생각하는 이유를 말해 보자.

2. 숲에 가 본 적이 있나요? 숲에서 볼 수 있는 생물에는 어떤 것들이 있는지 아는 대로 정리해 보자.

3. 돌투성이 맨땅이 숲을 이루기까지 이끼류와 녹조류, 그리고 곤충이 한 일은 무엇인가?

4. 흙이 생기자, 흙 속에서 식물이 자라납니다. 이 식물들은 숲을 이루는 데 어떤 역할을 하는가?

5. 곤충과 새, 동물이 숲을 이루는 데 하는 역할은 무엇인가?

6. 숲의 밑바닥은 매우 비옥하여 식물이 잘 자란다. 그래서 사람들은 숲을 베어내고 농지를 만들어 더 큰 이익을 얻으려고 한다. 당장 눈앞의 이익을 위해 숲을 개발하는 사람들의 행동에 대하여 자기 생각을 써 보자.

   ① 의견:
   ② 이유:
   ③ 예 들기:
   ④ 의견 재강조

◆ 질문하고 토론하고 ◆

※ 다음 영상을 감상한 후 이야기를 나누어 보자.

1. 동영상 : [엠빅네이처] 아마존의 충격! 지구의 허파인 줄 알았는데.. 공장 굴뚝처럼 변했다?

1. 위 영상을 감상해 보고, 아마존의 현실은 어떠한지 정리해 보자.

2. 지난 2019년 파괴된 아마존의 면적은 얼마이며, 그 이유는 무엇인가?

3. 건강한 숲 생태계를 만들기 위해 국가의 정책도 매우 중요하다. 2019년 1월 집권한 브라질 정부의 아마존에 대한 정책에 대하여 알아보고, 비판할 점을 찾아 정리해 보자.

4. 우리가 숨 쉬는 데 필요한 산소의 80%는 해양의 플랑크톤이나 조류로부터 공급된다고 한다. 지구에 풀과 나무가 하나도 없던 까마득한 과거에 지구에 산소를 공급해 지구에 풀과 나무가 자라게 해 준 것은 바다의 미생물이다. 바다 생태계의 중요성에 대하여 친구들과 이야기해 보자.

◈ 진로 이야기 ◈

1. 숲은 전 세계 육지의 약 3분의 1을 차지한다. 그리고 우리는 무려 3조 그루나 되는 나무들과 함께 지구에 살고 있다. 숲 생태계가 인간에게 주는 이로운 점을 찾아 정리해 보자.

2. 세상에는 다양한 숲이 있다. 각각의 숲마다 식물과 동물이 특색있게 섞여 살지만, 일반적으로는 적도를 중심으로 거리에 따라 세 가지로 나뉜다. 세 가지 숲의 특징에 대하여 정리해 보자.

한대림	열대 우림	온대림

3. 숲은 단순히 동물과 식물만 사는 곳이 아니라 3억 명이 넘는 사람들이 숲을 자신들의 '보금자리'라고 부른다. 아주 오랜 옛날 원시시대 때부터 숲은 우리에게 쉴 곳과 음식, 건물을 지을 수 있는 재료, 예술품과 약을 제공해 주었다. 하지만 이 고마운 숲은 너무나도 빨리 사라지고 있다. 내가 만약 자연과학자를 꿈꾸고 있다면 숲을 지키기 위해 어떤 연구를 하고 싶은가? 그것을 위해 해야 할 공부가 무엇인지 인터넷으로 검색해 보고 정리해 보자.

2. 두 얼굴의 에너지, 원자력

도서정보	김성호 / 길벗스쿨 / 2016 / 168쪽 / 13,000원	
진로정보	자연과학과 수학 - 에너지연구원	
교과정보	과학	전기와 에너지

도서소개 #어떤 책일까?

2011년 일본 후쿠시마에서 원자력 발전소 사고가 일어난 뒤 원자력과 원자력 발전소에 관심이 높아졌다. 최근에는 정부의 에너지 정책에 따라 원자력 발전을 줄여야 하는지, 새로운 원자력 발전소를 더 건설해야 하는지에 대해서도 논란이 일고 있다.

이 책은 과연 원자력이란 무엇인지, 원자력으로 전기를 만드는 원리는 무엇인지, 원자력의 장단점은 무엇인지 정확하게 이해하는 데 도움을 준다. 나아가 원자력을 둘러싼 다양한 논쟁과 사회적인 문제를 어떻게 해결할 수 있는지 생각하게 하고, 원자력과 비교되는 미래 에너지에 대한 모습을 그리는 데 도움을 준다.

진로탐색 #무엇을 더 볼까

관련매체 : bRd 3D - 원자력 발전소의 원리와 작동방식
관련도서 :『꼬불꼬불나라의 원자력이야기』(서해경, 풀빛미디어)

진로토론 #무엇을 이야기해 볼까

1. 원자력이란 무엇인지 설명해 보자
2. 우라늄 원자로 전기를 만드는 원리는 무엇인가?
3. 원자력 발전소에서 전기를 만드는 구조와 원리는 무엇인지 설명해 보자.
4. 원자력을 둘러싼 여러 사회적 갈등에 대해서 알아보자.
5. '원자력 발전을 확대해야 한다'로 찬반 토론해 보자.

진로활동 #무엇을 해 볼까

1. 원자력과 관련된 직업에는 어떤 것이 있을까?
2. 원자력 발전의 장단점을 정리해 보고, 미래 에너지로서 발전 가능성에 관해서 이야기해 보자.

◆ 책 이야기 ◆

1. 원자력 사고에 대해서 알고 있나요? 어떤 사고인지 설명해 보자.

2. 원자력 발전의 장점은 무엇인가?

3. 우리나라 원자력 발전소 현황을 조사해 보자.

4. 방사능이란 무엇이고, 방사능이 우리 생활에 어떻게 쓰이며 어떤 폐해가 있는지 알아보자.

5. 여러 가지 전기를 만드는 방법을 조사하여 정리해 보자.

에너지	만드는 방법
화력에너지	
원자력에너지	
재생에너지	
폐기물에너지	
기타( )	

◈ 질문하고 토론하고 ◈

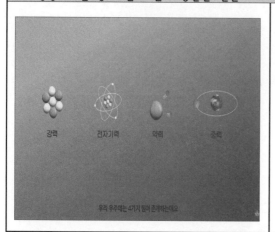

[영상자료]

원자력 발전소는 어떻게 작동할까? [1편] 원자력 발전소의 원리와 작동 방식

1. 원자란 무엇이고, 원자력으로 에너지를 만드는 과정을 설명해 보자.

2. 우리나라 원자로는 대부분 가압경수로이다. 가압경수로 작동 원리를 설명해 보자.

3. 위 자료를 보고 궁금한 점이나 더 자세히 알고 싶은 것은 무엇인지 말해 보자.

※ 다음 질문에 따라 두 얼굴의 에너지, 원자력에 대한 내 생각을 정리해 보자. (4~7)

4. 원자력은 깨끗한 에너지일까, 아닐까? 근거를 들어 설명해 보자

5. 원자력은 싼 에너지일까, 비싼 에너지일까? 근거를 들어 설명해 보자

6. 원자력 발전소는 안전할까, 위험할까? 근거를 들어 설명해 보자

7. '원자력에너지는 인간의 삶을 이롭게 한다'라는 논제로 찬반 토론을 해 보자.
  * (찬성) 원자력에너지는 인간의 삶을 이롭게 한다.
  * (반대) 원자력에너지는 인간의 삶을 이롭게 하지 못한다.

논제	원자력에너지는 인간의 사람을 이롭게 한다.	
	찬성	반대
주장과 근거		

◈ 진로 이야기 ◈

I. 원자력과 관련된 여러 직업을 조사해 보자.

직업	하는 일
과학자	
원자력 연구원	
핵의학자	
원자력 발전소 설계사	
기타( )	

2. 위 직업군에서 여러분이 미래 진로 직업으로 관심있는 직업은 무엇이고, 그 직업을 통해 구체적으로 어떤 일을 하고 싶은지 말해 보자.

3. GMO 유전자 조작 식품은 안전할까?

도서정보	김훈기 / 풀빛 / 2017년 / 124쪽 / 12,000원	
진로정보	자연과학과 수학 - 생명과학자, 유전공학자	
교과정보	과학	유전자 식품의 안전성, 유전자 변형

도서소개 #어떤 책일까?

이 책은 GMO에 대한 올바른 인식을 이야기한다. 우리 생활 속에 스며들어 알게 모르게 접해서 섭취하고 있는 유전자변형식품에 대해 우리에게 미칠 영향은 무엇인지 생각해 보도록 질문형식으로 목차가 구성해 궁금증을 유발 지엠오에 문제를 인식하고 소비자의 권리에 대해 선택할 수 있게 돕는 책이다.

유전자 조작을 색종이로 바람개비를 만드는 것을 예시로 초등학생들에게 쉽고 흥미롭게 접해 생명과학 기술로 변형한 지엠오를 먹고 건강과 생태계에 대해 고민하고 앞으로 어떻게 대처해야 할지 알려준다.

진로탐색 #무엇을 더 볼까

관련매체 : YTN사이언스 https://youtu.be/MQzykG-fSxY?si=RhfNB0Q1E5TemDvA

관련도서 : 『식량 위기에서 인류를 구할 미래 식량』 (박열음, 뭉치)

진로토론 #무엇을 이야기해 볼까

1. GMO(생명과학 기술로 변형 만든 음식)에 대해 알고 있는 것은 무엇인가?
2. GMO는 면 과학기술의 발전이 정말 인간에게 이롭기만 할까?
3. GMO 식품은 안전할까? '유전자 조작 VS 유전자 변형'에 대해 토론해 보자. (찬반토론)
4. 식량문제 해결을 위해 GMO는 꼭 필요한 기술일까?

진로활동 #무엇을 해 볼까

1. 우리 주변 GMO 무엇이 있을까? (GMO 포스터 그리기)
2. 식량문제 해결을 위한 식품 안전 GMO UCC를 만들어 보자.
3. GMO의 장단점을 표식화하고 알리는 블로그를 작성해 보자.
4. GMO는 우리의 식생활이나 건강, 환경 등에 영향을 미칠 수 있다. GMO와 관련된 실생활의 사례나 경험을 나누어 보자.

4. 개미가 된 수학자

도서정보	모리타 마사오(박종진) / 출판놀이 / 2020년 / 48쪽 / 13,500원	
진로정보	자연과학과 수학 – 수학자	
교과정보	수학	수학 세계 탐구

도서소개 #어떤 책일까?

수학의 핵심을 명확하게 짚은 아름다운 상상의 그림책이다. 작은 개미도 수학을 알고 있을까? '숫자 1이란 무엇인가?'라는 질문에 대해, 어느 날 개미가 된 수학자의 시선으로 수에 대해 보여 준다. 인간에겐 아주 당연해 설명조차 할 수 없는 숫자 '1'이 개미에겐 전해지지 않는다. 작은 개미들에게도 수학이 통할까'라는 상상력은 수학을 싫어하는 아이들에게도 새로운 흥미로움으로 다가온다.

드디어 여왕개미를 만나면서 인간이 알고 있는 숫자와는 다른 '살아 움직이는 숫자'가 있다는 걸 배우고, 거대한 수학 우주의 입구를 만나게 된다. 개미 세계에서는 하얀 1, 재빠른 파란 1과 같이 우리가 상상하지 못하는 수를 사용한다. '숫자의 미래'에 대한 철학적 탐구를 아름답게 담은 이야기를 통해 수학의 신비한 세계 속으로 빠져들게 한다.

진로탐색 #무엇을 더 볼까

관련매체 : 영화 <무한대를 본 남자> 인도 천재 수학자 라마누잔 이야기
　　　　　https://youtu.be/FjzKWWrVAGA?si=6wURRRSoWTHzwzke
관련도서 : 『수를 사랑한 늑대』 (김세실, 미래엔아이세움)

진로토론 #무엇을 이야기해 볼까

1. 수학자는 존재하지 않는 것에 대해 흥미를 느끼고 연구한다고 하였고, 수학자가 해야 할 가장 중요한 일은 숫자나 도형의 소리에 귀를 기울이고 마음으로 주고받는 것이 가장 중요하다고 하였다. 이에 대해 어떻게 생각하는가?
2. 수학자는 누구에게나 통할 것이라고 믿었던 수학의 언어가 개미에게 통하지 않았던 이유는 개미의 숫자에는 색과 빛, 움직임이 있는 살아있는 수의 세계였기 때문이다. 개미들의 살아있는 수의 세계에 관한 생각을 말해 보자.
3. 개미들의 '눈부실 정도로 하얀 1', '재빠르게 파란 1'과 같은 수는 무엇이 있을까?

진로활동 #무엇을 해 볼까

1. 개미가 서로 먹이를 나누듯 수학자는 발견을 나눈다고 한다. 수학에 대해 내가 발견한 것을 친구에게 전하고 감동을 공유하는 기쁨의 경험을 말해 보자.
2. 수학을 생활에 이용하는 것을 넘어서, 주변의 모든 것을 수학으로 느껴 보자.

5. 과학자와 놀자!

도서정보	김성화, 권수진 / 창비 / 2003년 / 188쪽 / 15,000원	
진로정보	자연과학과 수학 - 과학자	
교과정보	과학	과학자 이야기

도서소개 #어떤 책일까?

맨 처음 과학자 탈레스, 관찰을 통해 자연을 연구하고 지구가 온 우주의 중심임을 1800년간 믿게 한 아리스토텔레스, 지구가 태양을 도는 것임을 처음 밝혀낸 코페르니쿠스, 행성들이 타원을 그리면서 태양을 돌고 있음을 발견하고 우주선으로 우주를 여행하는 공상 과학 소설을 쓴 케플러, 망원경으로 맨 처음 하늘을 관측하고 '그래도 지구는 돈다'로 말한 갈릴레이, 중력의 법칙으로 달과 행성, 지구, 태양이 우주에서 어떻게 움직이는지 밝힌 뉴턴, 조선의 선비로서 외롭게 과학을 공부하여 지구가 1일 1회 자전하여 낮과 밤이 생김을 말한 홍대용, 연금술사이자 최초의 화학자 라부아지에, 모든곳에 전기가 있음을 발견하고 피뢰침을 발명한 프랭클린, 발전기의 원리를 발견하고 빛의 수수께끼를 풀어낸 패러데이, 위대한 상대성 이론을 발견한 아인슈타인 등 과학사에서 중요한 발견을 한 과학자들의 업적을 그들의 삶과 함께 쉽게 풀어놓은 책이다.

진로탐색 #무엇을 더 볼까

관련매체 : 10명의 과학자 https://youtu.be/YuIQdTXZt-Q?si=Wt0vKyXTKDOl9cnJ
코스모스 https://youtu.be/x-KnsdKWNpQ?si=kelvDjUev5wXw8IL
관련도서 : 『처음 읽는 코스모스』 (세다드 카이드-살라 페론, 두레아이들)
『세상을 바꾼 여성 과학자50』 (레이철 이그노트프스키, 길벗어린이)

진로토론 #무엇을 이야기해 볼까

1. 과학사에서 가장 중요한 발견이나 발명은 무엇이라고 생각하는가? 그 이유는?
2. 과학자 중에는 엉뚱하고 특이한 사람도 많지만, 그들이 과학사에 중요한 업적을 남길 수 있었던 것은 어떤 노력이 있었기 때문일까?
3. 과학자 중에는 처음 자신의 발견이 주변으로부터 인정을 받지 못한 경우가 많은데 그런데도 쉽게 포기하지 않았던 이유는 무엇일까?

진로활동 #무엇을 해 볼까

1. 이 책에 나온 여러 과학자 중 좋아하는 과학자가 있다면 소개해 보자.
2. 내가 과학을 좋아하는 이유는 무엇인지, 내가 좋아하는 과학 분야에 대해 알고 있는 것을 그림을 그려가며 설명해 보자.

6. 미래 에너지 탐험 - 석유가 뚝!

도서정보	신정민 / 파란자전거 / 2022년 / 96쪽 / 11,900원	
진로정보	자연과학과 수학 - 에너지공학자, 전기공학 기술자	
교과정보	과학, 사회	미래 에너지

도서소개 #어떤 책일까?

봄의 시작을 알리는 개구리, 물과 뭍을 오가며 사는 양서류는 환경오염이나 기후변화 등에 민감해 환경 지표종 구실을 한다. 개구리는 작은 생물체이지만 생태계 먹이 사슬에서 중간 역할을 하며 아래로는 벌레를 잡아먹어서 개체 수를 조절하고, 위로는 포식자의 먹이가 되어 개체 수 피라미드의 균형을 맞춘다. 개구리를 포함한 양서류의 멸종은 생태계 먹이 사슬의 파괴를 의미한다. 자연은 서로 깊이 관련되어 있으므로 한 생물의 멸종은 연쇄적으로 다른 생물의 멸종을 가져오기 때문에 양서류가 멸종된 환경은 인류에게도 위협적이다. 이 책은 개구리의 멸종위기를 통해 환경과 생태 보호에 대한 경각심을 일깨워 주는 책이다.

진로탐색 #무엇을 더 볼까

관련매체 : 환경부 유튜브 < 도민석 연구사와 함께하는 슬기로운 연구생활: 양서류편/
https://youtu.be/NYy0CVX0vyU?feature=shared>
관련도서 : 『코끼리 똥이 숲을 지킨다고?』(김황, 풀과 바람)

진로토론 #무엇을 이야기해 볼까

1. 물과 뭍을 오가며 사는 양서류는 환경 지표종의 구실을 합니다. 그 이유에 대하여 말해 보자.
2. 이 책을 읽고 새롭게 알거나 깨달은 내용을 이야기해 보자.
3. 우리나라는 수원청개구리, 금개구리와 맹꽁이, 양서류 3종을 멸종 위기종으로 지정해 관리하고 있다. 이렇게 된 원인은 무엇이라고 생각하는가?
4. 파괴된 생태계를 복원하기 위해 노력할 점을 토론해 보자.

진로활동 #무엇을 해 볼까

1. 가장 좋아하는 동물을 조사해 보자.
2. 개구리의 한살이를 그림으로 그려보자.
3. 내가 환경과 관련된 직업군을 선택한다면, 건강한 생태계를 만들기 위해 연구하고 싶은 분야는 무엇인지 그 까닭에 대하여 정리하여 보자.

7. 세계로 떠나는 수학 도형 여행

도서정보	김리나 / 다락원 / 2023년 / 108쪽 / 13,000원	
진로정보	자연과학과 수학 - 건축가	
교과정보	수학, 미술	건축 원리로서의 수학

도서소개 #어떤 책일까?

수학(mathematics)은 '모든 것을 배우는 것(mathematica)'이라는 뜻의 라틴어에서 유래되었다고 한다. 수학은 단순히 문제를 푸는 과목이 아닌 세상을 알아가는 논리적이고 추상적인 방법이다.

교과서에서 보던 지루하기만 한 도형들이 세계 여러 나라의 예술적인 건물로 탄생한 이야기를 읽다 보면 어느새 도형으로 디자인을 한 자신을 발견할지도 모르겠다. 나아가 수학이 우리 생활에서 얼마나 유용하게 사용되고 있는지 깨달을 수 있을 것이다.

건축가를 꿈꾸고 있는 친구들이라면 꼭 한번 읽어보길 추천하고 싶은 책이다. 건축가가 되고 싶은가? 그렇다면 일단 수학과 친해지자!

진로탐색 #무엇을 더 볼까

관련매체 : 건축의 기초가 되는 수학/ YTN 사이언스
https://www.youtube.com/watch?v=C6JE2hprItE
관련도서 : 『수학 대소동』(코라 리, 다산어린이)

진로토론 #무엇을 이야기해 볼까

1. 책에서 가장 기억에 남는 건축물은 무엇인지 이유와 함께 이야기해 보자.
2. 우리 주변에도 도형 혹은 수학 원리가 활용된 것들이 있을까?
3. 수학 공부는 왜 해야 할까?
4. 건축가가 되기 위해 무엇을 해야 할까?
5. 학생은 수학 공부를 해야 한다.

진로활동 #무엇을 해 볼까

1. 건축가를 조사하고 내가 좋아하는 건축가에 대해 발표해 보자.
2. 다양한 도형을 사용하여 디자인해 보자.
3. 건축가가 되기 위한 꿈 지도를 그려보자.

8. 수학에 빠진 아이

도서정보	미겔 탕코 / 나는별 / 2020년 / 48쪽 / 13,000원	
진로정보	자연과학과 수학 – 수학자	
교과정보	수학	내가 좋아하는 수학

도서소개 #어떤 책일까?

　　빨간 머리의 주인공은 자기 가족들처럼 자신도 푹 빠질 만큼 좋아하는 것을 찾아 다양한 분야를 경험한다. 그러나 소질과 관심이 없음을 느끼고 계속되는 실패 속에서 우연히 미술 시간에 도화지를 도형으로 가득 채우면서 자신이 진짜로 좋아하는 것이 바로 '수학'이라는 것을 알게 된다. 날마다 수학을 생각하고 언제나 수학과 함께하며 세상을 '수학'의 눈으로 바라보는 발견의 기쁨을 느끼는 아이의 모습을 통해 과연 수학이란 어떤 것인지 새롭게 느끼게 된다.

　　책의 부록에는 주인공이 자신만의 특별한 시선으로 발견한 수학의 세상을, 몇 개의 개념어와 함께 간단한 글과 그림으로 기록한 수학 노트를 만날 수 있다. 다각형, 입체 도형, 곡선, 동심원처럼 그림책에서 아이가 찾은 것들을 더 친절하게 설명하는 수학 노트를 통해 큰 배움과 수학의 즐거움을 느낄 수 있다.

진로탐색 #무엇을 더 볼까

관련매체 : 테셀레이션 https://youtu.be/TVH3AkxdAIc?si=yNUEhZjf7mujGrH4

관련도서 : 『수학을 사랑한 아이』 (데보라 하일리그먼, 봄나무)

진로토론 #무엇을 이야기해 볼까

1. 수학을 좋아했거나 좋아하려고 해 본 적이 있다면 언제였는가?
2. 지금까지 배운 수학이나 수학 놀이 중에 좋아하거나 자신 있는 것이 있다면 어떤 것인지 소개해 보자.
3. 수학에 대한 자신감은 어떻게 길러질까?
4. 진짜 수학을 한다는 것은 어떤 것일까?
5. 수학에 빠진 열정을 사람들이 이해하지 못한다면 그 이유는 무엇일까?

진로활동 #무엇을 해 볼까

1. 단순한 문제풀이식의 수학이 아니라, 진짜 수학을 해 보는 시간을 가져 보자.
2. 별도의 수학 탐구 노트를 준비하여 내가 좋아하거나 관심 있는 수학 분야(수, 도형 등)에 대해 나만의 탐구 시간을 가지고 매일 30분씩 탐구 기록을 해보고 그 과정에서 느낀 점과 알게 된 것을 발표해 보자.

9. 앗! 이런 발명가 왜! 저런 발명품

도서정보	박주혜 / 뭉치 / 2020년 / 128쪽 / 13,000원	
진로정보	자연과학과 수학 – 발명가, 연구원	
교과정보	과학	생활 속의 발명품

도서소개 #어떤 책일까?

이 책은 평범한 소년 태평이와 장영실, 에디슨 등 역사 속의 발명가들이 만나 발명에 관한 대화를 나누는 내용이다. 역사를 바꾼 자동차, 전화기에서부터 샴푸, 빨대 등 생활을 바꾼 발명품들의 원리와 숨은 이야기들을 알아본다. 지도와 그래프, 생생한 사진, 퀴즈 코너, 용어 해설이 있어 발명가와 발명품을 쉽게 이해할 수 있도록 구성하였다. 특히 내용과 관련된 참고 사이트가 있어 스스로 필요한 정보를 찾고 탐구할 수 있도록 하였다.

도로 개발로 인간은 편리해지는 만큼 로드킬의 피해를 보는 동물들, 스마트폰의 편리함과 부작용, 원자 폭탄 등 발명품의 긍정적인 측면과 부정적인 결과에 대한 정보로 토의·토론을 할 수 있다.

진로탐색 #무엇을 더 볼까

관련매체 : https://www.youtube.com/watch?v=XwCrjIuRtKI

관련도서 :『행복을 만드는 우리 동네 발명가』(린스런, 책속물고기)

진로토론 #무엇을 이야기해 볼까

1. 생활을 바꾼 발명품(114~115쪽) 중 가장 기발하다고 생각하는 것은 무엇인가?
2. 만약 무인 자동차가 운행하다가 사고를 내면 자동차주인, 자동차 제작 회사, 자동차 운전 기술을 만든 회사 중 누구의 책임인가?
3. 사람들이 도로를 개발하면서 로드킬(동물들이 이동하다가 자동차에 치여 죽는 것)을 줄이기 위해 생태도로를 만들지만 별로 효과가 없다고 하는 데 이유가 무엇일까?

진로활동 #무엇을 해 볼까

1. 생활 속에서 가장 자주 겪는 불편함을 주는 사물을 떠올려 보고 5가지 대상을 정하여 불편함과 문제점을 적고 어떻게 해결할 수 있는지 탐구해 보자.
2. 발명가와 과학자는 남들과는 다른 생각, 엉뚱한 생각과 상상을 하며 발명품을 만든다. 나만의 색다른 생각, 엉뚱한 생각과 상상을 잘할 방법은 무엇일까?
3. 발명을 하는 사람들이 일하는 곳에는 어떤 곳이 있는지 알아보자.

10. 위대한 발명의 실수투성이 역사

도서정보	샬럿 폴츠 존스(원지인) / 보물창고 / 2018년 / 104쪽 / 12,500원	
진로정보	자연과학과 수학 - 요리연구가	
교과정보	과학	내 안의 창의성 찾기

도서소개 #어떤 책일까?

　　발명은 천재적인 능력이 있어야 가능할까? 이 책은 그에 대한 편견을 깨부수고 실패를 두려워하지 않게 하는 용기를 준다. 실수와 실패가 없었다면 존재하지 않았을 기발한 요리와 생활품에 관한 이야기를 소개하며 다르게 생각하는 창의성을 갖도록 해 준다. 의도하지 않은 실수와 사고로 우연히 만들어진 발명품들은 실패한 결과에 대해 관점이나 발상을 바꾸고 끊임없이 연구하면 생활을 바꾸는 발명품이 된다는 것을 보여 준다.
　　'발명'이라는 것에 쉽고 친근하게 만들어 주는 이야기 속에서 내 안의 잠든 창의성을 깨워보자. 생활 속의 평범한 사물들을 뒤집어 생각해 보자.

진로탐색 #무엇을 더 볼까

관련매체 : https://www.youtube.com/watch?v=RHXVjsPc6_E
　　　　　https://www.youtube.com/watch?v=5sPLV8AZOUM
관련도서 : 『봉주르 요리교실 실종사건』 (김근혜, 보랏빛소어린이)

진로토론 #무엇을 이야기해 볼까

1. 치즈, 콜라, 퍼지 캔디 등은 실수나 우연히 발명하게 되었다. 실수와 우연히 일어난 결과가 새로운 요리나 음료, 과자로 탄생하게 되는 이유는 무엇인가?
2. 만들기 수업이나 과제를 하거나 생활 속에서 실수해서 오히려 좋은 결과가 된 나의 경험이나 주위의 경험을 이야기해 보자.
3. 실수는 의도하지 않았는데, 어떤 일을 하다가 잘못하여 일어난다. 실수할 때 나는 어떤 생각을 하며 해결하는가?

진로활동 #무엇을 해 볼까

1. 내가 좋아하는 요리연구가, 셰프를 찾아 발표해 보자.
2. 샌드위치, 구멍 난 도넛 등은 불편을 해결하려다 우연히 발명하게 되었다. 평소에 음식이나 간식 등을 먹을 때 불편하여 개선되었으면 좋겠다고 생각한 것이 있다면 무엇이며 어떻게 변하면 좋은지 적어 보자.
3. TV나 다양한 매체에 소개되는 요리 달인이나 성공하는 음식점은 다른 사람이나 다른 곳에 비해 어떤 점에서 차이가 있는지 찾아보자.

II. 장영실의 생각실험실 : 해시계와 물시계

도서정보	송은영 / 해나무 / 2017년 / 176쪽 / 12,000원
진로정보	자연과학과 수학 – 지구, 기상 과학 연구원
교과정보	과학	하루 동안 태양과 별의 위치 변화

도서소개 #어떤 책일까?

이 책은 세종대왕 시대 장영실이 발명한 해시계와 물시계에 관한 이야기이다. 해시계와 물시계가 만들어지는 과정을 장영실의 머릿속으로 들어가 생각실험이라는 방식으로 그 과정을 찬찬히 따라가 볼 수 있다.

해시계와 물시계의 원리를 궁리하는 장영실의 생각을 따라가며 관찰하고 실험하면서 그 원리를 터득하고, 과학적 원리가 실현되도록 해시계와 물시계의 형태를 고안해서 발명하기까지의 과정을 그리고 있다.

백성을 사랑한 세종대왕의 마음에서 시작되었고, 장영실의 생각실험으로 완성된 독창적인 해시계와 물시계를 만나보자

진로탐색 #무엇을 더 볼까

관련매체 : 영화 『천문』 / YTN사이언스
  https://www.youtube.com/watch?v=zrDAIrXXQRE

관련도서 : 『Who? 인물 사이언스:장영실』 (김승민, 다산어린이)

진로토론 #무엇을 이야기해 볼까

1. 조선시대에는 시간을 십이지(十二支)로 표기했다. 십이지에 해당하는 동물에 관해 이야기해 보자.
2. 세종대왕이 발견한 해시계의 기본 원리 세 가지는 무엇인가?
3. 장영실이 만든 해시계 앙부일구의 모양과 원리를 설명해 보자.
4. 세종대왕이 장영실에게 자동 물시계를 만들라고 한 까닭은 무엇인가?
5. 자동 물시계의 모양과 원리를 설명해 보자.

진로활동 #무엇을 해 볼까

1. 앙부일구와 자격루의 모양을 그림으로 그리고 작동 원리를 안내하는 설명서를 만들어 보자.
2. 나도 발명가! 어떤 발명품을 만들고 싶은지 생각해 보고, 생각실험을 따라 나만의 발명품 원리를 궁리해 보자. 그 원리에 따라 발명품 아이디어 요약서를 작성해 보자.

12. 지진의 정체를 밝혀라

도서정보	박지은 / 키위북스 / 2018년 / 40쪽 / 12,000원	
진로정보	자연과학과 수학 - 지구물리학 연구원	
교과정보	과학	지진

도서소개 #어떤 책일까?

이제는 우리나라도 지진에 관해서 안전지대가 아니다. 경주에서 발생한 지진은 많은 사람에게 지진이 더 이상 일본만의 문제가 아니라는 것을 깨닫게 해 주었다. 이 책은 싸이언 기자가 취재하는 형식을 빌려서 지진에 대해 이해하기 쉽게 설명하고 있다. 또한 그림을 이용해 지진과 관련한 과학적 사실들을 한눈에 알기 쉽게 보여 준다. 지진에 대해 잘 알지 못하면 두려워할 수밖에 없다. 지진에 대한 과학적 지식을 잘 배우고, 지진을 잘 대비할 수 있도록 지진에 관한 모든 것을 담고 있는 지식과학 책이다.

진로탐색 #무엇을 더 볼까

관련매체 : 지진·지진해일 대응요령, 기상청
　　　　　　https://www.youtube.com/watch?v=Fx6Dpef8NAo
관련도서 : 『과학은 쉽다! 5: 지진과 화산』 (최영준, 비룡소)

진로토론 #무엇을 이야기해 볼까

1. 진도와 규모의 차이점을 이야기하고 무엇이 더 유용할지 토론해 보자.
2. 지진 발생 시 행동강령을 정리해 보자.
3. 지진을 대비하여 안전 배낭을 꾸린다면 꼭 들어가야 할 물품 세 가지를 선정하고 이유와 함께 말해 보자.
4. 평소 지진을 대비하기 위해서는 어떻게 해야 할지 토의해 보자.

진로활동 #무엇을 해 볼까

1. 우리나라 지진 사례를 찾아보고 규모를 그래프로 표현해 보자.
2. 우리 고장의 지진 대피소를 소개하는 지도를 만들어 보자.
3. 지진 발생 시 행동강령을 소개하는 안내판을 제작해 보자.

13. 파브르 식물 이야기 I

도서정보	장 앙리 파브르(추둘란) / 사계절 / 2010년 / 161쪽 / 13,200원	
진로정보	자연과학과 수학 - 식물학자	
교과정보	과학	식물에 대한 탐구

도서소개 #어떤 책일까?

파브르는 "식물과 동물은 형제이다."라고 했다. 히드라를 시작으로 식물의 '눈'부터 뿌리, 줄기, 가지, 잎, 꽃과 열매까지 식물의 일생을 자세하고 깊이 있게 담은 책이다. 특히 실험과 관찰 과정을 나타낸 그림, 사진 자료, 여러 가지 표와 도식 등을 바탕으로 식물학에 대해 보다 쉽고 재밌게 이해할 수 있도록 구성되었다. 마이크로 사진, 현미경 사진, 수중 사진, 유명 외국 작가의 사진, 식물의 분해와 해부 사진, 한눈에 들어오는 표와 도식 등의 다양한 시각적 자료를 이용하여 그동안 우리가 단편적으로 알고 있었던 식물에 대한 지식을 과학과 학문의 체계로 잘 정리하여 재미있게 읽어가다 보면 식물에 대한 지식을 충분히 얻을 수 있다.

진로탐색 #무엇을 더 볼까

관련매체 : 식물학자 되어보기 https://youtu.be/B_nrXK733qo?si=CmFgIXIqpK-aZDB9
파브르의 호기심 https://youtu.be/nGwLha3o9jM?si=ro4D6zTprgYfIQni

관련도서 : 『파브르 곤충 이야기』(장 앙리 파브르, 사계절)

진로토론 #무엇을 이야기해 볼까

1. 파브르가 식물과 동물은 형제라고 말한 이유는 무엇일까?
2. 우리나라에 있는 1천 살이 넘은 나무들(74쪽 참고)이 계속 살아갈 수 있도록 하려 어떤 노력이 필요할까?
3. 식물의 뿌리에서부터 잎까지 세밀하게 그림으로 그리는 이유는 무엇일까?
4. 곤충 연구의 아버지 파브르가 식물의 삶에 대해서도 애정과 관심을 가지고 연구하게 된 이유는 무엇일까?
5. 파브르가 사람은 자연 앞에서 겸손해야 한다고 말한 이유는 무엇일까?

진로활동 #무엇을 해 볼까

1. 내가 좋아하는 식물을 골라 이 책에 나온 것처럼 그림으로 그려보자.
2. 식물학자처럼 주변의 식물을 관찰하여 8절 도화지나 연습장에 세밀하게 그려보고 새롭게 알게 된 것이나 느낌을 말해 보자.
3. 식물을 탐구할 때의 즐거움은 어떤 것인지 조사해 보자.

14. 하늘에는 얼마나 많은 별이 있을까요?

도서정보	이사벨 마리노프(이강환) / 키다리 / 2021년 / 56쪽 / 15,000원	
진로정보	자연과학과 수학 - 천문학자	
교과정보	과학	별 관측

도서소개 #어떤 책일까?

책과 새를 좋아하고 별을 사랑한 소년, 에드윈 허블은 호기심이 많은 소년이다. 허블은 하늘과 별, 우주에 관심이 많았다. 할아버지가 선물해 주신 망원경으로 우주를 관찰하면서 천문학자의 꿈을 가지게 된다. 아버지의 반대로 법을 공부하고 선생님이자 농구 코치로 살면서도 허블은 별에 관한 생각을 멈출 수 없었다. 결국 다시 천문학을 공부하여 윌슨산 천문대에서 근무하면서 별에 관한 연구를 계속하고, 우주에는 수많은 은하가 있다는 것과 우주는 항상 팽창하고 있다는 것을 발견하게 된다. 우주 속에서 우리의 위치를 새롭게 정의한 사람, 에드윈 허블. 그가 꿈을 키우고 이루기까지의 과정을 함께 읽어 보자.

진로탐색 #무엇을 더 볼까

관련매체 : 허블 우주 망원경 이름의 주인공, 천문학자 '허블'을 아십니까?
https://www.youtube.com/watch?v=SZEp9X6TOv0

관련도서 : 『생생 쏙 도감 별자리 』(임숙영, 동아사이언스)

진로토론 #무엇을 이야기해 볼까

1. 자신의 생일과 관련된 별자리를 소개해 보자.
2. 꿈을 이루기 데 필요한 덕목은 무엇일까?
3. 천문학의 역사는 지평선을 넓힌 역사라는 말의 의미는 무엇일까?
4. 여러분이 가장 호기심을 갖고 있는 분야는 무엇인가?
5. 부모님이 추천하는 직업을 선택해야 한다. (찬반토론)

진로활동 #무엇을 해 볼까

1. 태양계 지도를 만들어 보자.
2. 천문대를 방문하여 별을 관측해 보자.
3. 내가 만든 별자리를 소개하는 작은 책을 만들어 보자.

초등학교 진로독서 가이드북

◈ 공학 영역 소개 ◈

#4차 산업혁명 시대, 인공지능의 발달로 다시 쓰는 직업의 세계

4차 산업혁명은 사물인터넷, 인공지능 기반의 초연결 사회로 일컬어집니다. 이러한 사회변화는 단순히 기계의 생산력이 인간의 노동력을 압도하는 정도가 아니라 사이버 세상과 물리적인 세상의 경계가 모호해 졌기 때문에 직업 세계 또한 급격한 변화의 소용돌이 속에 있습니다.

인공지능의 발달은 공학 분야에 국한된 것이 아니라 사회 전 분야에 걸쳐 영향을 주고 있습니다. 단순 사무직 노동자들이 인공지능에 자리를 내어주고, 전문직 종사자와 예술가의 영역도 하루가 다르게 발전하는 인공지능의 영향을 받고 있습니다.

다만 인공지능으로 인하여 새롭게 생겨나거나 인식이 전환되는 직업도 많습니다. 공학 영역에서 가장 대표적인 것은 '응용 소프트웨어 전문가'입니다. 인공지능에 지배당하는 것이 아니라 인간의 필요에 따라 인공지능을 선한 방향으로 활용하는 전문가가 필요하기 때문입니다. 더불어 공학 분야 전문가에게 인공지능 기술이 인권이나 기본적 자유를 침해하지 않도록 하는 '인공지능 윤리의식'이 필수 소양으로 요구되고 있습니다.

#여러분은 왜 공학 분야 전문가가 되고 싶은가요?

지금보다 살기 좋은 세상을 만들기 위해 노력하는 다양한 분야의 공학 전문가에게는 전문 분야별 기본 이론과 함께 다음과 같은 역량이 필요합니다. 바로 실제 우리 삶 속에서 발생하는 다양한 문제를 인식하는 역량입니다. 또한 신뢰할 수 있는 데이터를 기반으로 문제의 원인을 분석할 수 있는 역량입니다. 무엇보다도 인간과 자연 모두에게 선한 방법으로 문제를 해결하는 역량이 중요합니다.

따라서 공학 계열 진로 독서 활동은 초등학생들이 실생활 문제를 분석하는 역량과 더불어 융·복합 사고력을 발휘하여 창의적으로 문제를 해결하는 역량을 갖추는 경험이 될 것입니다.

#공학 계열은 건축, 컴퓨터와 통신, 발명, 분야별 공학으로 구성되어 있어요.

건축	건축물의 설계·건축·유지 등을 위한 이론과 건축 구조·재료·계획·공법·역학·환경문제 등을 연구하는 분야
컴퓨터, 통신	컴퓨터 하드웨어, 소프트웨어, 프로그래밍, 멀티미디어 자료 등을 제작·유지·보수하거나 전자통신 데이터의 신속 정확한 전송 및 데이터 보안 등을 연구하는 분야
발명	창의력과 상상력을 발휘하여 지금까지 없던 것(예. 기술, 물건 등)을 만들어 내는 분야
분야별 공학	로봇을 설계, 제조하고 응용 분야를 다루는 로봇공학자, 유전자를 재조합하여 새로운 물질을 생산하고 다루는 유전공학자, 다양한 항공기(드론 포함)를 연구하는 항공기 전문가, 인공위성이나 우주선 개발부터 발사, 달 탐사 프로젝트 등 우주를 연구하는 우주공학자 등 초등학생들에게 친숙한 공학 분야

◈ 공학 도서 목록 ◈

순	영역	진로정보	교과정보	도서명	집필자	비고
1	공학	인공지능전문가	실과/국어	김대식 교수의 어린이를 위한 인공지능	김명주	대표
2	공학	발명가	과학/실과	발명과 특허 쫌 아는 10대	김명주	대표
3	공학	건축가	미술	10대를 위한 건축 학교	신윤경	
4	공학	건축가	미술	건축가들의 집을 거닐어요	문지영	
5	공학	공학전문가/기술자	실과	공학은 세상을 어떻게 바꾸었을까?	한상희	
6	공학	조경 건축가	실과	내일을 위한 정원 산책	민혜원	
7	공학	로봇공학자	과학	미래가 온다 나노봇	신윤경	
8	공학	유전공학자	과학	바나나가 정말 없어진다고?	권위숙	
9	공학	유전공학자	과학	복제인간 윤봉구	안란희	
10	공학	항공기 전문가	실과	비행기의 모든 것	민혜원	
11	공학	정보보안 전문가	실과	암호화폐와 블록체인은 왜 필요할까?	김명주	
12	공학	발명가	과학	어린이를 위한 자연은 위대한 스승이다	김명주	
13	공학	공학자	실과	우리 주변의 인공지능	안란희	
14	공학	우주공학 전문가	과학	우주쓰레기가 우리 집에 떨어졌다	김명주	

I. 김대식 교수의 어린이를 위한 인공지능

도서정보	김대식 외 I / 동아시아사이언스 / 2023년 / 212쪽 / 14,000원	
진로정보	공학 - 인공지능 전문가	
교과정보	실과, 국어	인공지능에 창의적으로 질문하기

도서소개　#어떤 책일까?

　　이 책은 초기 로봇과 컴퓨터의 등장 유래부터 최근 생성형 인공지능의 대표 주자인 '챗GPT'에 이르기까지 기술의 발전에 따른 인공지능의 필요성과 목적, 그리고 약한 인공지능과 강한 인공지능을 비교하며 과거-현재-미래를 담았다.

　　특히 최근의 정보를 담고 있으면서도 쉽게 풀어 쓴 인공지능 도서이기 때문에 관련 분야에 관심이 있는 학생들이 자신의 진로를 탐색할 때, 수업 시간 인공지능의 밝은 면과 어두운 면, 그리고 인공지능의 윤리적인 부분에 관한 토론 활동을 진행하려 할 때 함께 읽어보면 많은 도움이 되는 도서라고 할 수 있다.

진로탐색　#무엇을 더 볼까

관련매체 : SBS "AI, 의사부터 대체할 것"…AI가 대체 못할 직업은?
관련도서 : 『대화형 인공지능 천재가 되다』(빅아이 인공지능 연구소, OLD STAIRS)

진로토론　#무엇을 이야기해 볼까

1. 인공지능은 인간을 위협할 수 있어서 더 이상의 개발을 멈추어야 할까?
2. 인공지능을 인간의 지능보다 더 신뢰할 수 있을까? (예. 인공지능 의사, 판사 등)
3. 인공지능을 활용한 창작물도 순수 창작물과 같이 평가받을 수 있을까?
4. 인공지능은 전쟁, 무기 개발 등에서 활용되면 안 되기 때문에 '핵확산방지조약'처럼 국제적으로 막아야 할까?

진로활동　#무엇을 해 볼까

1. '20년 후, 인공지능이 발달한 미래사회'를 상상하여 말/글/영상으로 표현해 보자.
2. 인공지능은 긍정적인 면도 많지만, 부정적인 면도 많다고 한다. 어떠한 측면에서 인공지능이 인간에게 해로운지 생각해 보고, 대안을 떠올려 보자.
3. '인공지능에 창의적으로 질문하는 역량'을 기르려면 내가 어떠한 부분을 보완해야 하는지 실천 목록을 작성하고, 1주일 동안 실천해 보자.

◈ 책 이야기 ◈

1. 여러분이 알고 있는 인공지능에 관해 이야기해 보자.

2. 자율주행차의 시대가 오면 세상은 어떤 모습으로 변할까?

3. 강한 인공지능은 인간에게 위협적일 수 있다고 전문가들이 경고한다. 그 까닭은 무엇인가?

4. 메타버스 사피엔스로서 내가 바라는 아바타는 어떤 모습인가? 그리고 현실에서의 나와 무엇이 다른가?

5. 새로운 개념의 기계 윤리에는 어떤 내용이 들어가야 할까?

※ 관련 도서를 더 읽고, 질문에 따라 정리해 보세요. (I~4)

[도서자료]

『대화형 인공지능 천재가 되다』
(빅아이 인공지능 연구소), OLD STAIRS

I. 관련 도서를 읽고 궁금한 점이나 더 자세히 알고 싶은 것은 무엇인가?

2. 대화형 인공지능을 '비서'라고도 한다. 왜 그렇게 표현했을까?

3. 인공지능도 거짓말을 한다고 한다. 우리는 진짜 정보와 가짜 정보를 어떻게 구별할까?

4. 나는 인공지능을 어떻게 활용하고 싶은가?

◈ 진로 이야기 ◈

※ 영상자료를 통해 알게 된 내용을 질문에 따라 정리해 보세요. (1~4)

[영상자료]
SBS "AI, 의사부터 대체할 것"…
AI가 대체 못 할 직업은?

1. 인공지능의 발달로 사라지는 직업에는 어떤 것이 있으며 왜 그렇게 생각하는가?

2. 위 자료를 보고 궁금한 점이나 더 자세히 알고 싶은 것은 무엇인가?

3. 인공지능 시대에도 끝까지 사람이 할 일에는 어떠한 것이 있으며 왜 그렇게 생각하는가?

4. 인공지능 시대에 살아남기 위해 우리는 어떠한 노력을 해야 할까?

2. 발명과 특허 쫌 아는 10대

도서정보	김상준 / 풀빛 / 2023년 / 168쪽 / 13,000원	
진로정보	공학 – 발명가	
교과정보	과학, 실과	다양한 아이디어 창출 기법과 지식재산권

도서소개 #어떤 책일까?

　　많은 사람은 '발명'이라고 하면 세계적인 발명가 '에디슨' 정도의 뛰어난 사람이 셀 수 없는 실패와 좌절 속에 겨우 얻는 열매 같은 것으로 생각한다. 하지만 저자는 '캠프장에서 느낀 불편함을 어떻게 하면 줄일 수 있을까?'를 고민하다 자신의 첫 발명품을 만들었다고 하며 우리와 아주 가까운 곳에 '발명'이 있다고 한다.

　　단순히 나만 알고 끝내는 발명품이 아니라 저자 스스로 특허를 출원하고 꾸준히 다수의 산업재산권을 출원·등록한 경험을 토대로 실질적인 발명과 관련된 진로 정보를 책에 담고 있다.

진로탐색 #무엇을 더 볼까

관련매체 : EBS 초대석 - 세상을 바꾸는 디자이너 - 카이스트 배상민 교수
관련도서 : 『발명 공식을 알면 나도 생각 천재』 (박정욱, 박성민, 스콜라)

진로토론 #무엇을 이야기해 볼까

1. 다양한 발명 기법은 창의성과 어떤 관계가 있을까?
2. 특허를 받을 수 있는 발명품과 특허를 받을 수 없는 발명품의 차이점은 무엇일까?
3. 지식재산권이 있으면 좋은 점은 무엇일까?
4. 생활 속에서 만날 수 있는 발명품으로 내 생활이 어떻게 변했나?
5. 내가 관심 있는 분야에서 발명은 어떤 역할을 할 수 있을까?

진로활동 #무엇을 해 볼까

1. 대한민국 주요 발명 창의력대회를 준비해 보자.
2. 발명 기법을 활용하여 1주일 동안 발명을 주제로 일기를 써 보자.
3. 특허 출원을 도전해 보자.

◈ 책 이야기 ◈

1. 세상을 크게 변화시킨 발명품에는 어떠한 것들이 있는가? 해당 발명품이 탄생하기 전과 후의 우리 삶의 모습은 무엇이 달라졌는지 비교하여 말해 보자.

2. '정주영 공법'이 지금까지도 도로나 다리, 항만 등을 다루는 토목업에서 교과서처럼 회자되는 유명한 일화인 까닭은 무엇인가?

3. 발명하는 데 있어서 수학이나 과학 공부보다 중요한 것은 무엇인가?

4. 8가지 발명의 원리에는 어떠한 것들이 있는가? 그리고 각 발명의 원리에 해당하는 예를 1~2가지씩 들어보자.

5. 지식재산권이라는 큰 틀에서 볼 때 산업재산권에 속하는 특허에 대해 다음 ①~④의 내용을 말해 보자.

① 특허의 목적
② 특허가 등록되는 과정
③ 특허 출원
④ 특허 등록

◈ 질문하고 토론하고 ◈

※ 영상자료를 통해 알게 된 내용을 질문에 따라 정리해 보세요. (1~4)

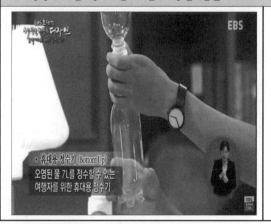

[영상자료]

EBS 초대석

세상을 바꾸는 디자이너

카이스트 배상민 교수

1. 디자인과 발명은 어떤 관계가 있는가?

2. 배상민 교수는 케냐에 봉사하러 갈 때, 왜 '기술'만 가져가고 현지에서 100% 재료를 공수하려고 노력하는가?

3. 누군가에게 큰 도움이 되는 일을, 돈을 받지 않고 진심으로 봉사할 수 있겠는가?

4. 만약 내가 발명품으로 어려운 이웃을 돕는다면, 어떤 발명품으로 도움을 줄 수 있을까?

◈ 진로 이야기 ◈

1. '지식재산권'은 무엇이며 관련된 직업에는 어떠한 것들이 있을까?

2. 콘텐츠가 돈이 되는 세상, '저작권'은 무엇이며 나는 어떤 '저작권'을 가지고 싶은가?

3. 꾸준히 발명일지를 써 보고, 좋은 아이디어는 설명서를 작성하여 발명대회에 출품해 보자.

4. '한국발명진흥회'나 '공익변리사 특허 상담센터'를 통해 발명이나 특허에 관한 상담을 무료로 받아보자.

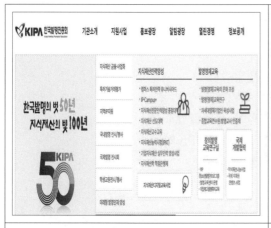

https://www.kipa.org/kipa/index.jsp

https://www.pcc.or.kr/pcc/

3. 10대를 위한 건축 학교

도서정보	임유신 / 이케이북 / 2022년 / 204쪽 / 16,000원	
진로정보	공학 - 건축가	
교과정보	미술	현대 건축의 이해

도서소개 #어떤 책일까?

　　이 책은 건축물의 다양한 종류와 특징을 밝히고 있다. 10대를 위해서 그 눈높이에 맞게 건축물에 호기심을 가질 수 있도록 구성되어 있다. 건축물의 종류에 따라 크기, 모양, 용도, 사용한 재료, 장식 등은 다양성을 지니고 있음을 나타낸다. 건축물이 각자 고유한 특성을 드러내지만, 그중에서도 특히 눈에 띄는 건축물이 있다는 점을 제시한다. 모양이 특이하거나, 역사적인 가치가 크거나, 큰 사건의 중심지였거나, 유명한 건축가가 설계했거나, 세계적인 기록을 세우는 등 특별한 의미가 담긴 건축물의 역사와 특징을 알 수 있다. 다양한 건축물에 담긴 사람들의 의도와 역사, 생각의 변화 등을 알 수 있는 책이다.

진로탐색 #무엇을 더 볼까

관련매체 : 세계에서 가장 신박한 건물들 TOP10
　　　　　https://www.youtube.com/watch?v=1SuGZWKgjE0

관련도서 : 『건축가는 어때?』 (김세종, 토크쇼)

진로토론 #무엇을 이야기해 볼까

1. 건축물을 잘 짓기 위해서 필요한 능력은 무엇일까?
2. 예술과 기술 중, 건축물에 더 중요한 요인은 무엇일까?
3. 우리 주변에서 아름다운 건축물이 주는 영향은 무엇일까?
4. 사람들이 행복한 삶을 살기 위해서 어떠한 집에 살아야 할까?
5. 공간은 사람들의 생각과 삶에 어떠한 영향을 미칠까?

진로활동 #무엇을 해 볼까

1. 내가 성공한 삶을 이루면 살고 싶은 집을 그려보자.
2. 사람들에게 행복과 감사를 주는 건축물의 특징을 정리해 보자.
3. 우리나라에서 환경 디자인 부분에서 우수한 건축물을 조사해 보자.

4. 건축가들의 집을 거닐어요

도서정보	디디에 코르니유(이성엽) / 톡 / 2015년 / 92쪽 / 15,000원	
진로정보	공학 - 건축가	
교과정보	미술	현대 건축의 이해

도서소개 **#어떤 책일까?**

　　삶을 돌아보게 하는 공간, 집. 이 책은 지난 100여 년 동안 세계적으로 의미 있는 집을 설계했던 건축가와 그 작품들을 소개하고 있다. 모든 것이 움직이는 집, 슈뢰더 하우스(1924)부터 짚으로 만든 집, 친환경 생태 주택(2002)까지 10개이다.

　　정답이 없는 건축의 세계에서 오랜 시간 동안 많은 이들에게 인정받은 집들에는 이유가 있다. 바로 건축가가 획기적인 생각을 했고 그 결과물이 사람들의 삶에 긍정적인 영향을 미쳤기 때문이다. 훌륭한 작품을 되새겨보는 것은 그와 똑같은 걸 다시 만들기 위함이 아니다. 과거의 생각들은 앞으로 우리가 어떻게 살아갈지에 대한 실마리를 준다. 이 책에 소개된 혁명적인 집들을 보며 건축가들의 고민과 상상력, 세련된 디자인 감성 등을 확인할 수 있을 것이다.

진로탐색 **#무엇을 더 볼까**

관련매체 : YTN사이언스 https://youtu.be/tNIJIu79ZtU?si=ZKC3HQBPeYRRoNxl
　　　　　 셜록현준 https://youtu.be/I0qsDkKLbrc?si=TWx0aX7x1N6Idq0b
관련도서 : 『높이 솟은 마천루에 올라요』 (디디에 코르니유, 톡)

진로토론 **#무엇을 이야기해 볼까**

1. 이 책에 나오는 10개의 집 중에서 가장 마음에 드는 집을 골라 보고 그 이유를 말해 보자.
2. 르코르뷔지에가 지은 빌라 '사보아'의 혁신적인 현대 건축의 다섯 가지 원리를 설명해 보자.
3. 집을 지을 때는 건축가로서 내가 살고 싶은 집을 지어야 한다.
4. 자연환경과 어울리거나 주변 환경을 더 낫게 만드는 집은 어떻게 지을까?

진로활동 **#무엇을 해 볼까**

1. 몸이 불편한 사람을 위한 집을 짓는 아이디어나 설계도를 그려보자.
2. 친환경 생태 주택을 설계하는 아이디어를 모아 보자.
3. 학생들을 위한 친환경 생태 학교를 설계해 보자.

5. 공학은 세상을 어떻게 바꾸었을까?

도서정보	황진규 / 어린이나무생각 / 2017년 / 148쪽 / 13,000원
진로정보	공학 – 공학 전문가, 기술자
교과정보	실과	발명과 기술혁신

도서소개 #어떤 책일까?

　　공학이란 무엇이며, 공학자들은 어떤 일을 하는 걸까? 이 책은 공학이 무엇인지에 대해서 쉽게 풀어 쓴 책으로 공학이 어떻게 변해왔는지, 세상을 바꾼 공학 기술에는 어떤 것이 있는지 기술 사례를 제시하고, 우리 역사 속 공학 기술도 소개하면서 공학자를 꿈꾸는 이들에게 관심과 흥미를 불러일으키고 호기심을 제공해 준다.

　　공학자는 어떤 사람이고 어떤 자질이 필요한지 생각해 보면서 공학자의 꿈을 품게 해주고, 좋은 공학과 나쁜 공학의 사례를 통해 공학에도 지켜야 할 윤리가 있음을 깨닫게 해 준다. 여러분의 꿈으로 '공학자'는 어떤지 유혹하기에 충분한 책이다.

진로탐색 #무엇을 더 볼까

관련매체 : YTN사이언스 세계를 바꾼 공학기술
　　　　　https://www.youtube.com/watch?v=QlpH5O_J_qU
관련도서 :『재능이 뚝딱! 미래 엔지니어를 위한 초등 공학활동 52』
　　　　　(크리스티나 허커트 슐, 프리렉)

진로토론 #무엇을 이야기해 볼까

1. 공학은 다른 학문과 무엇이 다를까?
2. 공학의 종류를 알아보고, 어디에 쓰이는지 말해 볼까?
3. 세계를 바꾼 공학 기술에는 어떤 것이 있는지 함께 이야기해 보자.
4. '공학은 세상을 이롭게 한다'로 찬반 토론을 해보자.

진로활동 #무엇을 해 볼까

1. 위 영상『세계를 바꾼 공학기술』를 시청하고 새롭게 알게 된 점이나 느낀 점을 말해보자.
2. 공학자는 어떤 사람일까? 공학자가 지녀야 할 자질에 관해 이야기해 보자.

6. 내일을 위한 정원 산책

도서정보	디디에 코르니유(최지혜 외 l) / 놀궁리 / 2023년 / 96쪽 / 18,000원	
진로정보	공학 - 조경 건축가	
교과정보	실과	아름다운 공원

도서소개 #어떤 책일까?

　　2022년 프랑스 어린이 건축 도서상 수상작 《내일을 위한 정원 산책》은 미국 뉴욕의 센트럴 파크, 덴마크의 둥근 정원, 프랑스의 빌라 노아유 등 세계 곳곳의 공원과 정원을 보여 준다.

　　이 책은 정원이 만들어지기 시작한 이야기와 조경가, 정원사 그리고 예술가들이 섬세하게 가꾼, 크고 작은 정원을 소개하고 있다.

　　책 속에서 타로카드의 상징들이 담긴 정원과 오래된 공장 건물을 조형물로 둔 도시공원, 아이들을 위한 모험 놀이터 등을 산책하다 보면 조경가들의 역할과 공간에 부여한 의미를 엿볼 수 있다.

진로탐색 #무엇을 더 볼까

관련매체 : 서울시 관광안내소(공원및정원) https://korean.visitseoul.net/

관련도서 : 『도시야, 안녕!』(디디에 코르니유, 놀궁리)

진로토론 #무엇을 이야기해 볼까

1. 도시에 공원이 필요한 이유에 관해 이야기해 보자.
2. 내가 경험했던 인상적인 공원이 있다면 어떤 특징이 있었는지 이야기해 보자.
3. 공원에서 지역 주민들을 위해 진행할 수 있는 문화 이벤트로 어떤 것이 있을까?
4. 공원에서 할 수 있는 활동에 대해 발표해 보자.

진로활동 #무엇을 해 볼까

1. 내가 사는 마을에 꿈꾸는 공원을 디자인해 보자.
2. 우리 집에 공원을 만든다면 어떤 꽃과 나무를 심을지, 어떻게 꾸미면 좋을지 떠올려 보고 그림을 그려보자.
3. 가까운 공원을 돌아보며 아름다운 공원의 모습을 사진으로 담아보자.

7. 미래가 온다 나노봇

도서정보	김성화 외 I / 와이즈만북스 / 2019년 / 138쪽 / 15,000원	
진로정보	공학 - 로봇공학자	
교과정보	과학	과학기술

도서소개 #어떤 책일까?

이 책은 어려운 나노 테크놀로지의 기초를 초등학생도 쉽게 이해할 수 있도록 서술한 국내 최초의 초등용 해설서이다. 92가지 원자 이야기로부터 시작해 분자의 세계와 그것을 관찰할 수 있는 주사 터널 현미경의 발견, 만능 분자 조립기의 원리에 이르기까지 나노 테크놀로지의 발전 과정이 다양한 사례들과 함께 쉽고 재미있게 소개되어 있다. 학생들이 궁금해하는 질문에 따라 우리 삶에 영향을 미칠 미래 기술은 무엇이 있을지, 현재 우리의 과학기술은 어느 정도까지 발전하였는지 알 수 있다. 또한, 미래 사회를 대비하기 위해서 우리가 더 관심과 흥미를 느껴야 할 과학 영역에 대한 정보를 얻을 수 있다.

진로탐색 #무엇을 더 볼까

관련매체 : https://www.youtube.com/watch?v=BVy55cn6VOI
          나노입자 활용한 사람 뇌질환 치료 기술 개발
관련도서 : 『미래가 온다 인공지능』(김성화, 와이즈만북스)

진로토론 #무엇을 이야기해 볼까

1. 나노 기술이란 무엇인가?
2. 과학기술의 발전은 우리에게 어떤 영향을 주는가?
3. 과학기술이 발전하면 우리 삶에 좋은 점만 존재하는가?
4. 과학기술이 어느 정보까지 발전하였는지 아는 방법은?
5. 미래에는 더 좋은 과학기술이 많이 존재할 것인가?

진로활동 #무엇을 해 볼까

1. 친구들에게 소개하고 싶은 나노 테크놀로지를 조사해 보자.
2. 과학기술의 발전으로 우리 삶이 어떻게 변화할지 예상해 보자.
3. 빠른 기술의 발달로 사람들은 어떠한 대비를 해야 할지 정리해 보자.

8. 바나나가 정말 없어진다고?

도서정보	김은의 / 풀과바람 / 2019년 / 96쪽 / 12,000원	
진로정보	공학 - 유전공학자	
교과정보	과학	유전공학, 전염병

도서소개 #어떤 책일까?

이제 더는 바나나를 먹을 수 없게 된다고? 인류의 먹거리를 지키고 싶은 식물환경 보고서! 바나나는 인류가 재배한 최초의 과일 중 하나입니다. 신석기 시대에 서아시아, 유럽, 북아프리카 등 세계 곳곳에서 농사를 짓기 시작했어요. 최초의 작물은 밀, 보리, 벼, 콩, 곡식과 바나나 파인애플 등과 같은 열대과일들이었어요. 바나나는 주식만큼 중요한 식량입니다. 동아프리카 사람들이나 전 세계 열대지방 4억 명의 사람들은 바나나를 주식으로 먹고살아요. 하지만 바나나의 위기 '파나마병'이 시작되었어요. 파나마병은 바나나에 치명적인 전염병이에요. 파나마병이 농장에 발을 디디면 순식간에 바나나가 말라 죽어요. 전염병은 점점 인근 국가농장으로 퍼져나가며 전 세계의 바나나를 위협하고 있어요. 바나나가 멸종 위기에 빠진거에요.

진로탐색 #무엇을 더 볼까

관련매체 : 동영상 https://www.youtube.com/watch?v=ijzDIK3E3pg
　　　　　　지구의 평균기온이 1도씩 오르면 세상은 어떻게 될까?
관련도서 : 『과학자에 도전할 준비가 되었나요?』 (스티브마틴, 풀빛)

진로토론 #무엇을 이야기해 볼까

1. 멸종위기 동·식물을 함께 조사해 보자.
2. 멸종위기 동·식물을 대처하고 보호하는 다양한 방법을 함께 토론해 보자.
3. 멸종위기 동·식물을 예방하기 위하여 유전자 복제에 대한 찬반 토론을 해 보자.
4. 파나마 곰팡이가 자생하는 환경의 변화에 따른 우리들의 노력은 무엇이 있을까?
   유전 공학자 관점에서 설명해 보자.

진로활동 #무엇을 해 볼까

1. 과학자의 세부 분야별 종류 살펴보기
2. 나는 과학의 어떤 분야를 좋아하고 관심이 있나? (설문지를 통해 진로 적성 검사하기)
3. 노벨상에 도전할 나만의 멋진 과학적 아이디어로 발명품을 만들어 제안해 보자.

9. 복제인간 윤봉구

도서정보	임은하 / 비룡소 / 2017년 / 172쪽 / 13,000원	
진로정보	공학 - 유전공학자	
교과정보	과학	유전공학

도서소개 #어떤 책일까?

　　천재 과학자인 봉구의 엄마는 형의 줄기세포를 이용하여 복제인간, 봉구를 만든다. 자신이 복제인간임을 모르고 평범하게 살던 봉구는 '나는 네가 복제인간인 것을 알고 있다.'라는 쪽지를 받게 된다. 비밀을 알게 된 봉구. '몸이 아픈 형을 위해 나를 만들었을까?' 봉구는 자신의 비밀을 세상 사람들이 알게 될까 불안하기만 하다.

　　진짜 인간이 되고 싶다는 봉구는 가짜 인간일까?

　　이 책은 인간 복제에 대해 많이 고민하게 한다. 과학기술의 발달이 사회에 어떤 영향을 끼칠 수 있는지 생각해 보아야 할 것이다.

진로탐색 #무엇을 더 볼까

관련매체 : 영화 『아일랜드』 2005, 마이클 베이

관련도서 : 『프랑켄슈타인』 (메리 셸리, 푸른숲주니어)

진로토론 #무엇을 이야기해 볼까

1. 엄마는 왜 봉구를 만들었을까?
2. 나의 복제인간이 나타난다면 내가 진짜 나임을 어떻게 증명할 것인가?
3. 내가 과학자가 지켜야 할 윤리와 책임은 무엇일까?
4. 복제인간을 만든 봉구 엄마는 처벌받아야 한다.
5. 복제인간은 인간이다.

진로활동 #무엇을 해 볼까

1. 천재 과학자가 되어 발명하고 싶은 제품의 도면을 그리고 발표해 보자.
2. 프리즘 카드의 가치단어를 활용하여 과학자에게 필요한 가치를 10가지 고르고 우선 순위를 정해 보자.
3. 과학기술이 나쁘게 사용된 사례를 조사하고 막을 방법을 제시해 보자.

IO. 비행기의 모든 것

도서정보	안석민 외 2 / 찰리북 / 2019년 / 208쪽 / 13,000원	
진로정보	공학 - 항공기 전문가	
교과정보	실과	미래 수송 수단에 관한 관심

도서소개 #어떤 책일까?

　이 책은 우리나라를 대표하는 항공우주 전문 연구기관인 한국항공우주연구원의 박사님들이 들려주는 비행기 이야기다. 《항공우주 과학자가 들려주는 비행기의 모든 것》은 어렵게 느껴질 수 있는 비행기의 원리를 어린이의 눈높이에 맞추어 흥미롭게 풀어냈다. 제트 엔진이 추진력을 만들어 내는 원리, 비행기를 가볍게 만드는 방법, 하늘에서 길을 찾는 방법 등을 알아보고, 미래의 비행기 이야기와 비행기 조종사가 되는 방법을 알아가며, 미래의 주역이 될 어린이들이 하늘을 향한 꿈을 가질 수 있겠다.

진로탐색 #무엇을 더 볼까

관련매체 : 한국항공대학교 항공우주박물관 http://www.aerospacemuseum.or.kr

관련도서 : 『블랙이글스가 되고 싶어』 (이성민, 상상력놀이터)

　　　　　『어린이를 위한 비행기 세계사 100』 (임유신, 이케이북)

진로토론 #무엇을 이야기해 볼까

1. 우리나라 전투기나 전쟁 무기의 수출이 전쟁에 끼칠 수 있는 영향에 대해 말해 보자.
2. 비행기 여행과 환경오염을 주제로 조사해 보고 이야기해 보자. (비행기 연료의 친환경 대안, 환경 부담의 불평 등)
3. 자율 주행 항공기는 항공 산업과 연관된 일자리에 영향을 줄 수 있고, 보안상의 문제와 윤리적 판단이 필요한 상황에서 문제가 있다. 자율 주행 항공기의 장점과 단점에 관해 이야기해 보자.

진로활동 #무엇을 해 볼까

1. 미래의 비행기는 날개가 필요에 따라 모양이 바뀌기도 하고, 투명한 천장을 가진 비행기도 만들어진다고 한다. 미래의 비행기 형태를 상상해 보고 그려보자.
2. 비행기와 관련된 직업에는 어떤 일들이 있는지 조사해 보자.

II. 암호화폐와 블록체인은 왜 필요할까?

도서정보	유윤한 / 봄마중 / 2023년 / 152쪽 / 14,000원	
진로정보	공학 - 정보보안 전문가	
교과정보	실과	미래 경제와 공학의 관계

도서소개 #어떤 책일까?

   이 책은 실물화폐, 금속화폐, 동전 화폐, 종이 화폐, 전자화폐, 암호화폐에 이르기까지 다양한 화폐의 역사를 담고 있다. 요즘 학생들이 청소년 카드나 스마트폰을 통해 전달된 편의점 사용 바코드가 작성된 쿠폰 등으로 간식을 사 먹고, 문구류나 책 등을 구매하는 것을 보면서 어른들은 세상이 많이 변했다고 말한다. 이 책을 통해 어른들이 왜 그렇게 생각하는지 잘 알 수 있다.

   또 어렵게 느껴질 수 있는 블록체인의 개념과 메타버스를 연결하여 실제 암호화폐의 사용 분야를 알기 쉽게 설명해 놓았다. 암호화폐는 이미 우리가 일상생활에서 사용하고 있으므로 공학 분야 전문가를 꿈꾸는 학생들뿐 아니라 경제활동에 참여할 모든 학생에게도 도움이 되는 책이다.

진로탐색 #무엇을 더 볼까

관련매체 : 국가과학기술연구회(nst) / 암호화폐의 핵심, 블록체인에 대해 아는 척해
          보자. https://www.youtube.com/watch?v=3puIkv4qb0o
관련도서 : 『옥효진 선생님의 경제 개념 사전』(옥효진, 다산어린이)

진로토론 #무엇을 이야기해 볼까

1. 은행은 완벽하지 않습니다. 은행의 장단점에는 무엇이 있을까?
2. 암호화폐는 은행의 단점 중 무엇을 해결해 줄 수 있을까?
3. 블록체인이 많이 사용될 때 소외되는 사람들이 있다. 이들을 해결하는 방법에는 무엇이 있을까?
4. 메타버스 속 경제활동에서 '생산자로서의 나'와 '소비자로서의 나'는 어떤 역할을 할 수 있을까?

진로활동 #무엇을 해 볼까

1. 공학과 경제는 밀접한 관련이 있으므로 매체를 통해 경제 개념을 보완하자.
2. 전자서명, 해킹 방지 암호 시스템을 조사해 보자.
3. 안전한 암호화폐 시대를 위해 갖추어야 할 공학 기술자의 윤리 의식을 생각해 보자.

12. 어린이를 위한 자연은 위대한 스승이다

도서정보	이인식 / 주니어김영사 / 2022년 / 136쪽 / 14,800원	
진로정보	공학 – 발명가	
교과정보	과학	자연에서 영감을 얻은 다양한 기술

도서소개 #어떤 책일까?

이 책은 자연에서 영감을 얻은 45가지 놀라운 제품, 물질, '청색기술'에 관한 이야기이다. 책 제목에서 '어린이를 위한'이라는 수식어를 보고 이미 '자연은 위대한 스승이다'라는 책이 있음을 눈치챈 사람들도 있을 것이다. 즉 사람들에게 많은 도움이 된 '자연은 위대한 스승이다'라는 책을 바탕으로 어린이를 위해 쉽게 풀어 쓴 책이라서 신뢰도 높은 책이라고 볼 수 있다.

자연을 본뜬 발명, 물질, 건축, 생물을 모방하는 로봇, 인체 관련 혁신 기술 등 다양한 '청색 기술'의 사례를 담고 있다. 특히 생물 영감과 생물모방을 아우르는 용어인 '청색 기술'이라는 용어는 '자연은 위대한 스승이다'에서 직접 만들어 사용한 세계 최초의 단어이다.

진로탐색 #무엇을 더 볼까

관련매체 : 국립생태원 / 청색기술을 아시나요?
　　　　　https://www.youtube.com/watch?v=QuFnan388RY
관련도서 : 『자연에서 배우는 발명의 기술』(지그리트 벨처, 논장)

진로토론 #무엇을 이야기해 볼까

1. '청색기술'이라는 용어를 새로 만든 이유는 무엇이라고 생각하나?
2. 자연이 우리에게 주는 여러 가지 혜택을 소개해 보자.
3. 지속 가능 발전 정책은 선진국과 후진국의 입장에 어떤 차이가 있으며 이에 대한 대안은 무엇이라고 생각하나?
4. 무분별한 기술 발전으로 훼손된 자연을 회복하려면 어떤 노력이 필요할까?

진로활동 #무엇을 해 볼까

1. 우리 주변의 자연을 관찰하고, '청색 기술'로 활용할 수 있는 점을 찾아보자.
2. '청색 기술'에 필요한 여러 분야의 전문 서적을 읽고 독서록을 기록하자.
3. 지역 업체나 대학에 '청색 기술'과 관련된 부서나 학과가 있다면, 직접 방문하여 진로 직업 체험이나 전문가 인터뷰 등을 해보자.

13. 우리 주변의 인공지능

도서정보	손종희 / 현암주니어 / 2023년 / 112쪽 / 14,000원
진로정보	공학 - 공학자
교과정보	실과	인공지능 기초

도서소개 #어떤 책일까?

인공지능은 인간의 인지·추론·판단 등의 능력을 컴퓨터로 구현하기 위한 기술을 의미한다. 이 책에서는 현재 다양한 분야에서 인공지능이 활용되고 있음을 사례를 통해 보여준다. 첫 번째 장에서는 우리 주변에서 쉽게 찾아볼 수 있는 인공지능을 두 번째 장에서는 예술, 미디어, 의료 등 여러 산업으로 뻗어나간 인공지능을 소개한다.

마지막 장에서는 인공지능의 발전으로 생겨나고 있는 문제점을 제시한다. 인공지능에 관련된 법안이 미처 만들어지기도 전에 빠른 속도로 발전한 인공지능이 다양한 분야에 활용되면서 많은 문제점이 나타나고 있다. 이러한 인공지능의 윤리 문제 또한 생각하지 않을 수 없다.

진로탐색 #무엇을 더 볼까

관련매체 : 『레디 플레이어 원』2018, 스티븐 스필버그
관련도서 : 『대답없는 AI』(이수연, 발견)

진로토론 #무엇을 이야기해 볼까

1. 우리 주변에는 어떤 인공지능이 있을까?
2. 인공지능과 관련된 직업에는 어떤 것들이 있을까?
3. 인공지능이 인간을 대체할 수 있을까?
4. 인공지능이 기후 위기를 막는 데 도움이 될까?
5. 인공지능의 발전은 인간에게 이롭다.

진로활동 #무엇을 해 볼까

1. 인공지능이 할 수 있는 것과 없는 것을 비주얼싱킹으로 표현해 보자.
2. 인공지능기술의 발전으로 나타나고 있는 문제점을 조사하고, 해결책을 제시해 보자.
3. 개발자가 되어 내 주변에서 불편한 상황을 찾고, 인공지능기술을 결합하여 해결책을 제시해 보자.

14. 우주쓰레기가 우리 집에 떨어졌다

도서정보	안부연 외 I / 유아이북스 / 2023년 / 208쪽 / 14,000원	
진로정보	공학 - 우주공학 전문가	
교과정보	과학	우주공학

도서소개 #어떤 책일까?

　　이 책은 우주 전문 기자와 방송작가가 함께 쓴 미래 우주 전문가를 위한 책이다. 더불어 국내 대표적인 천문학자면서 UN 국제 소행성 경보 네트워크 한국 대표 등을 맡은 문홍규 님이 감수자로 참여하여 책 내용의 신뢰도를 높였다.

　　[제1부] '우주의 문제아! 우주쓰레기를 만나다'와 [제2부] '우주쓰레기 탐험대! 태양계 수색 작전'으로 나뉘어 재미있는 이야기 형식으로 구성되어 있다. 이러한 구성은 멀게만 느껴지는 우주의 이야기가 우리 일상생활 속에 들어와 한층 더 가깝게 느껴지며 깊은 공감대를 형성한다.

　　호주에서 발견된 스페이스X 우주선, 인도 서부에 떨어진 우주쓰레기, 처음 우주에 간 생명체, 인공위성이 많은 이유 등 실제 일어난 사건이나 우주에 관해 궁금한 점 등을 이야기 중간에 배치하여 명쾌하게 답해 주는 점이 우수하다.

진로탐색 #무엇을 더 볼까

관련매체 : YTN 총알 10배 속도 위협물 우주쓰레기 제거 산업 새 먹거리
　　　　　https://www.youtube.com/watch?v=-oROAPTjfbc
관련도서 : 『지구와 미래를 위협하는 우주쓰레기 이야기』(김상현, 팜파스)

진로토론 #무엇을 이야기해 볼까

1. 우주공학은 왜 필요할까?
2. 우주쓰레기는 누가 어떤 방식으로 제거하는 것이 좋을까?
3. 우주 개발 사업 예산에서 우주쓰레기 제거에 관한 비용은 몇 %의 비율로 책정하는 것이 바람직할까? 그리고 왜 그렇게 생각하는가?
4. 우리나라의 우주공학 부문을 발전시키기 위해 어떤 것이 필요할까?

진로활동 #무엇을 해 볼까

1. 책에 소개된 '우주와 관련된 직업 20가지' 중 내가 흥미 있는 직업을 찾아보자.
2. 앞으로 우주와 관련된 직업으로 어떤 것이 새로 생길지 예상해 보자.
3. 우주공학 관련 홈페이지(누리집), 기관, 대학 등을 탐방해 보자.

초등학교 진로독서 가이드북

◈ 환경 영역 소개 ◈

#환경의 세계로 오신 것을 환영합니다!

환경은 우리가 살아가는 세상을 이루는 모든 것을 말합니다. 그것은 우리가 숨을 쉬고, 먹고, 마시는 데 필요한 모든 것을 포함하며, 우리의 건강과 삶의 질에 큰 영향을 미칩니다. 환경 분야는 다양한 진로 선택의 기회를 제공하며, 이는 우리 사회와 지구의 미래에 큰 영향을 미칩니다.

환경 보호는 지구의 지속 가능한 미래를 위해 필수적입니다. 그래서 환경 분야는 과학, 공학, 정책, 교육 등 다양한 분야에서 진로를 선택할 수 있습니다. 환경 문제는 국경을 넘어 전 세계에 영향을 미칩니다. 따라서 환경전문가는 전 세계적인 차원에서 영향력을 발휘할 수 있습니다. 국제적인 협력을 통해 환경 문제를 해결하고, 지속 가능한 미래를 위한 글로벌 노력에 이바지할 수 있습니다. 환경을 보호하고 개선하는 데 이바지함으로써, 우리는 더 나은 미래를 위해 노력하는 것에 대한 만족감을 느낄 수 있습니다. 환경전문가가 되면, 우리는 지구의 미래를 보호하고 개선하는 데 중요한 역할을 할 수 있습니다. 지속 가능한 미래를 위해서 환경전문가로의 진로를 준비하려는 초등학생들은 자연과 친숙해지고, 환경 지식을 쌓으며, 재활용 습관을 기르고, 환경친화적인 생활 습관을 형성하며, 환경 문제에 관한 관심을 가지는 것이 중요합니다. 이러한 주안점들을 기억하면서, 환경에 대한 깊은 이해와 사랑을 가지고 환경전문가로서의 여정을 준비해 보세요.

#환경전문가가 되기 위해서는 어떻게 해야 할까요?

환경계열의 진로를 꿈꾸는 이들은 환경 이해력, 분석 및 문제해결 능력, 정책 및 법률 이해, 커뮤니케이션 능력, 윤리적인 인식 등 이러한 역량을 갖추기 위해 관련 분야를 전공하고 현장 경험을 쌓아야 합니다. 환경전문가로서의 진로활동은 환경과 관련된 다양한 분야에서 지식과 기술을 습득해 실질적인 경험을 얻을 수 있고 사회적 책임감을 강화 합니다. 또한 환경 분야의 전문가들과 네트워킹할 기회로 전문성 강화, 네트워크 구축, 실무 경험, 창의적 사고와 혁신, 진로 탐색과 창의적 사고와 진로 방향성을 제시 생각해 볼 수 있는 기회가 될 것입니다.

#환경계열은 환경과학과 공학, 환경 정책과 법률, 환경교육, 신재생에너지로 구성되어 있어요.

환경과학과 공학	환경 문제 해결을 위해 과학적, 공학적인 접근과 기술을 활용하는 학문 분야
환경 정책과 법률	환경 보호를 위한 법률과 규정을 만들고 시행하는 분야
환경교육	환경과 환경 문제에 대한 인식과 이해를 증진하고 대처 능력을 키우는 분야
신재생에너지	태양광, 풍력, 수력 등 재생할 수 있는 에너지원을 연구하고 개발하는 분야

◆ 환경 도서 목록 ◆

순	영역	진로정보	교과정보	도서명	집필자	비고
1	환경	기후학자/환경공학자/환경변호사	사회/과학	공포의 먼지 폭풍	권위숙	대표
2	환경	환경 및 해양과학연구원/해양공학기술자	사회/과학	바다를 병들게 하는 플라스틱	권위숙	대표
3	환경	숲 보존가	도덕/사회	거인의 침묵	문지영	
4	환경	환경공학 기술자/연구원	사회/과학	고릴라는 핸드폰을 미워해	김명주	
5	환경	환경운동가	사회/도덕	그레타 툰베리가 외쳐요	문지영	
6	환경	환경공학 기술자/연구원	과학	속보! 환경뉴스, 지금 시작합니다	한상희	
7	환경	환경운동가	사회	오늘은 유행 내일은 쓰레기	김은정	
8	환경	환경운동가	사회/과학	우리 곁에서 사라져 가는 멸종위기 야생동물	안란희	
9	환경	동물학자	사회/과학	입이 쩍 벌어지는 개구리 생태 이야기	이명자	
10	환경	환경운동가	사회	지구에서 가장 큰 발자국	민혜원	
11	환경	환경운동가/생태학자	사회/과학	지구에서 절대로 사라지면 안 될 다섯 가지 생물	이명자	

I. 공포의 먼지 폭풍

도서정보	돈 브라운(이충호) / 두레아이들 / 2016년 / 96쪽 / 12,000원	
진로정보	환경 - 기후학자, 환경공학자, 환경변호사	
교과정보	사회, 과학	인간의 이기심, 개척, 개발

도서소개 #어떤 책일까?

　　표지와 먼지부터 뿌연 아주 작은 티끌들이 연상되는 이 책은 "티끌 모아 태산"이라는 속담과 딱 맞아서 떨어진다. 1935년 미국 남부 평원에 몰아친 먼지 폭풍을 알고 있는 사람은 드물 것이다. 1차 세계대전으로 인해 많은 사람이 식량을 구하기 어려워지자 넓은 초원에 농사를 지을 수 있는 땅으로 일구었다. 전쟁 후 대공황과 함께 찾아온 가뭄은 바람이 불면 먼지가 백두산보다 높은 높이로 솟아오르게 된다. 하늘은 온통 회색빛이며 낮에도 먼지구름으로 태양을 보기가 힘들었다. 가축과 동물들 사람들까지 숨이 막혀 죽기까지 한다. 먼지 폭풍은 한번 시작되면 며칠 동안 불다가 지나가고 또 그 뒤를 이어 몰아닥치기를 반복 먼지로 인해 집이 무너진 곳도 생겨났다. '아메리카 대륙의 더스트 보울'이라 불리는 이것은 이상기후로까지 이어져 지구의 종말까지 거론됐다. 그 후 바람막이숲을 만들고 잔디를 심으며 10년 만에 끝이 난다. 인간의 작은 욕망이 재앙으로 이어진 이 책을 통해 환경에 대한 중요성을 일깨워 줄 수 있는 책이다.

진로탐색 #무엇을 더 볼까

관련매체 : [영화] 인터스텔라
관련도서 :『십대를 위한 기후변화이야기』(반기성, 메이트북스)

진로토론 #무엇을 이야기해 볼까

1. 기후변화의 원인은 인간의 활동인가, 자연적인 요인인가?
2. 기후변화 문제해결을 위한 2050 탄소중립은 실현할 수 있다. (찬반토론)
3. 기후변화 문제해결을 위해 개인의 생활 습관이나 소비패턴을 바꿔야 하는가?
4. 기후변화 문제해결을 위해 선진국과 개발도상국의 책임이 다르게 부여되어야 하는가?
5. 기후변화 문제해결을 위해 재생에너지 산업의 성장이 필수적인가? (찬반토론)

진로활동 #무엇을 해 볼까

1. 기후변화전문가의 관점에서 '더스트 보울' 현상이 일어난 원인을 발표해 보자.
2. 아두이노 미세먼지 측정 도구를 활용해 코딩해 보자.
3. 미세먼지를 줄이고 건강을 지키는 카드뉴스 만들기를 해보자.

◈ 책 이야기 ◈

1. 로키산맥은 어떻게 생겨났을까?

2. 미국 동부에 정착한 백인이 19세기에 평원지역을 개척하려고 한 이유는 무엇인가?

3. 남부 평원지역에 가뭄이 지속되자 어떤 자연 현상이 생겨났나?

4. 먼지 폭풍이 생겨나고 사람과 동물에게 어떤 피해를 보았을까?

5. 아메리카 대륙의 '더스트 보울'이라고 불리게 된 이유는 무엇인가?

◈ 질문하고 토론하고 ◈

※ 영상 자료를 통해 알게 된 내용들을 질문에 따라 정리해 보세요. (1~3)

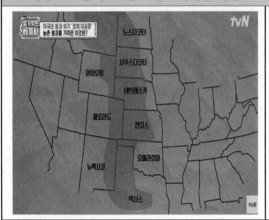

[영상자료]

끔찍한 자연재해 '텍사스 더스트 보울'
피해자들이 캘리포니아로 떠난 이유
#벌거벗은세계사 EP.23 | tvN 210810 방송

1. '더스트 보울'로 어떤 일이 일어났는지 말해 보자.

2. 먼지 폭풍은 인간의 생활에 어떤 영향을 끼칠까?

3. 위 자료를 보고 궁금한 점이나 더 자세히 알고 싶은 것은 무엇인지 말해 보자

※ 다음 질문에 따라 '더스트 보울'에 대한 내 생각을 정리해 보자. (4~6)

4. 세계 곳곳에서 일어나는 다양한 형태의 먼지 폭풍을 예시로 그 원인이 무엇이라고 생각하나?

5. '더스트 보울'로 인해서 자연보호의 중요성이 대두되었습니다. 미국에서 자연을 보전하고 환경에 미치는 영향을 고려해 만든 제도는 어떤 것이 있을까요? 그 이후에 일어난 환경의 변화를 보고 어떤 생각이 드나?

6. '더스트 보울'은 자연재해라고도 하고 인간 재해라고도 합니다. 자신은 어떤 입장인지 정하고 그 이유를 함께 말해 보자. (찬반토론)

'더스트 보울'은 자연재해이다.	'더스트 보울'은 인간 재해이다.

◈ 진로 이야기 ◈

1. 최근에 발생하고 있는 아시아의 먼지 폭풍 황사는 점점 더 심해지고 있다.
   황사의 특징을 통해 환경변호사의 관점에서 중국과 우리나라 간의 환경 보호 협상안을 제시해 보자.
   *참고 사이트: [뉴스해설] 한반도 뒤덮은 최악 황사, 국제 협력 실효성 높여야 / KBS 2021.03.31.
   https://youtu.be/5yBnw7vQrrA?si=fJxQV0XRclrYTWQz

중국 측에 제안할 환경 보호 협상안	우리나라 측에서 제안할 환경 보호 협상안

소감 작성	* 친구들과 서로의 의견을 들어보고 자기 생각을 정리해 보아요.

2. 바다를 병들게 하는 플라스틱

도서정보	시르시티 블룸 외 1(한소영) / 생각하는책상 / 2018년 / 60쪽 / 15,000원	
진로정보	환경 - 환경 및 해양과학연구원, 해양 공학 기술자	
교과정보	사회, 과학	해양오염 바다, 지구환경

도서소개 #어떤 책일까?

표지에는 거북이의 딱딱한 등껍질이 가늘게 조여져 있다. 땅콩이라는 이름을 가진 바다거북이 바다 위 모래사장을 힘겹게 기어가고 있다. 눈에 띄는 플라스틱은 오래전부터 거북이 등껍질에 있었나 보다. 지구의 바다 곳곳에 새로운 쓰레기 섬이 생겨나고 있으며 점점 더 커지고 있다는 것을 모르는 사람은 없다. 하지만 여전히 플라스틱을 사용하고 있으며 매일매일 많은 양이 버려지고 있다. 북방 갈매기는 평생을 함께 해온 짝의 죽음이 플라스틱과 어떤 관계에 있는지 모른다. 지금도 바다에 떠다니는 어망과 플라스틱 조각들이 계속해서 먹고 있다. 전 세계 바다 동물들의 고통을 더 이상 모른 체 할 수 없다. 플라스틱 시대를 살고 있는 지금 그 문제의 심각성 통해 플라스틱 쓰레기에 대해 책임져야 한다. 북방갈매기가 플라스틱이 아닌 물고기를 안심하고 먹을 수 있도록 바다를 살리는 방법을 일깨워 줄 수 있는 책이다.

진로탐색 #무엇을 더 볼까

관련매체 : [KBS 공익광고] 해양쓰레기 줄이기 캠페인 (해양환경관리공단)

관련도서 : 『크릴전쟁』 (양지영, 지성사)

진로토론 #무엇을 이야기해 볼까

1. 해양오염을 줄이기 위해 플라스틱 재활용을 의무화해야 한다. (찬반토론)
2. 플라스틱 해양오염은 교육을 통해 예방할 수 있으므로, 플라스틱 해양오염에 대한 인식과 관심을 높이기 위한 방안에 대해 이야기해 보자.
3. 플라스틱을 연료로 전환하는 기술의 원리와 과정을 간단하게 설명하고, 이 기술이 어떤 문제를 해결하고 어떤 장점을 가지는지 알아보자.
4. 플라스틱 해양오염은 국경을 넘어 전 세계에 퍼지므로, 국제적 협력을 통해 플라스틱 사용과 배출을 규제하고 해양쓰레기를 공동으로 관리해야 한다. (찬반토론)

진로활동 #무엇을 해 볼까

1. 과대포장을 직접 해 보고 그 과정을 사진 촬영 후 사진 전시회를 통해 플라스틱의 심각성을 알리자.
2. 환경 보호! 플라스틱 사용 줄이기 십계명 보드게임을 만들어 보자.

◆ 책 이야기 ◆

1. 바다 위에 거대한 쓰레기 섬의 위치는 어디일까?

보기
① 북대서양 쓰레기 섬
② 남대서양 쓰레기 섬
③ 남태평양 쓰레기 섬
④ 인도양 쓰레기 섬

2. 과학자들은 바다에 떠다니는 플라스틱 양을 가늠하는 지표로 북방 풀머갈매기를 이용한다.
   어떤 특징 때문일까?

3. 전 세계에 생산되는 플라스틱의 10%가 바다로 떠내려간다. 바다에서 플라스틱이 분해되는 기간은 얼
   마나 걸릴까?

낚싯대 줄	( )년
스티로폼 컵	( )년
플라스틱병	( )년
일회용 기저귀	( )년
알루미늄 캔	( )년

4. 플라스틱을 없애기 위해 우리는 무엇을 할 수 있을까? 북방 풀머갈매기가 자기 생각을 말할 수 있
   다면 과연 뭐라고 할까?

5. 네덜란드에 사는 보얀 슬라트 청년은 바다에 떠다니는 플라스틱을 거둘 수 있는 장치를 발명했다. 내
   가 만약 쓰레기를 처리할 발명품을 만든다면 어떤 것을 만들 수 있을까?

◈ 질문하고 토론하고 ◈

[영상자료]
최악의 재앙이 최고의 발명품!? 플라스틱 |
자연과 발견 | 국립대구과학관

1. 플라스틱의 어원 유래는 무엇인가?

2. 플라스틱은 인간의 생활에 어떤 영향을 끼칠까?

3. 위 자료를 보고 궁금한 점이나 더 자세히 알고 싶은 것은 무엇인지 말해 보자.

※ 다음 질문에 따라 '플라스틱'에 대한 내 생각을 정리해 보자. (4~6)

4. 세계 여러 바다에서 일어나는 쓰레기 섬의 그 원인이 무엇이라고 생각하나?

5. 플라스틱으로 인해서 해양오염의 심각성이 대두되었다. 세계 여러 나라와 대조해 우리나라의 플라스틱 환경은 어떨까?

6. 플라스틱 해양오염은 과학기술의 발전이 필요하다. 플라스틱 해양오염을 탐지하고 수거하고 분해하는 과학기술의 발전과 한계는 무엇인가? 자신의 견해에서 생각하고 그 이유를 함께 말해 보자.

◈ 진로 이야기 ◈

1. 쓰레기는 국경에 상관없이 해류를 따라 지구 전체로 퍼져 나가고 점점 더 심해지고 있다. 플라스틱 해양오염은 국경을 넘어 전 세계에 퍼지므로, 국제적 협력을 통해 플라스틱 사용과 배출을 규제하고 해양쓰레기를 공동으로 관리해야 한다. 해양쓰레기 줄이기 위한 지구 살리기 프로젝트로 우리의 지구를 지키기 위한 해양 플라스틱 제로 활동 동영상을 만들어 보자.

*참고 사이트: 해류 타고 움직이는 해양쓰레기...한·중·일·러 '공동 대응' / YTN / KBS 2018.06.05.

플라스틱 제로 활동 스토리 보드	
해양 플라스틱 제로 활동의 목적과 필요성은 무엇인가?	해양 플라스틱 제로 활동의 주요 내용과 방법은 무엇인가?
해양 플라스틱 제로 활동의 사례와 모범적인 활동은 무엇인가?	해양 플라스틱 제로 활동의 기대 효과와 성과 측정 방법은 무엇인가?

소감 작성	* 친구들과 서로의 의견을 들어보고 자기 생각을 정리해 보자.

3. 거인의 침묵

도서정보	바루(기지개) / 북극곰 / 2023년 / 40쪽 / 16,000원	
진로정보	환경 - 숲 보존가	
교과정보	도덕, 사회	인간과 환경

도서소개 #어떤 책일까?

　　어느 날 작은 공원이 생기고 그곳에 심어진 어린나무 한 그루. 나무가 자라면서 마을도 함께 자란다. 녹색 옷 입은 사람들이 와서 미끄럼틀을 만들고 아이들이 놀러 온다. 아이들이 자라 더 이상 미끄럼틀에 놀러 오지 않자, 참새들이 놀러 오고 미끄럼틀이 사라지고 나무 의자가 생긴다. 나무는 그곳에서 거인이 되어 긴 나무 의자를 집처럼 사용하는 남자와 봄날에 찾아온 연인, 여름밤 축제, 공원에 열린 시장 등 사람들의 이야기를 들려준다. 어느 날 녹색 옷 입은 사람들이 다시 찾아오자 '작은 공원을 키우는 걸까?' 하고 기대하지만, 뜻밖에도 나무는 더 이상 사람들의 이야기를 들려주지 못하게 된다. 그리고 나무가 있던 자리에는 건물이 들어선다. 거인 나무가 사람들을 자신의 이웃이자 가족으로 바라보는 생태적 관점을 제공하는 탁월한 그림책이다.

진로탐색 #무엇을 더 볼까

관련매체 : KBS생로병사의비밀 https://youtu.be/b_HIRWSV9tg?si=f7HjzEuJogrmswIQ
관련도서 : 『형제의 숲』(유키코 노리다케, 봄볕)

진로토론 #무엇을 이야기해 볼까

1. 나무가 자라면서 마을도 함께 자랐다는 말의 의미는 무엇일까?
2. 녹색 옷을 입은 사람들이 나무를 베고 그 자리에 건물을 세운 이유는 무엇일까? 이에 따라 얻게 될 장단점은 무엇일까?
3. 나무가 사라지고 건물이 들어선 이후 마을은 어떻게 되었을까? 만약 나무가 베어지지 않고 계속 있었다면 마을과 사람들, 나무는 어떻게 되었을까?
4. 나무는 마을 사람들에게 어떤 존재였는가?
5. 작가가 제목을 '거인의 침묵'이라고 한 이유는 무엇인지 설명해 보자.

진로활동 #무엇을 해 볼까

1. 생태적 관점이란 어떤 것인지 조사하여 학교 게시판에 탑재해 보자.
2. 나무와 함께 마을이 자란다는 말의 의미에 대해 생각해 보자.
3. 우리 마을에도 거인 나무와 같은 나무가 있는지 찾아보고 나무를 가꿔보자.

4. 고릴라는 핸드폰을 미워해

도서정보	박경화 / 북센스 / 2011년 / 224쪽 / 12,000원	
진로정보	환경 - 환경공학 기술자, 연구원	
교과정보	사회, 과학	기술의 발달이 환경에 미치는 영향

도서소개 #어떤 책일까?

이 책의 저자 박경화는 '여성신문사'가 선정한 미래 한국의 지도자 '2030 희망리더 20인'에 뽑혔던 우리나라에서 가장 영향력 있는 환경운동가 중 한 사람이다. 전문 지식과 함께 무엇보다 저자의 환경에 대한 사랑이 가득 느껴지는 책이다.

남녀노소 생활필수품으로 분신과도 같은 핸드폰과 고릴라의 조합이라니? 제목에서부터 우리는 우리의 잘못을 잘 인식하지 못하고 있다는 것을 방증한다. 그것은 올바른 지식이 부족하기 때문이며 문제 인식을 못 하고 있기 때문이다.

고릴라와 핸드폰의 관계뿐 아니라 우리가 얼마나 인간 중심적인 사고로 환경을 파괴하며 살고 있는가에 대해 좀 더 자세히 알고 싶은 사람은 이 책을 꼭 읽어보길 추천한다. 이 책을 읽은 후 언젠가 인간도 멸종될 수 있음을 위기의식으로 느끼고 자연과 공존하는 삶에 대한 고민도 할 수 있기를 바란다.

진로탐색 #무엇을 더 볼까

관련매체 : 경기도청소년수련원-[고릴라 땅 침범하는 휴대폰 인간] 탄탈콜
https://www.youtube.com/watch?v=k-86ujf3IDM

진로토론 #무엇을 이야기해 볼까

1. 일회용품 사용이 꼭 필요한 곳은 어디일까?
2. 종이 소비 줄이기와 에너지 소비 줄이기 중 하나를 골라야 한다면 무엇을 선택하겠는가? 그리고 그 이유는 무엇인가?
3. 야생동물이 편안하게 살 수 있도록 개발을 자제하고, 편리함과 경제적 이익을 포기하는 것에 대한 내 생각은 어떠한가?
4. 전기를 많이 생산하는 원자력 발전에 대해 어떻게 생각하는가?

진로활동 #무엇을 해 볼까

1. 물, 전기 등의 사용을 줄일 수 있는 실천 목록을 정하여 실천해 보자.
2. 내가 매일 배출하는 쓰레기를 다이어리로 써 보며 쓰레기를 줄이자.
3. 환경 공학에 대한 개념을 정리하고, 맞춤형 나만의 진로를 설계해 보자.

5. 그레타 툰베리가 외쳐요

도서정보	지넷 윈터(정철우) / 꿈꾸는섬 / 2020년 / 40쪽 / 13,500원	
진로정보	환경 - 환경운동가	
교과정보	사회, 도덕	환경운동과 연대

도서소개 #어떤 책일까?

　　스웨덴 스톡홀름에 살고 있는 15살의 그레타 툰베리는 2018년 8월 20일 금요일 학교 대신 스톡홀름의 스웨덴 국회의사당 앞에서 기후변화를 막기 위한 1인 시위를 했다. 그레타는 수업 시간에 기후 위기에 대해 배운 이후 스스로 자료를 찾아 공부하고는 빙하가 녹고 생물들이 살아남기 위해 안간힘을 쓰는 모습을 보며 자연이 죽어가는 것에 슬퍼하였고 가족들과 환경 보호 실천을 시작하였다. 그러나 어른들이 아무것도 하지 않는 것이 이해되지 않아 자신이라도 할 수 있는 일을 찾아 시작한 것이 금요일 국회의사당 앞 "기후를 위한 등교 거부"였던 것이다. 지금 당장 행동하라는 외로운 외침이 알려지면서 스웨덴과 세계 여러 나라 학생의 금요일 등교 거부 운동이 일어났고 2019년 3월 15일 전 세계의 금요일 행진으로 이어졌다. 2019년 타임지 올해의 인물로 선정된 툰베리의 '행동을 먼저 하자'는 연대와 공감에 대해 생생하게 담은 책이다.

진로탐색 #무엇을 더 볼까

관련매체 : KBS뉴스. https://youtu.be/w9ev0uasuBg?si=_A-7ZKgwCQeolv5U

　　　　　KBS다큐. https://youtu.be/bCYwIy1K3UM?si=gwa1yzyyfjhxaoos

관련도서 : 『그레타 툰베리』(발렌티나 카메리니, 주니어김영사)

진로토론 #무엇을 이야기해 볼까

1. 툰베리는 '당신이 변화를 만들 수 있어요. 당신은 작지 않습니다. 힘이 있어요.'라고 말한다. 이 말의 의미는 무엇이며, 이에 대해 어떻게 생각하는가?
2. 학교에서 기후 위기에 대해 배운 후 그레타의 행동은 무엇이 달라졌는가?
3. 그레타가 기후 위기에 대해 본 내용을 정리하고 이에 관한 생각을 말해 보자.
4. 그레타의 기후를 위한 등교 거부 운동의 의미와 유엔 기후 회의에서 '자기 집에 불이 난 것처럼 빨리 행동하라!"라는 말에 대한 내 생각을 말해 보자.

진로활동 #무엇을 해 볼까

1. 기후 위기에 대해 자료를 찾아보고 알게 된 내용으로 기후 책을 만들어 보자.
2. 그림책 뒷면처럼 기후 위기에 관해 하고 싶은 말이나 실천해야 할 행동을 8절 도화지(스케치북)에 크게 적어 가족들에게 알리고 꾸준히 실천해 보자.

6. 속보! 환경 뉴스, 지금 시작합니다

도서정보	그린포스트코리아 / 책세상어린이 / 2022년 / 156쪽 / 13,000원	
진로정보	환경 – 환경공학 기술자, 연구원	
교과정보	과학	기후변화와 우리 생활

도서소개 #어떤 책일까?

　　이 책은 기후 위기 시대에 지구의 여섯 번째 대멸종을 막기 위해서 우리가 해야 할 일을 알려준다. 환경경제신문 『그린 포스트 코리아』에서 오랫동안 연재했던 "아이에게 읽어주는 환경 뉴스" 기사 가운데 27가지 이슈를 선별해 제시하였다.

　　기후 위기를 맞은 지구 생태계 문제를 진단하며 관련 이슈를 알아보고, 우리의 환경을 살리기 위한 에너지 절약 방법, 넘쳐나는 쓰레기를 줄이고 자원을 절약하는 방법, 분리수거 실천 방법까지 우리가 알아야 하고 실천해야 할 것들을 자세히 알려주는 환경 실천 안내서이다.

진로탐색 #무엇을 더 볼까

관련매체 : EBS 다큐 https://www.youtube.com/watch?v=ijzDIK3E3pg
관련도서 : 『무지개 도시를 만드는 초록 슈퍼맨』 (강영숙, 위즈덤하우스)

진로토론 #무엇을 이야기해 볼까

1. 지구 온도 상승이 지구 생태계에 미치는 영향에 대해서 말해 보자.
2. 탄소를 배출하지 않는 에너지에는 어떤 것이 있을까?
3. 환경을 보호하고, 자원을 절약하는 방법을 찾아 이야기해 보자.
4. 종류별 분리수거 방법을 말해 보자.
5. 일회용품을 줄일 수 있는 나만의 방법을 제시해 보자.

진로활동 #무엇을 해 볼까

1. 위 영상 『여섯 번째 대멸종 5부 멸종위기종 인류』를 시청하고 새롭게 알게 된 사실을 보고서로 작성해 보자.
2. 기후 위기를 극복하기 위한 실천 목록을 작성하여 보자.
3. 지구 생태계를 보호하고 환경을 지키는 데 도움이 되는 직업의 종류를 조사해 보자.

7. 오늘은 유행 내일은 쓰레기

도서정보	레이나 딜라일(현혜진) / 초록개구리 / 2022년 / 84쪽 / 12,500원	
진로정보	환경 - 환경운동가	
교과정보	사회	지속 가능한 미래

도서소개 #어떤 책일까?

　　이 책은 옷에 대해 많은 것을 알려준다. 우리가 언제부터 옷을 입었는지, 산업혁명이 어떤 변화를 가져왔는지, 지금의 소비 생활이 어떤 문제를 가졌는지, 옷 때문에 벌어지고 있는 일들은 무엇이 있는지 등 옷에 관련된 다양한 이야기들이 흥미롭게 펼쳐진다. 또 지속 가능한 우리의 미래를 위해, 환경 보호를 위해 어떻게 행동해야 하는지에 대해서도 이야기하고 있다. 우리 생활에서 떼려야 뗄 수 없는 옷. 옷과 관련하여 풍부한 지식을 쌓고 다양한 관점으로 살펴보면서 이 책을 읽는 어린이들이 진정한 패션 영웅이 되길 바란다.

진로탐색 #무엇을 더 볼까

관련매체 : KBS다큐 오늘 당신이 버린 옷 어디로 갔을까?
　　　　　 https://www.youtube.com/watch?v=gw5PdqOiodU
관련도서 :『지구인을 위한 패스트 패션 보고서』(민마루, 썬더키즈)

진로토론 #무엇을 이야기해 볼까

1. 패스트 패션은 어떻게 생겨났는가?
2. '패스트 패션 산업은 중지되어야 한다.'로 찬반 토론을 해보자.
3. 물발자국과 탄소발자국에 관해 설명해 보자.
4. '착한 패션'을 정의한다면? 내 생각을 말해 보자.
5. '지구를 살리는 옷 입기'를 할 방법에 대해 토의해 보자.

진로활동 #무엇을 해 볼까

1. 우리 집 옷장 보고서를 만들어 봅시다.
2. '환경을 지키기 위한 실천' 캠페인을 해보자.
3. 환경운동 관련 단체들의 활동을 조사해서 발표해 보자.

8. (우리 곁에서 사라져 가는) 멸종위기 야생동물

도서정보	소소한소통 / 국립생태원 / 2021년 / 96쪽 / 12,000원	
진로정보	환경 - 환경운동가	
교과정보	사회, 과학	지속 가능한 미래

도서소개 #어떤 책일까?

　　이 책은 국립생태원에서 발행한 책으로 멸종위기에 놓여 있는 동물들을 소개하고 있다. 동물들이 멸종위기를 맞이한 이유는 다양하다. 사람에게 피해를 주기 때문에, 사람을 위한 한약재나 향수의 재료로 사용되기 위해서, 사람이 좋아하는 멋진 가죽을 가지고 있어서 죽어간다. 그리고 사람들의 무분별한 개발로 자연이 훼손되어 서식지를 잃었기 때문이다.

　　이미 많은 동물이 사라졌지만, 우리가 지금이라도 노력하면 지킬 수 있는 동물들이 있다. 멸종위기 야생동물을 살리기 위해 우리는 무엇을 해야 할까? 지구의 주인이 인간일까? 야생동물이 모두 멸종해도 인간은 살아남을 수 있을까?

진로탐색 #무엇을 더 볼까

관련매체 : 인간이 지구를 파괴하는 과정
　　　　　https://www.youtube.com/watch?v=WfGMYdalCIU
관련도서 : 『긴긴밤』 (루리, 문학동네)

진로토론 #무엇을 이야기해 볼까

1. 멸종위기 동물은 왜 보호해야 하는가?
2. 기후 위기를 극복하기 위해서 무분별한 개발과 발전을 중단해야 한다. 이를 위해 나는 지금의 편리함을 포기할 수 있는가?
3. 나는 기후 위기를 극복하기 위해 노력하고 있는가?
4. 인간의 생명이 동물의 생명보다 가치 있다.
5. 기후 위기를 극복하기 위해 개발은 중단되어야 한다.

진로활동 #무엇을 해 볼까

1. 책을 읽고 가장 마음에 남는 동물을 소개하고 그 동물을 살리기 위해 내가 실천할 수 있는 일은 무엇이 있는지 발표해 보자.
2. 멸종위기 야생동물을 보호하기 위한 캠페인 포스터를 제작하고 캠페인을 진행해 보자.
3. 지구를 살리는 일에 기여할 수 있는 직업을 찾고 그 역할과 함께 소개해 보자.

9. 입이 쩍 벌어지는 개구리 생태 이야기

도서정보	김남길 / 풀과바람 / 2022년 / 104쪽 / 12,000원	
진로정보	환경 - 동물학자	
교과정보	사회, 과학	환경과 동물

도서소개 #어떤 책일까?

　　봄의 시작을 알리는 개구리, 물과 뭍을 오가며 사는 양서류는 환경오염이나 기후변화 등에 민감해 환경지표 종 구실을 한다. 개구리는 작은 생물체이지만 생태계 먹이 사슬에서 중간 역할을 하며 아래로는 벌레를 잡아먹어서 개체 수를 조절하고, 위로는 포식자의 먹이가 되어 개체 수 피라미드의 균형을 맞춘다. 개구리를 포함한 양서류의 멸종은 생태계 먹이 사슬의 파괴를 의미한다. 자연은 서로 깊이 관련되어 있으므로 한 생물의 멸종은 연쇄적으로 다른 생물의 멸종을 가져오기 때문에 양서류가 멸종된 환경은 인류에게도 위협적이다. 이 책은 개구리의 멸종 위기를 통해 환경과 생태 보호에 대한 경각심을 일깨워주는 책이다.

진로탐색 #무엇을 더 볼까

관련매체 : 환경부 유튜브
　　　　　〈도민석 연구사와 함께하는 슬기로운 연구생활 : 양서류 편〉
관련도서 : 『코끼리 똥이 숲을 지킨다고?』(김황, 풀과 바람)

진로토론 #무엇을 이야기해 볼까

1. 물과 뭍을 오가며 사는 양서류는 환경 지표종의 구실을 합니다. 그 이유에 대하여 말해 보자.
2. 이 책을 읽고 새롭게 알거나 깨달은 내용을 공유해 보자.
3. 우리나라가 양서류 3종(수원청개구리, 금개구리, 맹꽁이)을 멸종위기종으로 지정해서 관리한 원인은 무엇이라고 생각하는가?
4. 파괴된 생태계를 복원하기 위해 노력할 점을 주제로 토론해 보자.

진로활동 #무엇을 해 볼까

1. 가장 좋아하는 동물을 조사해 보자.
2. 개구리의 한살이를 그림으로 그려보자.
3. 내가 환경과 관련된 직업군을 선택한다면, 건강한 생태계를 만들기 위해 연구하고 싶은 분야는 무엇인지 그 까닭에 대하여 정리해 보자.

10. 지구에서 가장 큰 발자국

도서정보	롭 시어스 / 비룡소 / 2022년 / 96쪽 / 18,000원	
진로정보	환경 - 환경운동가	
교과정보	사회	지구촌을 위협하는 문제

도서소개 #어떤 책일까?

　　세상에 사는 80억 명의 사람을 한 명의 거대한 대왕 인간으로 가정하여 인간이 지구에 미치는 영향을 한눈에 이해할 수 있도록 담은 책이다.

　　대왕 인간이 1년 동안 먹는 음식과 버려지는 쓰레기의 양이 어느 정도인지 보여 주고, 훼손되는 자연환경, 스모그와 매연, 이산화 탄소로 인한 기후변화를 지구의 커다란 발자국으로 표현했다.

　　이러한 발자국의 결과로 대왕 인간에게 위기가 다가오고 있음을 경고하고, 꼭 필요한 것만 가지고, 자연과 조화롭게 살았던 과거를 떠올리며, 지금부터라도 바로잡는 방법이 있다고 알려주고 있다.

진로탐색 #무엇을 더 볼까

관련매체 : 청년과 청소년이 주도하는 환경운동
　　　　　　https://youtu.be/o15sN0yWbC8?si=zasBxUyaRKC8nvUd

관련도서 : 『그레타 툰베리/발렌티나 카메리니』 (최병진, 위즈덤하우스)

진로토론 #무엇을 이야기해 볼까

1. 이산화 탄소 배출량을 줄이기 위한 먹거리에 관해 이야기해 보자.
2. 꼭 필요한 것만 가지고 살았던 과거를 떠올리며 미래의 환경을 위해 우리 집에 없어도 생활하는 데 문제없는 물건들을 생각해 보자.
3. 대왕 인간의 발자국이 우리에게 끼치는 영향에 관해 이야기해 보자.

진로활동 #무엇을 해 볼까

1. 지구에 남겨질 대왕 인간의 발자국을 줄이기 위해 우리가 할 수 있는 일에 대해 적어 보자.
2. 지구의 환경을 지키거나 되살리기 위해 일할 수 있는 직업은 어떤 것이 있을지 탐구해 보자.

II. 지구에서 절대로 사라지면 안 될 다섯가지 생물

도서정보	신정민 / 풀과바람 / 2019년 / 120쪽 / 12,000원	
진로정보	환경 - 환경운동가, 생태학자	
교과정보	사회, 과학	환경, 생태

도서소개   #어떤 책일까?

　　유엔 산하 국제기구인 '생물 다양성 과학 기구(IPBES)'의 2019년 4월 보고서에 따르면, 인간의 영향으로 이르면 수십 년 내에 최대 100만 종 생물이 멸종위기에 놓일 것이라고 합니다. 보고서는 "변화하지 않으면 지구는 또다시 대멸종 위기에 직면할 수 있다."라고 경고했습니다. 지구에 있는 모든 생물이 중요하지만, 그중에서도 다섯 가지를 꼽는다면 무엇일까요? 이 책은 지구에서 필요한 산소의 반을 만들어 내는 플랑크톤, 그리고 죽은 동식물을 분해하는 균류, 식물이 열매를 맺게 돕는 꿀벌, 그 자리를 대신할 생물이 없는 박쥐, 숲을 가꾸고 지키는 데 없어서는 안 될 영장류의 중요성을 알려주고 있습니다. 멸종위기 다섯 생물 이야기를 통해 자연과의 공존이 인류의 생존에 얼마나 중요한 것인지를 새삼 느낄 수 있습니다.

진로탐색   #무엇을 더 볼까

관련매체 : [국립생태원] 멸종위기종이 사라진다면 인간도 큰일 난다고?
　　　　　https://youtu.be/EEvBV8mBG9o?feature=shared
관련도서 : 『박쥐는 왜?』 (정철운, 지성사)

진로토론   #무엇을 이야기해 볼까

1. 식물성 플랑크톤과 동물성 플랑크톤에 대하여 알게 된 점에 관하여 이야기를 나눠 보자.
2. 만약 박쥐가 지구상에 사라진다면 어떠한 일들이 일어날지 이야기를해 보자.
3. 만약 세균이 없다면 이 세상은 어떻게 되고, 인간은 어떻게 될까?
4. 아인슈타인은 꿀벌이 지구상에 사라지면 인간도 4년 만에 지구상에서 사라질 것이라고 이야기했다. 그 이유는 무엇일까?

진로활동   #무엇을 해 볼까

1. 내가 만약 생태환경과 관련된 직업을 갖게 된다면 어떤 일을 하고 싶은지 마인드맵으로 정리해 보자.
2. '꿀벌을 보호하자'라는 주제로 환경 포스터를 그려보자.
3. 지구환경을 위한 생활 속 실천 다짐 5계명을 만들어 보자.

초등학교 진로독서 가이드북

제10장

의약학

◈ 의약학 영역 소개 ◈

#여전히 인기 많은 직업, 의사

초등학생들에게 꿈이 무엇이냐고 질문하면, 많은 친구가 미래 직업의 이름을 답하는 경우가 많습니다. 그중에서도 전통적으로 초등학생들의 장래 희망 중에서 상위권을 차지하는 직업군이 바로 의사, 간호사 등의 의약학 계열이지요. 특히 최근에는 안정적이고 고수입의 좋은 직업을 쫓는 사회적인 분위기 때문인지 의약학 직종의 인기가 날로 높아지고 있습니다. 이에 유명한 학원에서는 초등생을 대상으로 의대 반이 성행하는 서글픈 현실이기도 하지요. 하지만 우리 어린이들이 살아갈 미래 사회는 현존하는 직업의 상당수가 사라지고 새로운 직업이 생겨나는 등 직업은 더욱 다변화되고, 세분화, 전문화 될 것입니다. 그러므로 초등진로 교육은 긍정적인 자아 개념을 형성하고, 일의 중요성을 이해하며 진로 탐색과 계획을 위한 기본적인 소양과 역량의 기틀을 다지는데 주안점을 두어야 합니다.

#그럼에도 여러분은 왜 의사가 되고 싶은가요?

이 물음은 의약학 계열의 진로를 꿈꾸는 이들에게 아주 중요합니다. 생명을 다루는 고되고 어려운 직업이므로 그 어떤 직업보다도 직업의식이 투철해야 하기 때문입니다. 그러므로 의약학 계열 진로 독서 활동은 초등학생들이 올바른 윤리 의식을 갖추고 의료인으로서의 사명감에 대해서 생각해 볼 수 있는 기회가 될 것입니다. 그리고 의료인이 되고 싶은 여러분의 꿈을 좀 더 구체화해 주어 변화하는 미래 직업 세계에 대한 이해 역량과 건강한 직업의식을 형성하는 데 도움을 줄 것입니다.

#의약학 계열은 의료, 간호, 약학, 보건학 등으로 구성되어 있어요.

의료	의료인으로서의 윤리 의식을 갖추고 사회적 책임을 다할 수 있는 전문 의사를 양성하는 분야
간호	아픈 사람들을 돌보면서 사람들의 건강과 행복을 키워 주는 분야
약학	질병의 예방과 치료에 사용되는 의약품에 대한 지식을 가르치고, 임상 응용 능력을 갖추도록 만드는 분야
보건학	국민의 건강을 증진할 수 있는 의학 및 행정지식 등에 관해 탐구하는 분야

◈ 의약학 도서 목록 ◈

순	영역	진로정보	교과정보	도서명	집필자	비고
1	의약학	신경과 전문의사	과학	꼴찌, 세계 최고의 신경외과 의사가 되다	한상희	대표
2	의약학	약학 연구원	과학	미래가 온다 바이러스	한상희	대표
3	의약학	가정의학과 의사	도덕/실과	가정의학과 의사는 어때?	김은정	
4	의약학	수의사	과학	되자! 수의사	양미현	
5	의약학	의사	과학	리틀 의사가 꼭 알아야 할 의학 이야기	한상희	
6	의약학	약학 연구원	과학	바이러스 쫌 아는 10대	김명주	
7	의약학	수의사/반려동물 훈련사	실과	(반려동물의 좋은 친구가 되기 위한) 50가지 미션	민혜원	
8	의약학	의사	도덕/실과	선생님, 바보 의사 선생님	김은정	
9	의약학	병원 관계자	도덕/국어	우리 곁엔 병원이 있어	문지영	
10	의약학	치과의사	도덕	치과의사 드소토 선생님	문지영	

I. 꼴찌, 세계 최고의 신경외과 의사가 되다

도서정보	그레스 루이스 외 I(이주미 외 I) / 알라딘북스 / 2019년 / 248쪽 / 11,500원	
진로정보	의약학 - 신경과 전문의사	
교과정보	과학	우리 몸의 여러 기관

도서소개   #어떤 책일까?

이 책은 미국 빈민가에서 태어나 어려운 가정환경과 흑인이라는 차별을 받으면서도 꿋꿋이 자신의 꿈을 이루기 위해 노력한 소년의 이야기이다. 그는 5학년까지 구구단을 외우지 못했고 반에서 꼴찌를 도맡아 친구들에게 놀림을 당하기 일쑤였다. 그의 어머니는 이런 차별과 놀림 속에서도 그에게 항상 '마음만 먹으면 무엇이든 할 수 있다. 넌 꼭 꿈을 이룰 수 있을 거야!'라며 긍정적인 말로 희망을 품게 해 주었고, 자신의 꿈과 도전 과제 앞에서 열정과 노력을 쏟을 수 있도록 든든한 버팀목이 되어 주었다.

꼴찌에서 세계 최고의 신경외과 의사가 되기까지의 그의 역경과 감동적인 이야기를 통해 나의 꿈과 꿈을 향한 열정을 품어보길 바란다.

진로탐색   #무엇을 더 볼까

관련매체: 타고난 재능 : 벤 카슨 스토리

(원제:Gifted Hands: The Carson Story)

진로토론   #무엇을 이야기해 볼

1. 벤의 어렸을 때 모습은 어떠했는가?
2. 벤 카슨이 5학년 최고 왕바보에서 꿈을 이룰 수 있었던 길은 무엇이었나?
3. 여러분이 책에서 깨달음을 얻고, 감명을 받았던 경험을 이야기해 보자.
4. 불가능한 수술을 해내며 전 세계에 이름을 알린 벤처럼 여러분은 어떤 일을 하며 세상에 이름을 알리고 싶은지 이야기해 보자.
5. 벤이 성공할 수 있었던 인생철학인 '크게 생각하기(THINK BIG)'의 의미는 무엇인가?

진로활동   #무엇을 해 볼까

1. 현재 나의 모습을 떠올려 보며 나는 어떤 사람인지 소개해 보자.
2. 나의 미래 진로 모습을 상상해 보면서 나의 미래 꿈을 이루기 위한 꿈의 목록을 작성해 보자.

◈ 책 이야기 ◈

1. 벤의 어렸을 때 모습과 나의 모습을 비교하여 보자. 서로 다른 모습은 무엇이고 비슷한 것은 무엇인가?

인물	벤 카슨	나
어렸을 때 환경		
장래 희망		
꿈을 이루기 위한 고난과 역경		
꿈을 이루기 위한 응원의 한마디		

2. 벤의 어머니는 벤을 믿고 응원하며 기다려 줍니다. 벤의 어머니에게서 본받고 배울 점은 무엇인가?

3. 벤은 '꿈을 이루는 길은 책에 있다'라고 하였다. 이처럼 나에게 깨달음을 주고 길을 안내해 준 책을 소개해 봅시다. 어떤 책에서 어떤 배움과 감명을 주었는가?

4. 벤은 세계 최초로 샴쌍둥이 분리 수술을 성공시키며 세계 최고의 신경외과 의사로 이름을 알렸다. 이처럼 여러분이 세계에 이름을 알리며 이루고 싶은 것은 무엇인가?

◈ 질문하고 토론하고 ◈

※ 영상자료를 통해 알게 된 내용들을 질문에 따라 정리해 보세요. (1~3)

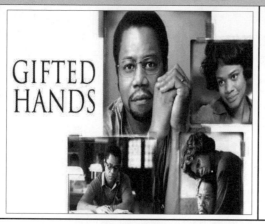

[영상자료]-넷플릭스 영화

타고난 재능: 벤 카슨 스토리(2009) /

<영화 요약 및 리뷰 영상>

1. 영화를 보고 느낀 점이나 감명 깊은 부분을 말해 보자.

2. 책과 영상자료를 보고 벤 카슨에게 궁금한 것을 질문해 보자.

3. 벤의 어머니는 벤이 힘들고 어려울 때마다 긍정적인 말로 벤에게 희망을 주고, 이러한 긍정의 말은 벤에게 놀라운 변화를 가져다주었다. 여러분이 듣고 싶은 긍정의 말은 무엇인가?

◈ 진로 이야기 ◈

1. 의사도 여러 가지 전문 분야로 나눠진다. 어떤 전문 분야가 있는지 조사해 보자.

의료 전문 분야	소개하기

2. 벤 카슨은 자신이 성공할 수 있었던 인생철학으로 '크게 생각하기(THINK BIG)'를 강조하였다. 나의 꿈을 이루고 성공하기 위한 나만의 'THINK BIG' 목록을 작성해 보자.

나만의 THINK BIG		
T	Talent / 재능	
H	Honesty / 정직	
I	Insight / 통찰력	
N	Nice / 친절	
K	Knowledge / 지식	
B	Book / 책	
I	In-depth learning / 깊이 있게 공부하기	
G	God / 하느님(믿음)	

2. 미래가 온다 바이러스

도서정보	김성화 외 I / 와이즈만북스 / 2019년 / 140쪽 / 15,000원	
진로정보	의약학 - 약학 연구원	
교과정보	과학	감염병과 건강한 생활

도서소개　#어떤 책일까?

　　이 책은 바이러스가 무엇인지, 바이러스가 어떻게 지구에 나타나 어떤 과정으로 감염을 일으키고 무한 복제되는지 알려준다. 또, 바이러스의 역사와 미래 전망에 이르기까지 바이러스에 관한 거의 모든 것을 초등 눈높이에 맞게 그 궁금증에 대한 해답을 제시해 준다.

　　코로나19 팬데믹으로 전 인류가 위험에 직면했을 당시 과연 바이러스의 정체는 무엇이며 우리 인류는 바이러스와 어떻게 공생하며 살아야 하는지에 대한 고민의 시작점에서 만난 책이기에 미래 의학의 모습을 그리는 데 도움을 줄 수 있을 것이다.

진로탐색 #무엇을 더 볼까

관련매체 : 북툰과학다큐

관련도서 : 『바이러스 빌리』(하이디 트르팍, 위즈덤하우스)

진로토론 #무엇을 이야기해 볼까

1. 세균과 바이러스의 차이는 무엇이며 어떤 관계인가?
2. 우리의 몸속 세포는 어떻게 바이러스에 감염이 되는가?
3. 바이러스의 특징과 관련해 신종 바이러스가 생겨나는 과정을 설명해 보자.
4. 신종 바이러스와 같은 전염병의 출몰로 인간이 겪는 어려움은 무엇인가?
5. 바이러스를 통한 감염을 예방하는 방법은 무엇인가?

진로활동 #무엇을 해 볼까

1. 옛날에도 바이러스가 등장하여 많은 생명을 앗아가기도 했는데 어떤 바이러스들이 있었는지 조사해 보자.
2. 바이러스가 점점 더 많은 돌연변이를 일으키는 까닭은 인간 때문이라고 한다. 인간의 어떤 모습이 바이러스 돌연변이를 더 잘 일으키는지 조사해 보자.

◈ 책 이야기 ◈

1. 여러분이 알고 있는 바이러스에 대하여 아는 대로 이야기해 보자. 이 바이러스가 우리의 생활에 어떤 영향을 끼쳤나?

2. 바이러스의 특징과 관련해 신종 바이러스가 생겨나는 과정을 설명해 보자.

3. 돌연변이 바이러스에는 어떤 종류가 있으며, 이러한 바이러스들이 위험한 이유는 무엇인가?

4. 신종 바이러스가 전 세계적으로 급격히 확산하는 이유는 무엇인가?

5. 박테리오파지란 무엇이며, 박테리아 파지 연구는 어떤 점에서 의미가 있는지 말해 보자.

◈ 질문하고 토론하고 ◈

※ 영상자료를 통해 알게 된 내용들을 질문에 따라 정리해 보자. (1~3)

[영상자료]
인류에게 바이러스 전염병이
계속 찾아오는 이유/
인수공통전염병 〈북튠과학다큐〉

1. '인수공통전염병'이란 무엇인지 말해 보자.

2. 바이러스는 인간의 생활에 어떤 영향을 끼칠까?

3. 위 자료를 보고 궁금한 점이나 더 자세히 알고 싶은 것은 무엇인지 말해 보자.

※ 다음 질문에 따라 '인공바이러스'에 대한 내 생각을 정리해 보자. (4~6)

4. 바이러스 문제를 해결하기 위해 사람들이 만든 바이러스(인공바이러스)를 활용했던 사례가 있다면 말
   해 보자.

5. 이러한 인공바이러스가 바이러스 문제를 더 심각하게 만들 수 있는 사례는 어떤 것들이 있었을까?

6. 바이러스 문제를 해결하기 위해 인공바이러스를 개발해야 한다는 주장에 대해 자신은 어떤 입장인지 정하고 그 이유를 함께 말해 보자. (찬반토론)

인공바이러스 개발을 찬성한다.	인공바이러스 개발을 반대한다.

◈ 진로 이야기 ◈

1. 최근에 전 세계적으로 유행했던 코로나19 바이러스는 어떤 특징을 지니고 있는지 알아보자.
   * 참고 사이트 : 코로나바이러스 종합 정보 제공 사이트(https://coronavi.info/corona/what)
   * 대상 도서 : 『미래가 온다 바이러스』 제10장

코로나19 바이러스의 특징 1 <그림 그리기>
: 코로나바이러스가 어떻게 생겼는지
  그림으로 그려봅시다.
	코로나19 바이러스의 특징 2 <글로 설명하기>
	: 코로나바이러스가 어떻게 생겨났는지?
	  증상, 치사율 및 감염률, 예방법 등

2. 바이러스와 관련한 직업에는 어떤 직업이 있을까?

3. 위 직업군에서 여러분이 미래 진로 직업으로 관심 있는 직업은 무엇이고, 그 직업을 통해 구체적으로 어떤 일을 하고 싶은지 말해 보자.

3. 가정의학과 의사는 어때

도서정보	명승권 / 토크쇼 / 2023년 / 124쪽 / 13,000원	
진로정보	의약학 - 가정의학과 의사	
교과정보	도덕, 실과	직업의식

도서소개 #어떤 책일까?

　　가정의학과 의사는 질병을 초기에 발견하고 관리하며 예방하고 건강 상태를 잘 유지하도록 관리해 주는 의사로 특정한 질병만이 아니라 다양한 질병을 대상으로 진료하는 의사입니다. 건강상의 문제가 발생했을 때 처음 만나는 의사이기도 하고 무슨 병인지 모를 때 가장 먼저 방문하는 병원이 가정의학과이기도 합니다. 이 책의 저자는 경험을 바탕으로 가정의학과 의사가 되기 위해 어떤 마음가짐이 필요한지, 어떤 과정을 거쳐서 의사가 되는지, 전망은 어떨지 친절하게 안내하고 있습니다. 가정의학과의 매력을 살펴볼까요?

진로탐색 #무엇을 더 볼까

관련매체 : 큰 병이 생기기 전에 예방 관리해주는 주치의
　　　　　 https://www.youtube.com/watch?v=4ThIHvlrKZA
관련도서 : 『내가 하고 싶은 일, 의사』 (박지영, 휴먼어린이)

진로토론 #무엇을 이야기해 볼까

1. 가치 있는 삶을 사는 사람은 어떤 사람을 말하는 것인가?
2. 여러분은 어떤 의사가 되고 싶은가?
3. '원격진료는 시행되어야 한다.'로 찬반 토론해 보자.
4. AI가 의사를 대체할 수 있을지 토의해 보자.

진로활동 #무엇을 해 볼까

1. 병원 홈페이지를 방문하여 가정의학과 외에 또 어떤 과들이 있는지 조사해 보자.
2. 병원에는 의사 선생님 외에도 다양한 일을 하고 계시는 분들이 많다. 병원과 관련된 직업 소개도를 그려보자.
3. 친구들의 병원 이용 현황을 과별로 그래프로 표현해 보자.

4. 되자! 수의사

도서정보	캐서린 아드(이한음) / 책읽는곰 / 2020년 / 48쪽 / 13,000원	
진로정보	의약학 - 수의사	
교과정보	과학	수의사가 하는 일

도서소개   #어떤 책일까?

《되자! 수의사》는 동물에 관심이 많고 수의사가 되고 싶은 어린이들에게 필요한 정보를 구체적으로 전해준다. 실제로 동물을 만나 진료하고 치료하기 위해 알아야 하는 용어들과 중요한 지식, 하는 일을 현장에서 일하는 과정을 생생하게 보여 준다. 책을 읽으면서 알게 된 지식을 퀴즈와 미로찾기 등의 활동으로 지루하지 않게 익히도록 해 준다.

이 책은 수의사가 꼭 익혀야 할 기술과 지식을 실습생처럼 배울 수 있다. 수의사가 되어서 동물원, 농장, 우유나 화장품 회사, 제약회사, 멸종동물 보호 연구소 등 다양한 곳에서 일하는 모습들을 보여 주어 나에게 맞는 일을 찾아볼 수 있다.

진로탐색   #무엇을 더 볼까

관련매체 : 대한수의사회 https://www.kvma.or.kr
관련도서 : 『곱슬머리 수의사 24시간이 모자라! (직업가치동화 3-수의사)』
             (한정영, 북멘토)

진로토론   #무엇을 이야기해 볼까

1. 좋아하는 동물이 있거나 동물과 함께 살아본 적이 있는가? 어떤 점이 가장 좋았는지 이야기해 보자.
2. 동물이 아플 때 꼭 알고 있어야 할 것은 무엇인가?
3. 동물도 생명이므로 보호해야 하지만, 인간의 병을 치료하기 위한 의약품 개발을 위해 동물 실험은 필요하다. (찬반토론)

진로활동   #무엇을 해 볼

1. 수의사가 하는 일을 조사하여 발표해 보자.
2. 나와 같이 살고 있거나 자주 보는 동물을 정기적으로 관찰하며 어떤 상태의 감정인지 살펴보자.
3. 반려동물이 있거나 주변에 자주 보는 동물이 있으면 몸동작과 감정을 추측해 보고 조사해 보자.

5. 리틀 의사가 꼭 알아야 할 의학 이야기

도서정보	양대승 / 함께자람(교학사) / 2018년 / 176쪽 / 12,000원	
진로정보	의약학 – 의사	
교과정보	과학	우리 몸의 구조와 기능

도서소개 #어떤 책일까?

　　의사가 되기를 꿈꾸는 어린이들에게 들려주는 재미있는 의학 이야기이다. 질병과 함께 살았던 인간의 역사와 질병에 맞서 싸운 고마운 의학 이야기. 병을 일으키는 세균을 찾아내고, 바이러스의 정체를 밝혀내어 위험한 감염병을 어떻게 치료해 왔는지 그 역사를 재미있게 소개한다.

　　돌연변이 세포가 일으키는 무서운 질병이 현대 사회에 새로운 공포로 다가오는 요즘 미래 의학은 어떤 가치를 품고 어떤 모습의 의학일지 진지하게 고민하고 탐구하게 해 준다.

진로탐색 #무엇을 더 볼까

관련매체 : 저는 꿈이 의사에요. (어린이병원 신창호 교수 인터뷰) (6:08)
　　　　　 https://www.youtube.com/watch?v=DDy059keFgM /

관련도서 : 『의사 어벤져스 시리즈』 (고희정, 가나출판사)

진로토론 #무엇을 이야기해 볼까

1. 원시시대 사람들은 질병을 어떻게 치료했을까?
2. 의학의 아버지 히포크라테스 선서를 낭독해 보고, 그 의미가 무엇인지 말해 보자.
3. 편안하고 안락한 삶 대신 가난하고 병든 사람들을 위해 헌신하신 의사를 조사해 보자.
4. 의사가 되려면 어떤 마음가짐을 지니고 어떤 노력을 해야 할까?
5. 미래 의학은 어떤 모습일까? 모든 질병을 정복할 수 있을까?

진로활동 #무엇을 해 볼까

1. 의사들은 어떤 병원에서 어떤 일을 할까?
2. 사람이 살아가는 데 없어서는 안 될 중요한 영양소인 비타민은 그 중요성만큼이나 많은 노벨상 수상자를 배출했다. 비타민 연구로 받은 노벨상을 조사해 보자.

6. 바이러스 쫌 아는 10대

도서정보	전방욱 / 풀빛 / 2021년 / 184쪽 / 13,000원	
진로정보	의약학 – 약학 연구원	
교과정보	과학	분자생물학, 바이러스와 백신

도서소개 #어떤 책일까?

　이 책은 바이러스에 관해 할 수 있는 질문과 답을 친절하게 담고 있다. 다소 어려운 전문 용어가 있긴 하지만 그림과 사진 등을 활용하여 문맥상 이해가 되므로 크게 걱정할 필요는 없다. 만약 문맥상 이해가 되지 않는다면 인터넷을 활용하여 어려운 용어를 검색하며 지식을 확장해 나가는 방법도 있다.

　COVID19 이후, 전 세계 많은 사람이 바이러스에 관한 관심이 높아졌다고 해도 과언이 아니다. 하지만 팬데믹 시대의 초창기 때는 잘못된 지식과 가짜 뉴스 등으로 인해 사람들의 두려움이 커서 가장 중요한 초기 대응에 어려움이 있었던 것도 사실이다.

　이 책을 통해 바이러스와 백신에 관한 올바른 지식으로 진로 교육에 도움을 얻고, 변이 바이러스에 대해 지혜로운 대처를 할 수 있을 것으로 생각된다.

진로탐색 #무엇을 더 볼까

관련매체 : YTN 사이언스-세균과 다른 바이러스의 백신 개발 과정
　　　　　https://www.youtube.com/watch?v=Q-iJimBfLcQ
관련도서 : 『Why? 와이 세균과 바이러스』(고관수, 예림당)

진로토론 #무엇을 이야기해 볼까

1. 이 책을 통해 알게 된 바이러스의 종류와 특징을 말해 보자.
2. 바이러스와 경제는 어떤 관계가 있을까?
3. 바이러스 감염 비율이 많은 나라의 국민을 입국하지 못하게 하는 것은 자국민 보호를 위해 꼭 필요할까?
4. 바이러스를 줄이기 위한 노력에는 어떠한 것이 있을까?
5. 바이러스와 관련된 인공지능(AI)의 역할은 무엇이 있을까?

진로활동 #무엇을 해 볼까

1. 바이러스와 백신 관련 신문 기사 스크랩을 해보자.
2. 백신 전문가가 되는 데 필요한 역량을 백신 관련 기관 홈페이지(누리집),
　 대학 전공학과 교수님 이메일, 학교의 진로 담당 선생님께 자문을 구하자.
3. 내가 개발하고 싶은 백신을 주제로 글을 써 보자.

7. (반려동물의 좋은 친구가 되기 위한) 50가지 미션

도서정보	이경아 / 썬더키즈 / 2021년 / 148쪽 / 13,000원	
진로정보	의약학 – 수의사, 반려동물 훈련사	
교과정보	실과	생활 속 동식물의 이해

도서소개　#어떤 책일까?

　　반려동물과 함께하는 인구가 증가하면서 반려동물을 가족으로 둔 많은 어린이에게 생명 존중과 동물 복지에 관한 이야기를 담았다. 왜 반려동물을 가족으로 맞이하고 싶은지, 가족들과 충분한 상의는 했는지, 반려동물이 지내기 좋은 환경을 갖추었는지 등을 살펴보며 반려동물을 새로운 가족으로 맞아 평생을 함께할 준비를 할 수 있도록 도움을 준다.
　　반려동물의 사료 고르기부터 의사소통하는 방법, 펫티켓, 함께 추억을 만드는 일까지 반려동물과 함께하는 데 필요한 정보를 알려준다.

진로탐색　#무엇을 더 볼까

관련도서 : 『곱슬머리 수의사 24시간이 모자라!』 (한정영, 북멘토)

진로토론　#무엇을 이야기해 볼까

1. 반려동물 유기를 막을 방법이 있을까?
2. 공동주택에서 반려동물을 키우려면 이웃들의 동의를 받아야 한다.
3. 여행을 갈 때 반려동물을 꼭 데려가야 한다.
4. 반려동물을 키우는데 갖추어야 할 예절에 관해 이야기해 보자.

진로활동　#무엇을 해 볼까

1. 내가 키우고 싶은 반려동물의 수명과 먹이, 의사소통하는 법 등 내가 좋아하는 반려동물의 특성을 조사해 보자.
2. 동물을 좋아하는 이유를 생각해 보고, 반려동물과 함께 하고 싶은 일 10가지를 적어보자.
3. 동물과 관련된 직업에는 어떤 것이 있을지, 어떤 일을 하는지 알아보자.

8. 선생님, 바보 의사 선생님

도서정보	이상희 / 웅진주니어 / 2006년 / 30쪽 / 11,000원	
진로정보	의약학 - 의사	
교과정보	도덕, 실과	직업의식

도서소개 #어떤 책일까?

　　이 책은 평생을 가난한 사람들을 위해 헌신하고 치료에 힘쓴 장기려 박사님에 관한 이야기입니다. 주인공은 무릎이 아주 아팠지만 가난해서 치료받을 수 없었습니다. 장기려 박사님이 가난한 사람들을 돌보려고 만든 복음병원에서 드디어 치료받을 수 있게 됩니다. 가난하고 병든 아이를 따뜻이 치료해 주신 장기려 박사님. 박사님처럼 가난하고 병든 사람을 돕는 의사가 되겠다고 결심을 한 주인공은 의사가 되었고 앞으로도 장기려 선생님처럼 가난하고 병든 사람을 위해 평생을 바치겠다고 다짐합니다.

진로탐색 #무엇을 더 볼까

관련매체 : 장기려 박사 이야기 - "세상을 감동시킨 바보의사 이야기"
　　　　　https://www.youtube.com/watch?v=7ro-9gHyvaE
　　　　'울지마 톤즈' 두 번째 이야기…작은 이태석 된 제자들 / SBS
　　　　　https://www.youtube.com/watch?v=jKTvvYGf9Mg

관련도서 : 『울지마 톤즈』(박지영, 휴먼어린이)

진로토론 #무엇을 이야기해 볼까

1. 제목인 바보 의사 선생님의 의미를 나누어 보자.
2. 돈 없는 환자를 고쳐주고 뒷문으로 도망가게 한 것은 잘한 일이었는지 토론해 보자.
3. 의사에게 중요한 덕목은 무엇일까?
4. 나는 어떤 사람으로 다른 사람들에게 영향을 끼치고 싶은가?

진로활동 #무엇을 해 볼까

1. 장기려 선생님에게 편지를 써 보자.
2. 많은 사람에게 영향을 끼친 사람들을 조사하여 발표해 보자.

9. 우리 곁엔 병원이 있어

도서정보	정혜진 / 좋은꿈 / 2022년 / 104쪽 / 12,000원	
진로정보	의약학 - 병원 관계자	
교과정보	도덕, 국어	병원의 고마움

도서소개 #어떤 책일까?

　　세계로병원, 생명줄, 우리 곁엔 병원이 있어 등 병원에 관한 동시 60편을 그림과 함께 수록한 따뜻한 동시집이다. 한 번이라도 병원에 들러 본 사람이라면 누구나 익숙한 병원의 모습들이 정감 있게 그려져 있다. 그 중심에는 청진기, 고무줄, 반창고, 체온계, 메모장, 볼펜, 신경 망치 등 잡동사니 호주머니를 달고 있는 의사 선생님이 있다. 그들은 웃음만 보여도 안도감을 주는 존재이지만, 일상은 순탄하지 않다. 환자를 위해 날밤을 새워야 하는 고된 일상이 그들의 삶인 것이다. 시인을 따라 병원을 순례하다 보면 우리가 누리고 있는 건강하고 안정된 삶이 결코 우리의 힘만으로 얻어진 것이 아니라는 것을 깨닫게 되고 병원과 병원에서 일하시는 분들의 고마움과 생명, 건강, 봉사와 희생, 사랑의 소중함 등을 마음에 깊이 새기게 될 것이다.

진로탐색 #무엇을 더 볼까

관련매체 : 성베드로병원 https://youtu.be/2BHm1PUgPv4?si=zAjOWrX6W15AT_tc

관련도서 :『아무것도 못 버리는 사람들』(캐런 킹스턴, 도솔)

진로토론 #무엇을 이야기해 볼까

1. 우리는 누군가의 노력과 봉사와 나눔으로 얻어진 것을 감사하게 누리고 있다.
2. 내가 혹은 가족들이 아플 때 믿고 치료해 주는 병원 덕분에 건강을 되찾고 행복할 수 있다. 그때의 기쁨과 고마움에 관해 이야기해 보자.
3. 동시집에서 동시 한 편을 골라보고 등장하는 인물의 마음을 헤아려 보자.
4. 내가 자주 가는 병원의 모습을 떠올려 보고 보고 느낀 것을 말해 보자.
5. 병원에서 일하시는 분들이 겪는 어려움과 해결 방안에는 어떤 것이 있을까?

진로활동 #무엇을 해 볼까

1. 병원과 의사 선생님, 간호사 선생님, 그 외 병원에서 도움을 주시는 분들에 대한 고마운 마음을 동시나 편지로 쓰고 그림도 그려보자.
2. 내가 만약 병원에서 일하게 된다면 어떤 마음으로 일할 것인지 생각해 보고, 상상하여 글과 그림으로 표현해 보자.

10. 치과의사 드소토 선생님

도서정보	윌리엄 스타이그(조은수) / 비룡소 / 1995년 / 32쪽 / 13,000원	
진로정보	의약학 - 치과의사	
교과정보	도덕	치과의사의 직업의식

도서소개　#어떤 책일까?

　　생쥐인 치과의사 드소토 선생님은 이 고치는 솜씨가 아주 좋아 환자들이 줄을 선다. 특히 몸집이 큰 동물들에게는 입 안에 들어가 조심스럽고 부드러운 손놀림으로 하나도 아프지 않게 치료를 해 주어 더 인기가 있었다. 드소토 선생님은 생쥐라서 고양이나 사나운 동물은 치료하지 않았다. 어느 날 양복을 잘 차려 입은 여우 한 마리가 턱에 붕대를 감고 이가 아프다며 엉엉 울면서 도와달라고 한다. 드소토 선생님과 부인은 의논 끝에 여우가 불쌍해서 위험하지만 도와주기로 하고 여우에게 문을 열어주고, 고약한 냄새가 나는 여우의 입 안으로 용감하게 들어가 썩은 어금니를 아프지 않게 빼준다. 다음 날, 새 이를 넣으러 온 여우는 이 생쥐들을 잡아먹으면 안 된다고 생각하면서도 먹고 싶은 것을 참지 못한다. 다행히 여우의 생각을 눈치채고 오히려 여우를 혼내주어 무사할 수 있었다.

　　생명을 다루는 의사들은 환자라면 누구나 치료해 주어야 하겠지만, 이렇게 생명의 위협을 받을 때는 어떻게 해야 할지 고민스러운 부분이다. 의사로서 갖추어야 할 뛰어난 의료기술과 함께 의사로서의 사명감과 지혜로운 문제해결 역량에 대해 생각해 보게 한다.

진로탐색　#무엇을 더 볼까

관련매체 : 치과의사 브이로그 https://youtu.be/xMw7vfMQfGc?si=2yvMDN7LPMLM02N-

관련도서 : 『멍멍 의사 선생님』 (배빗 콜, 보림)

진로토론　#무엇을 이야기해 볼까

1. 자신의 이를 치료해준 드소토 부부를 잡아먹으려 한 여우의 행동은 나쁘다.
2. 드소토 부부는 자신들에게 위험한 동물은 치료하지 않았지만 이가 아파 엉엉 우는 여우에게 위험을 무릅쓰고 치료해 주는 것은 의사로서 당연하다.
3. 드소토 선생님의 치과의사로서 직업의식에 관해 이야기해 보자.
4. 치과 병원과 치과의사로서 드소토 선생님에게 배울 점은 무엇인가?
5. 치과 병원을 운영할 때의 어려운 점은 무엇이고 해결 방안은 무엇일까?

진로활동　#무엇을 해 볼까

1. 내가 치과의사가 된다면 의사로서 어떤 태도를 갖출 것인지 조사해 보자.
2. 의사로서 환자들이 치과에 대한 두려움을 덜어주는 방법을 찾아보자.
3. 나는 치과 병원을 어떻게 운영하고 싶은지 생각하여 글과 그림으로 자세하게 표현해 보자.

초등학교 진로독서 가이드북

◆ 예체능 영역 소개 ◆

#'나'의 즐거움을 넘어 모두에게 즐거움을 주는 예술가

BTS(방탄소년단)를 아시나요? 그들을 비롯하여 한류 문화, K-POP 이라고 하는 한국 대중음악 문화가 세계의 문화로 자리 잡고 있습니다. 가수, 연극인, 뮤지컬, 조각가나 화가 등 예술가는 자신이 창의적인 활동을 함으로써 즐거움을 느끼고 좋아하는 것을 넘어 예술 작품과 체험을 통해 많은 사람과 교류하며 영향을 끼칩니다. 예술적 교류는 개인적인 생각을 벗어나 많은 사람이 함께 공감하고 공동체적인 사고를 하게 됩니다. 이런 예술 활동을 하는 데 필요한 것은 무엇일까요?

예체능 영역의 진로 독서 활동에서는 여러분에게 잠재된 '나만의' 예술적인 재능도 알아보고 어떤 것이 필요한지 살펴볼 수 있어요. 그림을 잘 그리는 재능이 있다고 꼭 화가가 되거나, 노래를 잘한다고 가수나 성악가의 길만 있는 것은 아니랍니다. 잘 알려지지 않은 다양한 진로에 관해서도 탐구해 보세요.

#내가 예술의 길을 가고 싶은 이유는?

요즘 TV 매체를 통해 다양한 예술인을 뽑는 오디션 프로그램이 많습니다. 여기에 출연하는 가수, 연극인 등을 보면 오랫동안 예술 활동을 해 오지만 안정된 생활이 어려워 좌절을 겪거나 또 그것을 견뎌온 사람들이 많습니다. 2023년 교육부와 한국직업능력교육원에서 조사한 학교급별 진로 교육 현황을 조사한 통계(국가통계포털 및 커리어넷)에 따르면 초등학생 대상의 장래 진로 희망 조사에서 운동선수를 비롯하여 창작자(크리에이터), 요리 제빵사, 가수, 성악가를 선호했으나 중고등학교로 갈수록 그 직업 희망 순위가 내려갔다고 합니다. 희망 순위를 정한 이유는 '자신이 좋아하는 일이어서'인데 왜 좋아하는 일이 바뀌었을까요?

위와 같은 이유로 예술가가 되려는 이들에게 '내가 예술의 길을 가려는 이유는 무엇일까?'에 대한 질문은 중요합니다. 왜냐하면 다른 일 못지않게 혹은 더 오랫동안 예술의 길을 가는 과정이 힘들 수도 있기 때문입니다. 진로 독서토론으로 다양한 책으로 나만의 길에 대한 가치를 탐구해 볼 수 있습니다.

#예체능 계열은 음악, 미술, 체육, 종합 예술 분야 등으로 구성할 수 있어요.

음악 관련	악기 연주가, 성악과 가수, 작곡 및 작사, 지휘자, 공연기획 및 연출, 응용 및 실용 음악 등 음악을 매개로 한 다양한 직업군
미술 관련	화가, 조각가, 전시 관련 기획과 연출, 박물관과 미술관 등의 예술경영(큐레이터), 실용 미술 등 색을 표현하는 다양한 직업군
체육 관련	운동선수, 무용가, 댄서, 안무가, 모델, 스포츠연구가, 스포츠 에이전트 및 경영관리, 바둑, 게임 영역 등 신체 기능을 주로 활용하는 분야
종합 예술	뮤지컬 관련, 연극 및 연기인, 영화 제작, 플라워 및 푸드 등 각 영역의 코디네이터, 학예사 등 예술 영역이 종합적으로 적용되는 분야

◈ 예체능 도서 목록 ◈

순	영역	진로정보	교과정보	도서명	집필자	비고
1	예체능	화가	미술	레오나르도 다 빈치 30	양미현	대표
2	예체능	안무가	무용	나를 찾아가는 힙합 수업	양미현	대표
3	예체능	댄서	체육	10대에 댄서가 되고 싶은 나, 어떻게 할까?	신윤경	
4	예체능	한국화 화가/ 미술관 큐레이터	미술	고양이네 미술관	문지영	
5	예체능	디자이너	미술	나는야, 꼬마 디자이너	문지영	
6	예체능	축구선수	체육	메시, 축구는 키로 하는 것이 아니야	한상희	
7	예체능	오케스트라 단원/ 지휘자	음악	백다섯 명의 오케스트라	문지영	
8	예체능	발레리나	체육	발레리나 벨린다	문지영	
9	예체능	디자이너	미술	세상을 따뜻하게 만드는 착한 디자인 이야기	김은정	
10	예체능	영화 관련 종사자	국어	영화 아는 만큼 보여요	신윤경	
11	예체능	요리사	실과	오늘은 글자 수프 먹는 날	문지영	
12	예체능	푸드코디네이터	미술	줄줄이 호떡	양미현	
13	예체능	현악기 제작자	음악	첼로, 노래하는 나무	문지영	
14	예체능	화가	미술	초등학생을 위한 서양미술사	양미현	
15	예체능	패션디자이너	미술	패션을 보면 세계사가 보인다	신윤경	
16	예체능	공연예술가/연극배우	실과	함께 연극을 즐겨요	민혜원	

I. 레오나르도 다 빈치 30

도서정보	폴 해리슨(김은영) / 아울북 / 2023년 / 96쪽 / 15,000원	
진로정보	예체능 - 화가	
교과정보	미술	법관과 인권운동

도서소개 #어떤 책일까?

'화가'가 되려면 어떤 능력과 자질이 있어야 할까? 천재는 타고나는 것일까? 이 책은 <모나리자>를 그린 레오나르도 다 빈치에 대해 우리가 잘 몰랐던 궁금한 30가지 이야기를 보여 준다. 다 빈치가 화가이면서 건물 설계자, 악기 제작자, 해부학 전문가, 지질학자, 기계를 발명하는 발명가, 수학자로서 창의적이고 실험적인 생각과 실천을 한 모습들을 따라가면서 나에게 숨어있는 다양한 능력에 관심을 두게 해 준다.

남과는 다른 엉뚱한 생각, 세밀하게 관찰하며 메모하는 습관에서 위대한 예술 작품이 탄생 된 이야기 속에서 내 안의 화가가 될 수 있는 습관을 찾아볼 수 있다.

진로탐색 #무엇을 더 볼까

관련매체 : 문화 예술인 아지트를 찾아서
관련도서 : 『최초의 곤충화가 마리아』 (한해숙, 두레)

진로토론 #무엇을 이야기해 볼까

1. 나만이 가진 약간의 엉뚱하거나 기발한 생각이나 습관이 있다면 말해 보자.
2. 가장 오랫동안 기록이나, 메모한 내용이 있다면 무엇인가? 기록이 어떤 도움이 되었나?
3. 레오나르도는 메모와 기록, 관찰력, 남과 다르게 생각하는 능력이 뛰어났다. 그러나 많은 그림을 완성하지 못한 점도 있다. 나만이 가진 우수한 능력과 습관은 무엇인가?
4. 그림이나 조각 등 예술을 하는데 과학과, 수학은 어떻게 관련이 있을까?

진로활동 #무엇을 해 볼까

1. 레오나르도의 메모처럼 다양한 내용을 담는 나만의 그림 노트를 꾸준하게 대상을 그려보고 특징 등 내용을 적어 보자.
2. 레오나르도는 자신이 살던 르네상스 시기, 그 도시의 문제점을 해결하기 위해 넓고 바람이 잘 통하는 마을을 설계하고 운하를 만들려고 계획하였다. 내가 사는 동네의 문제점은 무엇인지 해결할 방법을 설계해 보자.

◈ 책 이야기 ◈

1. 내가 좋아하는 화가나 그림은 무엇인지 이야기 해 보자. 좋아하는 이유가 무엇인가?

2. 레오나르도 다 빈치에 대한 30가지 주제 중 가장 흥미로운 주제와 그렇게 생각한 이유를 이야기해 보자.

3. 레오나르도는 그림을 그리기 위해 캐리커처처럼 표정을 그릴 뿐 아니라 사람의 몸짓도 깊이 연구했다고 한다. 내가 어떤 일이나 공부(또는 그림)하기 전에 그것과 관련된 내용을 알아보거나 탐구한 것이 있다면 무엇인가? 없다면 어떤 것을 해야 한다고 생각하는가?

4. 레오나르도는 호기심이 많고 끊임없이 '왜?'라는 질문을 던지고 과학적으로 탐구하려고 하였다. 남이 볼 때는 엉뚱해 보이기도 하지만 궁금한 것을 '왜 000은 ~~한가?'라는 질문을 만들어 보자.

①
②
③
④
⑤

5. 레오나르도처럼 '나'를 소개하는 글을 써 보자.

◈ 질문하고 토론하고 ◈

※ 레오나르도의 뇌(17쪽) 그림처럼 나의 뇌 그림에 나의 특징과 재능, 습관들을 그림과 글로 표현해 보자.

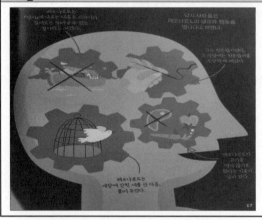

1. 레오나르도의 '모나리자'가 유명한 이유를 이야기해 보자.

2. 레오나르도가 남긴 노트는 7,800페이지가 넘었고 현재는 그 노트를 토대로 발명품을 복원할 수 있었다고 한다. 내가 꾸준하게 기록과 메모를 남기고 싶은 내용은 무엇인가?

※ 다음 질문에 따라 레오나르도 다 빈치의 예술과 삶에 대한 내 생각을 적어 보자. (1~3)

1. 레오나르도는 사생아로 어려운 환경이었지만 자신이 하고 싶은 일을 끝까지 펼쳐갔다.
  그것이 가능했던 이유는 무엇이라고 생각하는가?

2. 내가 하고 싶은 공부 또는 그림을 그리는 데 방해가 되거나 어려운 환경이 있다면 무엇일까? 해결할 수 있는 방법을 찾아본다면 어떤 것이 있을까?

① 방해가 되거나 어려운 환경:

② 해결 방법:

3. 레오나르도는 미술가이면서 수학과 과학, 건축, 해부학 등 다양한 영역의 공부를 하였다. 이런 능력들은 그림과 조각을 하는 데 많은 도움을 주었다. 내가 하고 싶은 일을 위해 다른 영역의 공부가 필요하다면 무엇일까? 그 공부는 어떤 도움을 주게 될까?

◈ 진로 이야기 ◈

1. 화가가 되어 내가 그리고 싶은 것은 자연, 인물, 추상화, 빛에 따라 다른 모습 등 어떤 그림을 그리고 싶은가?

2. 그림을 그리는 것과 관련한 직업에는 어떤 직업이 있을까? 그림이 필요한 많은 직업을 찾아서 적어 보자.

3. 위 직업군에서 내가 관심이 많은 직업은 어떤 것이며 이 일을 하는 사람을 주변 또는 인터넷의 다양한 정보를 통해 찾아보고 어떤 일을 하고 싶은지 이야기해 보자.

2. 나를 찾아가는 힙합 수업

도서정보	김봉현 / 탐 / 2014년 / 176쪽 / 11,000원	
진로정보	무용 - 안무가	
교과정보	무용	나를 치유하는 꿈 찾기

도서소개 #어떤 책일까?

　음악 평론가인 저자가 힙합을 통해 자신이 구원받은 경험을 이야기하면서 독자들이 힘들고 괴로울 때 자신만의 구원 방법을 찾아보라는 메시지를 전한다. 저자는 힙합의 잘 알려지지 않은 다양한 내용, 힙합에 대해 사람들의 잘 모르거나 오해와 편견에 관해 이야기한다. 또한 힙합 고유의 멋과 매력, 힙합의 긍정적인 에너지와 태도에 관해 이야기하며 자신의 꿈을 찾고 스스로 긍정의 에너지를 갖는 비법을 알려준다.

진로탐색 #무엇을 더 볼까

관련매체 : 인간극장 랩퍼의 길

관련도서 : 『4GO뭉치우리가 힙합이다!』 (권재원, 창비)

진로토론 #무엇을 이야기해 볼까

1. 혼자 해결하기 어려운 문제로 마음이 힘들 때 어떤 방법으로 해결하는가?
2. 영국 사회적 기업인 힙합사이크가 힙합 음악을 분석한 결과 랩의 특성이 사람들의 정신건강에 긍정적인 영향을 주었다고 한다. 그 이유가 무엇일까?
3. 싫은 건 싫다고 솔직하게 말하고 살아야 한다./참아야 할 필요도 있다. (찬반토론)

진로활동 #무엇을 해 볼까

1. 다양한 종류의 음악을 들어보고 내가 좋아하는 음악의 장르를 찾고 어떤 매력이 있는지 알아보자.
2. 힙합 영상이나 노래를 감상하고 내가 좋아하는 힙합 가수나 노래를 찾아보자.
3. 나만의 이야기가 담긴 랩 가사를 다른 노래에 개사하여 춤으로 표현해 보자
4. 랩이나 힙합, 댄스 등 한 가지를 정해서 정기적으로 가사를 쓰거나 댄스 연습하는 것은 기간을 정하여 계획하고 실천해 보자.

◈ 책 이야기 ◈

※ 음악이 주는 힘과 영향에 대해 알아보자. (1~3)

1. 기분이 좋지 않거나 힘이 빠질 때 나에게 힘이 되거나 긍정적인 기운을 주는 음악이나 노래가 있다면 어떤 것인가? 그 이유에 관해 이야기해 보자.

2. 내가 <모두의 마이크>라는 행사의 무대에 올라 랩을 한다면 어떤 내용의 노래(랩)를 하고 싶은가?

3. 영국 사회적 기업인 힙합사이크가 힙합 음악을 분석한 결과 랩의 특성이 사람들의 정신건강에 긍정적인 영향을 주었다고 한다. 그 이유가 무엇일까?

※ 힙합과 래퍼에 대해 알아보자. (1~2)

1. '래퍼'는 랩(강렬하고 반복적인 리듬에 맞춰 읊듯이 노래하는 대중음악. 미국 흑인들이 양식화한 것)을 부르는 가수를 말한다. '래퍼' 하면 떠오르는 이미지는 무엇인가? 이유와 함께 이야기해 보자.

2. 다음 사이트에서 랩 가사의 '라임' 만들기를 보고 나만의 재미있는 '라임'이 있는 랩을 만들어 보자.
   https://www.youtube.com/watch?v=CD3zZipbUSY

(예)	
힙합의 기본기~ 라임 끼워맞추기~ 아주 쉽게 배우기~ 따라해 봐 복사기~	

271

◈ 질문하고 토론하고 ◈

1. 저자는 책에서 우리는 보통 '래퍼(예술가)'와 '회사원(일반인)' 중 '회사원(일반인)'이 더 성실할 것으로 생각하는 경향이 있다고 했다. 그렇게 생각하는 이유는 무엇일까?

2. 저자는 '래퍼'(예술가)와 회사원(일반인)의 성실성은 좀 다르다고 한다. 무엇이 다른가? (p31~32)

3. '허슬(Hustle)'이란 단어는 '분투(있는 힘을 다하여 싸우거나 노력함)'의 의미로 쓰인다. 어떤 목표나 하고 싶은 일, 어려운 일 속에서 고생하거나 분투한 경험을 이야기해 보자. 만약 떠오르지 않는다면, 힘든 환경 속에서 분투하여 이겨낸 사례를 찾아 이야기해 보자. (p33)

4. 우리나라 래퍼 빈지노와 도끼 등은 다음의 랩 가사와 같이 하고 싶은 것만 하면서 성공했다고 했다. 어떤 사람은 그들에게 "힙합 음악은 한국에서는 안 된다"라고 만류하던 사람도 있었다고 한다. 누구나 자기가 하고 싶은 일을 하면서 성공하기는 쉽지 않다. 그들의 성공 비결은 무엇이라고 생각하는가? (p44~47)

> '티비에 나와 쓸데 없는 짓 안 해/니가 뭐래든 신경 따윈 쓰지 않아 내맘대로 떠들어/
> 난 내가 하고 싶은 말만 해서 내가 원하는 건 다 가져!'

5. '샘플링'이란 기존에 이미 존재하는 음악 혹은 소리를 다시 활용하는 것을 말하며 '힙합=샘플링'이라고 할 정도로 중요한 비중을 차지한다. 이것은 모방이냐, 창작이냐의 논란이 되기도 한다. '샘플링은 저작권을 침해하는 모방이다/창작이다.'에 대해 찬반 토론해 보자. (p49~57)

◈ 진로 이야기 ◈

I. 다양한 래퍼들에 대해 검색하고 랩을 감상하며 마음에 드는 래퍼와 랩을 서로 이야기해 보자.

> ① 래퍼
>
> ② 좋아하는 힙합 제목
>
> ③ 좋아하게 된 이유
>
> ④ 작품 소개(랩의 내용, 특징)

2. 좋아하는 랩을 한 가지 선택하여 나만의 이야기가 담긴 가사로 개사하여 불러보자.
   그에 맞는 춤도 만들어 보자.

3. 랩 또는 힙합, 댄스 중 나는 어떤 쪽에 더 관심이 많은가?
   두 가지 중 한 가지를 정하여 정기적으로(주 I~2회, 30분 등) 가사를 쓰거나 댄스 연습은 기간을
   정하여 계획하고 실천해 보자.

> - 작품(I)- 작품명 및 작가:
>
> - 작품소개(특징, 가치)
>
>
>
> - 작품(I)- 작품명 및 작가:
>
> - 작품소개(특징, 가치)

3. 10대에 댄서가 되고 싶은 나, 어떻게 할까?

도서정보	앤-마리 윌리엄스(송연승) / 오유아이 / 2017년 / 96쪽 / 12,000원	
진로정보	예체능 - 댄서	
교과정보	체육	움직임

도서소개 #어떤 책일까?

　　댄서가 되고 싶으면 어떻게 해야 하는지에 관한 길을 제시해 주는 책이다. 이 책에는 춤에 재능 있는 사람 또는 끼가 다분한 사람만이 춤을 즐기던 시대는 지나갔다는 점을 제시한다. 춤은 어느새 우리 삶 속에 깊숙이 들어왔고 많은 사람이 춤을 즐기고 싶어 한다. 백댄서의 멋진 모습에 마음을 빼앗긴 채 댄서 오디션에 관심을 두거나, 춤을 전문적으로 배워 보려는 10대도 많아졌다. 이 책에서 춤추는 사람들은 어떻게 몸짓으로 느낌을 표현할까? 사람들을 휘어잡는 춤의 매력은 어디에 있을까? 춤을 배우려면 무엇부터 해야 할까? 라는 질문에 답을 얻을 수 있다. 댄서가 되기 위해 실제 어떠한 노력을 해야 하는지, 또한 무슨 준비를 해야 하는지 정보를 얻을 수 있는 책이다.

진로탐색 #무엇을 더 볼까

관련매체 : 몸치도 출 수 있는 가장 쉬운스텝 Best 10
　　　　　　https://www.youtube.com/watch?v=_OIs2s0T7NQ
관련도서 : 『초등학생, 네 꿈이 내일을 결정한다』(김재헌, 엘맨출판사)

진로토론 #무엇을 이야기해 볼까

1. 춤을 잘 추기 위해 어떠한 노력을 해야 할까?
2. 건강한 몸을 위해 노력할 점이 있다면 무엇인가?
3. 아름다운 몸짓은 사람들에게 어떠한 의미를 전달할 수 있는가?
4. 건강한 삶을 위한 준비에는 무엇이 있을까?
5. 춤을 배우려면 무엇부터 시작하고, 어떤 것을 준비해야 할까?

진로활동 #무엇을 해 볼까

1. 공부와 건강을 위해 내가 할 수 있는 일을 적어 보자.
2. 건강한 몸을 갖추면 어떠한 긍정적인 측면이 있는지 정리해 보자.
3. 내 주변에서 춤의 매력에 빠진 사람이 있다면 소개해 보자.

4. 고양이네 미술관

도서정보	강효미 / 상상의집 / 2012년 / 80쪽 / 9,800원
진로정보	예체능 – 한국화 화가, 미술관 큐레이터
교과정보	미술	아름다운 우리 그림의 이해

도서소개 **#어떤 책일까?**

　　김홍도의 「황묘농접도('노란 고양이가 나비를 놀리다'는 뜻)」 속 노랑 무늬 고양이의 시선으로 김홍도, 신윤복, 정선, 안견 등 조선 천재 화가들이 조선의 산수와 풍속을 어떻게 그림으로 형상화하는지를 보여 준다. 화가와 그림에 얽힌 다양한 그림 속 이야기와 함께 그림에 대한 해설을 통해 명화에 대한 지식을 쌓을 수 있고, 옛 우리나라의 아름다운 산천과 풍속을 한눈에 감상할 수 있다.

　　한국화에는 역사와 문화는 물론 선조들의 멋과 여유를 이해할 수 있는 한국적 정서가 깊게 배어 있다. 특히 봄, 여름, 가을, 겨울로 이어지며 아름다운 산수와 계절별 모습과 세시풍속을 보여 줌으로써 아름다운 우리 그림을 통해 역사와 문화, 예술을 통합적으로 이해하도록 돕는 어린이 문화 예술 입문서라고 할 수 있겠다.

진로탐색 #무엇을 더 볼까

관련매체 : 광주광역시교육청 https://youtu.be/3-zxxpKPnn4?si=6fL0aNc8_mBILQU6

관련도서 : 『그림 따라 떠나는 우리 미술 여행』 (윤희정, 아르볼)

진로토론 #무엇을 이야기해 볼까

1. 이 책에 소개된 조선시대 유명한 그림들을 본 전체적인 느낌을 말해 보자.
2. 고양이가 소개한 그림 이야기 중 마음에 드는 것을 고르고 이유를 말해 보자.
3. 우리 그림의 전시회를 가본 적 있다면 그때의 경험을 소개해 보자. 만약 없다면 그 이유는 무엇인지 이야기해 보자.
4. 평소 우리 그림에 관심과 이해가 적었다면 그 이유는 무엇일까?
5. 한국화는 옛날 그림을 말하는 것으로, 요즘은 이와 비슷한 그림을 볼 수 없다.

진로활동 #무엇을 해 볼까

1. 미술관 큐레이터가 되어 이 책에 나온 우리 그림 중 한 작품을 골라 멋지게 설명해 보자.
2. 한국화를 그려본 적이 있는가? 관련 영상자료를 보고 한국화를 그려보자.

5. 나는야, 꼬마 디자이너

도서정보	김지영 / 토토북 / 2013년 / 112쪽 / 17,000원	
진로정보	예체능 - 디자이너	
교과정보	미술	디자인과 생활

도서소개 #어떤 책일까?

　　수영복, 구두, 목걸이 디자인과 무대, 액자, 에코 디자인, 자동차, 젓가락, 시계 디자인, 가구 의자, 조명, 그림 포터리 디자인, 옷 패키지, 포스터, 표지판 디자인 등 다양한 분야별로 감상부터 발상까지 차근차근 진행되는 과정으로 구성된 디자인 교육책이다. 디자인의 핵심인 아이디어 창출과 문화적인 감각 및 심미성과 기능의 조율을 통합적으로 이해할 수 있다. 또한 생각을 간단하게 구현해 볼 수 있는 별책 부록(워크북)을 활용해서 전체적인 디자인 과정을 체험해 볼 수 있다. 자연스럽게 아이디어 발상 훈련과 함께 디자인이 우리 생활에서 얼마나 중요한 것인지도 깨달을 수 있다. 어떤 물건을 만드는 일은 개인의 개성 표현일 뿐 아니라 함께 살아가는 환경을 만들고 소통하는 과정이기도 하다는 것을 이 책은 잘 보여 준다.

진로탐색 #무엇을 더 볼까

관련매체 : 드로우앤드류 https://youtu.be/G2LGB-zBvIs?si=gKUmdmIMndYqgyLy
　　　　　셜록현준 https://youtu.be/mqvtHlxFTVM?si=t_2dTVbQKmeHRVOJ

관련도서 : 『내가 만든 옷 어때?』(곰곰, 사계절)

진로토론 #무엇을 이야기해 볼까

1. 디자인이란 어떤 것일까?
2. 디자인 교육은 무심코 지나치기 쉬운 사물과 현상에 관심을 가지고 바라보는 일부터 시작한다. 평소 얼마나 관심을 가지고 관찰하고 있는가?
3. 디자인은 사람을 배려하고 함께 나누며, 지구를 살리는 착한 일이어야 한다.
4. 착한 디자인의 사례를 찾아보자.
5. 디자이너로서 갖추어야 할 능력은 무엇일까? 나는 어떤 노력이 필요할까?

진로활동 #무엇을 해 볼까

1. 디자이너가 되고 싶은 이유는 무엇인가?
2. 내가 관심 있는 디자인 영역에 대해 말해 보고, 사람을 배려하며 지구를 살리는 착한 디자인을 해 보자. (8절 도화지에 그림을 그리고 설명하는 글 쓰기)

6. 메시, 축구는 키로 하는 것이 아니야

도서정보	이형석 / 탐 / 2023년 / 187쪽 / 13,000원	
진로정보	예체능 – 축구선수	
교과정보	체육	스포츠 유형별 움직임 기술

도서소개 #어떤 책일까?

　　이 책은 전 세계적으로 가장 유명한 축구선수 리오넬 메시가 축구선수로 성장하는 과정을 통해서 축구 꿈나무들이 성공을 위한 노력과 열정을 배우게 하는 책이다.

　　자기 발에 공을 붙이고 뛰는 것처럼 보일 정도로 드리블 기술이 뛰어난 축구 천재 메시이지만 그에게도 시련과 고난이 있었다. 한참 성장해야 할 시기에 성장이 멈출 수도 있는 절체절명의 상황을 맞닥뜨리게 된 것이다. 메시는 성장호르몬 주사를 수년간 맞으며 169cm까지 성장할 수 있었고 비록 축구선수로서 좋은 체형을 갖추진 못했지만, 타고난 축구 지능과 쉼 없는 연습과 노력으로 세계를 평정하는 위대한 축구선수가 되었다. 스포츠를 좋아하고 축구선수를 꿈꾸는 이들에게 감동과 열정을 선물해 주는 책이다.

진로탐색 #무엇을 더 볼까

관련매체 : 천재 리오넬 메시 이야기

　　　　　　https://www.youtube.com/watch?v=_6QBCYd2dDk

관련도서 : 『후 Who? special 손흥민』 (강진희, 다산어린이)

진로토론 #무엇을 이야기해 볼까

1. 여러분은 축구하면서 무슨 생각을 하는가? 축구가 좋은 이유는 무엇인가?
2. 메시가 축구하는 영상을 찾아보고 메시의 강점은 무엇인지 말해 보자.
3. 관련 도서 『Who? 손흥민』을 읽고 손흥민이 유명한 축구선수가 되기까지의 노력을 말해 보자.
4. '운동선수는 타고난 재능이 중요하다'로 토론해 보자. (찬반토론)

진로활동 #무엇을 해 볼까

1. 내가 가장 좋아하고 롤모델인 축구선수는 누구인지 소개해 보자.
2. 축구 드리블 기술의 종류를 알아보자. 그중에서 내가 잘하는 기술을 시범 보이며 설명해 보자.

7. 백다섯 명의 오케스트라

도서정보	칼라 쿠스킨(정성원) / 비룡소 / 2007년 / 48쪽 / 12,000원	
진로정보	예체능 - 오케스트라 단원, 지휘자	
교과정보	음악	오케스트라 연주

도서소개 #어떤 책일까?

금요일 저녁, 집마다 하나둘씩 불이 켜지기 시작하고 시내와 교외 곳곳에 사는 백다섯 명은 일하러 나가려고 옷 입을 준비를 한다. 남자는 아흔두 명, 여자는 열세 명. 백다섯 명은 몸을 씻고, 수건으로 닦고, 파우더를 뿌려서 물기를 말리고, 면도하고 속옷을 입기 시작한다. 남자들은 모두 검은색 양말을 신고 여자들은 복잡한 속옷을 입고 발이 시려서 스타킹 위에 모직 양말을 덧신기도 한다.

백다섯 명의 오케스트라 단원들과 지휘자의 출근 과정과 연주 준비 과정을 통해 오케스트라의 구성원, 의상, 자리 배치, 악기, 무대에 대한 다양한 정보를 얻을 수 있다.

진로탐색 #무엇을 더 볼까

관련매체 : 오케스트라이해 https://youtu.be/m2eBLaG8ZDA?si=UEhfib4qRUdcX_fH
관련도서 :『알록달록 오케스트라』(안나 체르빈스카 리델, 비룡소)

진로토론 #무엇을 이야기해 볼까

1. 오케스트라 단원으로서 팔찌나 귀걸이를 하지 않는 이유는 무엇인가? 그 모습에서 어떤 것을 배울 수 있는가?
2. 옷 입는 방식도 제각기 다른 백다섯 명이 하나의 오케스트라가 되어 아름답게 음악을 연주하는 조화로움을 이루기 위해서는 어떤 태도가 필요할까?
3. '특별한 옷을 입고 특별하게 등장하는 지휘자는 오케스트라의 리더로서 갖추어야 할 특별한 능력이 필요하다.'로 토론해 보자. (찬반토론)

진로활동 #무엇을 해 볼까

1. 오케스트라 단원으로서 나는 어떤 옷을 입을지, 어떻게 준비할지 상상해 보고 그 과정을 글과 그림으로 나타내어 보자.
2. 오케스트라 활동을 즐겁고 행복하게 할 수 있는 사람이 되기 위하여 노력할 점을 목록으로 적고, 꾸준히 실천해 보자.

8. 발레리나 벨린다

도서정보	에이미 영(이주희) / 느림보 / 2003년 / 36쪽 / 13,000원	
진로정보	예체능 - 발레리나	
교과정보	체육	발레리나의 열정과 노력

도서소개 #어떤 책일까?

　　춤추기를 좋아하는 벨린다의 꿈은 발레리나이다. 매일 열심히 연습하지만, 벨린다는 발레리나로서 발이 너무 크다는 걱정이 있다. 발레리나 오디션에서 벨린다는 무대에 나가서 춤을 출 기회도 없이 발이 크다는 이유로 탈락한다. 좌절에 빠진 벨린다는 펑펑 울며 발레를 그만두고 프레드 식당에서 일자리를 얻는다. 그런데 식당에서 연주하는 악단의 음악을 듣자 자신도 모르게 춤을 추게 되고, 음악에 맞춰 사뿐사뿐 춤을 추며 음식을 나르는 벨린다의 모습을 본 프레드는 식당에서 춤추는 시간을 준다. 식당은 점점 벨린다의 춤을 보러 온 손님들로 북적이게 되고 급기야 가장 큰 극장에서 벨린다에게 춤을 춰달라는 요청을 받는다. 벨린다는 발레리나로서 성공적으로 공연을 마치고 모든 관객이 큰 박수를 보낸다. 발레에 대한 뜨거운 열정과 끝없는 연습으로 단점을 극복하고 꿈을 펼치며 재능을 인정받을 수 있음을 보여주고, 응원과 용기를 주는 책이다.

진로탐색 #무엇을 더 볼까

관련매체 : 호두까기 인형 https://youtu.be/cZIOv2-Toq4?si=TClYtkgeWV-jEnWW

관련도서 : 『춤추는 사자 브라이언』(톰 틴 디스버리, 피카주니어)

진로토론 #무엇을 이야기해 볼까

1. 처음 발레 공연을 본 경험과 느낌은 어떠했는가? (관련 영상자료 참고)
2. 간절하게 원했던 꿈이 이루어질 수 없음을 알고 좌절할 때 슬픔을 극복하기 위한 좋은 방법은 무엇일까?
3. 심사위원들이 벨린다를 탈락시킬 때 어떻게 말하면 좋았을까?
4. 벨린다가 큰 발을 가졌는데도 발레리나로서 성공하게 된 비결은 무엇일까?
5. '자기가 좋아하는 일에 대해 열정과 노력을 다하면 결점을 뛰어넘을 수 있다.'
　　로 토론해 보자. (찬반토론)

진로활동 #무엇을 해 볼까

1. 춤추는 것을 좋아하는 마음을 글이나 그림, 노래나 춤 등으로 표현해 보자.
2. 발레 공연을 성공적으로 마친 벨린다처럼 나도 성공적으로 공연을 마친다면 기쁜 마음으로 감사 일기를 써 보자.

9. 세상을 따뜻하게 만드는 착한 디자인 이야기

도서정보	정유리 / 팜파스 / 2020년 / 155쪽 / 12,000원	
진로정보	예체능 – 디자이너	
교과정보	미술	디자인

도서소개 #어떤 책일까?

　　이 책은 제목 그대로 세상을 따뜻하고 아름답게 바꾸는 착한 디자인을 소개하는 책이다. 디자인이 무엇인지, 어떤 분야가 있는지, 어떻게 시작되었는지 등 디자인에 관한 전반적인 지식과 더불어 사회 문제를 해결하고 지구를 구할 수 있는 다양한 디자인을 소개한다. 물 부족 문제를 해결하고 환경 문제를 해결하는 등 디자인이 우리가 알고 있는 지구의 문제, 즉 환경오염이나 재해, 가난 등을 어떻게 풀어내는지 보는 것만으로도 여러분은 이 책에 금방 매료될 것으로 생각된다. 이 책을 통해 착한 디자인에 대해 고민하고 여러분의 일상을 창의적인 생각으로 가득 채우길 바란다.

진로탐색 #무엇을 더 볼까

관련매체 : 디자이너가 만든 물병 이야기
　　　　　https://www.youtube.com/watch?v=TWDPx6II9b4
　　　　　가난한 90%에게 희망을 찾아 주는 발명. 적정기술
　　　　　https://www.youtube.com/watch?v=T-Yh0eqr-Nk
관련도서 : 『미래를 위한 따뜻한 실천, 업사이클링』 (박선희, 팜파스)

진로토론 #무엇을 이야기해 볼까

1. 디자인에도 불평등이 있다는 의미는 무엇인가?
2. 내가 생각하는 착한 디자인에 대해 말해 보자.
3. '디자인의 발전은 사람들의 삶을 풍요롭게 한다.'에 대해 토론해 보자. (찬반토론)
4. 유니버설 디자인의 의미와 사용 사례를 찾아 이야기해 보자.

진로활동 #무엇을 해 볼까

1. 적정기술 디자인 사례를 조사해 보자.
2. 페트병 등 재활용품을 활용하는 디자이너를 찾아보자.
3. 나만의 에코백을 디자인하고 만들어 보자.

10. 영화 아는 만큼 보여요

도서정보	이남진 / 상수리 / 2012년 / 95쪽 / 11,000원	
진로정보	예체능 – 영화 관련 종사자	
교과정보	국어	매체

도서소개 #어떤 책일까?

이 책은 영화가 무엇인지, 어린이들이 쉽게 접근할 수 있도록 소개하는 책이다. 어린이들을 신나고 흥미진진한 영화의 세계로 안내한다. 영화의 탄생부터 카메라의 원리, 무성 영화에서 유성 영화, 컬러 영화를 거쳐 현재의 3D·4D 영화에 이르기까지 영화의 발전 과정에 대해 알려준다. 다른 어린이 영화 정보책에서 다루지 않았던 우리나라 영화의 역사도 담겨있어서 이해하기 쉽다. 우리나라에 처음 영화가 등장했을 때의 풍경부터 최초의 한국 영화, 무성 영화 시대에 영화 흥행을 좌우했던 변사, 한국 영화의 아버지라 불리는 나운규 감독, 현재 영화 관객 1천만 시대와 한류 열풍을 이끌었던 우리나라 영화사를 체계적으로 알 수 있다.

진로탐색 #무엇을 더 볼까

관련매체 : 애니메이션의 역사는 기원전부터 시작됐다? / YTN 사이언스
　　　　　https://www.youtube.com/watch?v=BEqa_hWmy5g
관련도서 : 『드라마 PD는 어때?』 (민연홍, 토크쇼)

진로토론 #무엇을 이야기해 볼까

1. 나에게 힘을 주었던 영화를 소개해 보자.
2. 우리나라 영화의 역사를 정리하여 이야기해 보자.
3. 한 나라의 영화에는 그 나라 사람들의 무엇이 담겨있을까?
4. 영화의 의도를 생각해 보기 위해서 파악해야 하는 구성요소는 무엇인가?
5. 한 편의 좋은 영화는 한 사람의 인생을 변화시킬 수 있는가?

진로활동 #무엇을 해 볼까

1. 가족들과 함께 보고 싶은 영화의 순위를 정해 보자.
2. 나의 미래 꿈과 관련된 영화에는 무엇이 있는지 소개해 보자.
3. 친구들에게 추천하고 싶은 영화와 그 까닭을 적어 발표해 보자.

II. 오늘은 글자 수프 먹는 날

도서정보	호세 A. 라미레스 로사노(정미화) / 책속물고기 / 2014년 / 72쪽 / 10,000원	
진로정보	예체능 - 요리사	
교과정보	실과	요리 레시피 만들기

도서소개 #어떤 책일까?

　　마드리드 길거리를 떠도는 거지인 주인공 토토 무루베는 학교도 다닌 적 없고, 집도 없는 데다, 식당에서 남은 음식을 얻어먹는 처지이다. 하지만 토토는 언젠가는 세상에서 가장 특별하고도 맛있는 음식을 만들어 내겠다는 꿈을 갖고 있다. 친구들은 글도 모르는 토토가 어떻게 요리사가 되겠냐며 코웃음을 치지만 꿈을 버리지 않고 웃음을 잃지 않는 토토에게 기적 같은 일이 일어난다. 파블로 사장의 식당에서 일하게 된 후 노력 끝에 요리사가 된 토토는 먹는 사람을 위해 특별히 만든 맞춤형 요리 레시피를 만들어 큰 성공을 거두고 자신만의 식당을 갖게 된다. 그러나 너무 많은 손님으로 인해 레시피를 복사하여 제공하자 문제를 일으키고 결국 파블로 사장님에게 돌아간다. 토토는 사장님을 위한 글자 수프 레시피를 만들어 대접하고 그의 특별한 요리가 다시 빛난다.

　　요리사를 꿈꾼다면 토토처럼 먹는 사람을 위해 특별히 만든 맞춤형 요리 레시피를 만들어 보면 어떨까? 요리사로서 진심이 담긴 레시피를 만드는 철학을 배울 수 있다.

진로탐색 #무엇을 더 볼까

관련매체 : 우와한비디오 https://youtu.be/8NAOnBWza4k?si=6bWrS74d0wRKqd4n

관련도서 : 『짜장면 더 주세요-중국집 요리사』(이혜란, 사계절)

진로토론 #무엇을 이야기해 볼까

1. 토토 무루베는 '글자 수프'를 개발하여 요리를 주문한 사람만을 위한 특별한 요리법을 적은 종이를 먹는 것으로 레스토랑 운영까지 하게 되었다. 토토의 요리법 중 마음에 드는 것을 골라보고 그 이유도 말해 보자.
2. 토토의 요리법을 복사한 요리는 실패하게 되었다. 그 이유는 무엇일까?
3. 레스토랑이나 식당을 성공적으로 운영하기 위해서는 어떤 것이 필요할까?
4. 요리사가 되고, 식당까지 운영하게 되면 어떤 어려움이 있을까?

진로활동 #무엇을 해 볼까

1. 먹는 사람을 생각하여 특별하게 만드는 토토의 요리법처럼 나도 가족을 생각하며 가족을 위한 요리법을 개발해 보자.
2. 앞으로 운영하고 싶은 식당을 그림으로 그려보고, 운영 방식을 적어 보자.

12. 줄줄이 호떡

도서정보	김유경 / 씨드북 / 2021년 / 44쪽 / 12,000원	
진로정보	예체능 - 푸드코디네이터	
교과정보	미술	나만의 요리 만들기

도서소개 #어떤 책일까?

두더지가 커다란 보름달을 보고 호떡을 떠올려 만들어 먹는 이야기이다. 두더지의 원래 목적과는 다르게 만들어진 호떡은 오히려 더 좋은 일이 되었다. 요리하면 결과가 의도한 맛과 형태로 나오지 않을 때가 자주 있다. 이럴 때 어떻게 해결하면 좋을까?

푸드코디네이터는 음식의 배열과 환경 못지않게 예기치 않은 일들에 대해서도 해결하는 능력이 필요하다. 두더지의 이야기를 따라가며 나쁜 결과를 다르게 만드는 지혜를 배울 수 있다.

진로탐색 #무엇을 더 볼까

관련매체 : 푸드 코디네이터의 성향과 자질 https://www.youtube.com/watch?v=46LE6EKCE2w
관련도서 : 『푸드 코디네이터 2』(이시카와 시브로, 조은세상)

진로토론 #무엇을 이야기해 볼까

1. 두더지가 큰 빵을 만들려다가 원하지 않았지만 아주 작은 빵을 만들게 되어 오히려 좋은 점이 많이 생겼다. 잘못된 결과가 오히려 잘 된 경우에 대해 직접 또는 간접적인 경험을 이야기해 보자.
2. 나의 단점을 생각해 보고 오히려 장점이 된 경우를 말해 보자.
3. 두더지가 설탕 봉지를 내리려다 터져 바닥에 흘렸지만 쉽게 다 모을 수 있게 된 이유는 무엇인가?

진로활동 #무엇을 해 볼까

1. 나만의 기발한 호떡을 만든다면, 어떤 재료로 만들고 싶은가?
2. 식사나 가족 파티의 식탁에 음식들을 색다르게 배열해 보자.
3. 푸드코디네이터로서 음식의 맛과 식탁과 주변 환경의 아름다움이 느껴지도록 하려면 어떤 지식과 능력이 필요한지 조사해 보자.
4. 푸드코디네이터가 되어 일할 수 있는 곳은 어디일까? 음식의 아름답게 배열되는 것이 필요한 많은 곳을 찾아 적어 보자.

13. 첼로, 노래하는 나무

도서정보	이세 히데코(김소연) / 천개의바람 / 2013년 / 40쪽 / 14,000원	
진로정보	예체능 - 현악기 제작자	
교과정보	음악	첼로 제작과 연주

도서소개 #어떤 책일까?

곡을 만드는 사람은 작곡가, 곡을 연주하는 사람은 연주자, 그렇다면 연주할 악기를 만드는 사람은 누구일까? 악기는 무엇으로 어떻게 만들어질까?

현악기인 바이올린과 첼로는 나무로 만든다. 아버지는 나무로 첼로를 만들어 배달하는 것으로 끝나지 않고, 전날 밤늦게까지 그 첼로를 몇 번이나 켜 보며 소리를 확인하고 첼로를 배달한 후에도 연주자가 직접 첼로를 켜 보고 소리를 확인한다. 그리고 숲이 말을 걸어오는 것 같은 소리라며 기다린 보람이 있었다고 말한다. 공들여 말린 나무로 첼로를 만드는 정성스러운 과정을 통해 나무에 깃든 소리를 찾아낸 것이다. 정성 어린 손길을 거쳐 나무는 악기가 되고, 연주하는 사람의 영혼이 담긴 음악으로 완성되는 감동적인 과정을 통해 악기를 만드는 장인의 정신과 함께 음악으로 펼쳐지는 아름다움을 느낄 수 있다.

진로탐색 #무엇을 더 볼까

관련매체 : https://youtu.be/DRS0QN5uVLE?si=ps-ccDYNm4Rw8bf8

관련도서 : 『천 개의 바람 천 개의 첼로』 (이세 히데코, 천개의바람)

진로토론 #무엇을 이야기해 볼까

1. 첼로 연주를 들어보고 어떤 느낌이 드는지 말해 보자.

2. 바이올린이나 첼로 연주를 넘어서서 악기를 제작하는 일의 가치는 무엇일까?

3. 그림책과 관련 매체 영상자료를 보며 현악기를 만드는 과정을 정리하고, 악기 제작에 어떤 어려움이 있을지, 어려움을 어떻게 극복해야 할지 찾아보자.

4. '현악기는 나무를 깎아 만드는 악기지만, 나무를 베는 일이나 악기를 만들 때는 나무에 감사하는 마음으로 대해야 한다.'에 대해 토론해 보자. (찬반토론)

진로활동 #무엇을 해 볼까

1. 내가 만약 바이올린이나 첼로를 제작하는 사람이 된다면 나는 어떤 현악기를 만들고 싶은지 상상하여 말이나 글, 그림 등으로 표현해 보자.

2. 내가 만든 악기로 곡이 연주될 때 받은 감동을 그림으로 그려보자

14. 초등학생을 위한 서양미술사

도서정보	이소영 / 살림어린이 / 2022년 / 112쪽 / 15,000원	
진로정보	예체능 - 화가	
교과정보	미술	서양의 미술 사조

도서소개 #어떤 책일까?

《초등학생을 위한 서양미술사》는 어린이의 관점에서 이해하기 쉽도록 시대의 흐름에 따라 그 시대에 그런 화가가 유명하게 된 이유와 시대에 따른 미술의 역사를 설명하고 있다. 화가로서 미술이 왜 우리에게 필요하고 어떻게 흘러왔는지 아는 것은 화가가 알아야 할 지식이다.

벽화와 건축물, 조각품 등 다양한 작품에 관한 이야기가 펼쳐져 있다. 생활 속에 사용하는 사물을 이용한 작품, 음악과 다른 영역과의 접목 등 서양미술사와 역사 이야기를 들으며 작품에 대한 이해를 넓혀갈 수 있다. 다양한 작품에 대한 지식과 이해로 감상하며 화가가 되어 사람들에게 아름다움과 위로를 주는 나만의 작품을 그려보게 될 것이다.

진로탐색 #무엇을 더 볼까

관련매체 : https://www.youtube.com/watch?v=HdTfkRO3Zm8

관련도서 :『조선 사람들의 소망이 담겨 있는 신사임당 러리』
(이광표, 그린북갤)

진로토론 #무엇을 이야기해 볼까

1. 원시시대 사람들은 어떤 마음으로 동굴에 벽화를 그렸을까?
2. 내가 좋아하는 작품은 무엇이며 그 이유를 말해 보자.
3. 풍경화, 인물이나 정물화, 추상화 등 어떤 장르의 그림을 그리고 싶은가?
4. 나의 작품이 좋은 심사평을 받고 우수함을 인정받았는데 공감하거나 아름다움을 느끼는 사람이 없다면 왜 그렇다고 생각하는가?
5. 내가 작품을 감상할 때 중요하게 보는 기준이 있다면 무엇인가?

진로활동 #무엇을 해 볼까

1. 화가가 되는 자질이나 능력이 무엇인지 적어 보고 내가 가진 능력과 성격에서 장점이 될 요소들을 적어 보자.
2. 내가 살고 있는 곳 주변의 아름다운 작품이나 조각품, 건축물을 찾아보고 바꾸고 싶은 부분이 있다면 이유와 바꿀 모습에 대해 구상해 보자.

15. 패션을 보면 세계사가 보인다

도서정보	피오나 맥도널드(김현좌) / 내인생의책 / 2011년 / 96쪽 / 14,000원	
진로정보	예체능 - 패션디자이너	
교과정보	미술	패션 및 예술

도서소개 #어떤 책일까?

이 책은 고대에서부터 21세기 에코 패션까지 오늘날 우리가 입고 있는 옷들이 얼마나 많은 역사적 사실을 담고 있는지를 알 수 있게 한다. 역사의 흐름에서 사람들의 패션이 어떠한 상황이나 사람들의 생각과 마음을 전하고 있는지 알 수 있는 책이다. 이 책의 가장 큰 특징은 패션을 보여 주면서 세계사를 보여 주는 동시에 그런 패션이 나오게 된 사회·경제적 이유를 설명하고 보여 준다는 것입니다. 다양한 패션을 통해 자신의 미적 감각을 향상할 수 있고, 패션에 따라 세계의 역사와 다양한 흐름이 어떻게 적용되었는지 살펴볼 수 있다. 또한, 패션을 통해 사람들이 현실의 삶에서 드러내고자 하는 생각이나 의도 등을 파악하는 데도 도움이 된다.

진로탐색 #무엇을 더 볼까

관련매체 : 옷의 역사 https://www.youtube.com/watch?v=L6GLKgia2rI

관련도서 : 『옷 잘 입는 아이가 공부도 잘 한다』 (김유리, 예림당)

진로토론 #무엇을 이야기해 볼까

1. 패션은 우리 삶에 어떠한 역할을 할까?
2. 삶 속에서 상황에 맞는 옷은 왜 필요한가?
3. 옷을 잘 입는 것은 성공하는 것과 관련이 있을까?
4. 미적 감각을 갖추기 위해서 노력할 점은 무엇인가?
5. 패션 감각을 기르기 위해서 어떠한 경험을 쌓아가면 좋을까?

진로활동 #무엇을 해 볼까

1. 나의 미래를 상상해 보고, 그때의 나의 패션을 그려보자.
2. 다양한 패션을 통해 드러낼 수 있는 내 생각이나 모습을 적어 보자.
3. 올바른 옷차림은 사람들에게 어떠한 이미지를 줄 수 있는지 써 보자.

16. 함께 연극을 즐겨요

도서정보	지슬영 / 현북스 / 2022년 / 132쪽 / 13,000원	
진로정보	예체능 - 공연예술가, 연극배우	
교과정보	실과	함께 연극을 즐겨요

도서소개 #어떤 책일까?

　　어린이를 위한 연극 이야기를 담은 《함께 연극을 즐겨요》는 연극 배우이기도 했던 지슬영 작가가 연극을 처음 접해보는 어린이들에게 연극이란 무엇인지 알려주고, 연극을 만드는 과정을 보여준다. 이 책은 총 3막으로 구성되어 있는데 1막은 연극을 소개하고 연극을 하기 위한 준비 과정을 알려주고, 2막에서는 직접 연극을 해 볼 수 있도록 <용과 용의 대격전> 희곡을 함께 수록했으며, 3막에서는 <용과 용의 대격전>을 인형극, 그림자극, 가면극, 마당극, 영화로 만들어 보는 방법을 소개하고 있다. 이 책은 어렵게 느껴질 수 있는 연극을 즐기는 방법을 알려주는 연극 안내서라고 할 수 있겠다.

진로탐색 #무엇을 더 볼까

관련매체 : 국제아동청소년연극협회 http://assitejkorea.org/
관련도서 : 『돌 씹어 먹는 아이』 (송미경, 문학동네)
　　　　　『랄랄라, 연극을 시작하자』 (알리키 브란덴베르크, 비룡소)

진로토론 #무엇을 이야기해 볼까

1. 어떤 이야기를 연극으로 만들면 좋을까?
2. 연극의 배역은 어떻게 정하면 좋을까?
3. 어떤 소품이 필요하고, 어떻게 준비하면 좋을지 이야기해 보자.
4. 내가 만들고 싶은 연극 이야기를 나눠 보자.

진로활동 #무엇을 해 볼까

1. 도서관에서 희곡을 찾아 읽어보자.
2. 책에서 나온 이야기를 대본으로 바꾸어 '30초 연극'을 만들어 보자.
3. 내가 보고 싶은 연극을 찾아 보고, 공연장에 가서 직접 관람해 보자.

꿈을 키우는 초등학교
진로독서 가이드북

초판 1쇄 2024년 3월 20일

글쓴이 박정애 임영규 문지영 한상희 권위숙 김명주 김은정
　　　　민혜원 신윤경 안란희 양미현 오여진 이명자
펴낸이 조영진
펴낸곳 고래가숨쉬는도서관
출판등록 제406-2006-000090호
주소 경기도 파주시 회동길 329 2층
전화 031-955-9680~1 팩스 031-955-9682
홈페이지 www.goraebook.com
이메일 goraebook@naver.com
편집 이진희

ISBN 979-11-92817-34-7 04020
　　　979-11-92817-33-0 04020(세트)

* 선정 도서는 제23회 대한민국 독서대회 신청도서와 회원들의 추천도서에서 선정하였습니다.